로마서에
관한
10가지
질문

로마서에 관한 10가지 질문

Ten Questions about Romans

김현광

비아토르
viator

차례

프롤로그

로마서는 역사적으로 수많은 사람에게 영향을 끼친 바울 복음의 핵심을 담고 있는 책이다. 오늘날에도 많은 사람이 로마서를 통해 복음을 이해하고 그리스도께 돌아와 변화된 삶을 살아가고 있다. 칼뱅은 우리가 로마서를 참으로 이해하게 된다면 성경의 가장 고귀한 보물을 향한 문이 활짝 열린 것이라고 평가했다. 그렇다면 로마서는 충분히 읽고 연구할 가치가 있는 책이 아니겠는가?

로마서의 발신자는 사도 바울이고 그 수신자는 로마에 있는 성도들이다. 그중에는 (브리스길라와 아굴라처럼, 롬 16:3) 바울을 아는 사람도 있지만, 그 대다수가 바울을 알지 못한다. 이유는 바울이 로마 교회의 설립자가 아니며, 로마서를 쓸 당시 바울은 로마를 방문한 적이 없기 때문이다. 이것이 로마서의 특징이다. 빌립보서, 데살로니가전후서, 고린도전후서 등은 바울이 전도여행을 하면서 해당 지역을 방문하여 직접 세운 교회에 보낸 편지이지만, 로마서는 그렇지 않다.

그렇다면 로마 교회는 어떻게 시작되었을까? 많은 사람이 사도행전 2:10에 기록된 "로마에서 온 나그네"라는 말에서 단서를 찾는다. 경건한 유대인들이 오순절을 지키려고 각국으로부터 와서 예루살렘에 체류하고 있었다. 오순절에 약속하신 성령이 임하고 베드로를 비롯한 제자들은 성령의 충만함을 받고 성령의 말하게 하심을 따라 다른 언어들로 말하기 시작했다(행 2:4). 제자들이 예수 그리스도의 복음을 전하는 것을 자기네 방언으로 들은 사람들 가운데는 "로마에서 온 나그네 곧 유대인과 유대교에 들어온 사람들"이 있었다. 이들이 절기를 마치고 로마로 돌아가 복음을 전하여 로마에 교회가 생겨난 것이다. 한편으로 이런 점에서 로마 교회는 한국 교회와 닮은 점이 있다. 선교사들이 이 땅에 들어오기 전에 이미 한국에는 성도가 있었고 교회가 세워져 있었다. 바울이 로마서를 쓸 무렵 로마에는 적어도 다섯 가정 교회가 존재했을 것이다.

로마서를 대하면 하나님의 위대한 일에 쓰임 받은 무명의 사람들을 생각하게 된다. 위대한 로마서를 탄생하게 했던 로마 교회는 이름이 밝혀지지 않은 성도들에 의해 시작된 것이다. 안디옥 교회 역시 마찬가지다. 세계선교의 전초기지 역할을 한 안디옥 교회도 유대인에게만 복음을 전하던 시절에 안디옥에 이르러 이방 헬라인에게도 예수를 전파한 "구브로와 구레네 몇 사람들"(행 11:20)에 의해 시작되었다. 성경에 이름이 드러나지 않은 신실한 믿음의 사람들을 하나님은 사용하셨고, 지금도 그러한 사람들을 통해 하나님 나라의 복음이 전파되고 있다.

바울은 3차 전도여행 중 예루살렘으로 가는 길에 고린도에서 로마서를 썼다. 주후 57년경이다. 이제 이 지역에 더는 일할 곳이 없다고 판단한 바울은 이방 교회가 모아준 구제 헌금을 예루살렘 교회에 전달하고 나서 스페인으로 가려고 하는데, 그 길목에 있는 로마를 먼저 방문하려고 한다. 로마 방문을 준비하기 위해 바울은 먼저 로마에 있는 교회에 편지를 써 보낸다. 로마 교회를 방문하는 주요 목적은 로마 교회 성도들의 후원을 받아 스페인으로 가는 것이었다.

바울은 로마의 성도들을 만나 교제하고 그들과 함께 스페인 선교를 열어 갈 기대로 가득 차 있다. 그러나 바울은 하나님이 원하시는 복음 전파의 일을 이루려 할 때도 하나님의 뜻보다 앞서려 하지 않는다. 바울은 "하나님의 뜻" 안에서(롬 1:10) 로마로 가는 좋은 길 얻기를 구한다. 하나님의 뜻은 아시아로 가려던 바울의 길을 막고 그를 마케도니아로 이끌었으며 고린도까지 오게 했다. 고린도에서 로마서를 쓰면서 바울은 로마를 거쳐 스페인으로 가려는 계획을 밝히면서도, 하나님의 뜻이면 가고 하나님의 뜻이 아니면 멈출 것이라고 고백한다.

로마 방문에 앞서 바울은 로마서를 써 보내면서 자신과 자신이 전하는 복음을 길게 설명한다. 덕분에 우리는 바울이 전하는 복음의 내용을 이 서신을 통해 접할 수 있다. 루터가 "신약성경 중 가장 중요한 부분이며 가장 순수한 복음"이라고 격찬한 로마서는 이렇게 탄생했다.

로마서의 주제는 복음이라 할 수 있다. 복음은 "하나님의 복음"(1:1)이며 "그의 아들에 관한"(1:2) 것이다. 복음은 하나님 주권적이다. 복음은 사람에게서 출발하지 않는다. 하나님 자신이 주도적으로 인류 구원을 작정하시고 사랑으로 이루신 구원 이야기가 복음이다. 복음은 예수 그리스도에 관한 이야기이다. 탁월한 학식이 묻어 있고 사람들에게 재미와 감동을 주는 이야기라도 예수 그리스도가 없는 이야기는 복음이 아니다. 복음은 모든 믿는 자에게 구원을 주시는 하나님의 능력이다. 그래서 바울은 복음을 부끄러워하지 않는다. 바울은 그리스도의 십자가만 자랑했고 유대인이나 헬라인이나 오직 예수 그리스도를 믿어 구원받으라고 선포했다.

로마서를 보내고 몇 년이 지난 후에 바울은 드디어 원하던 로마에 가게 된다. 비록 예루살렘에서 체포되어 이송된 죄수의 신분이었고, 셋집에 구금된 채 로마 성도들을 맞아야 하는 상황이었지만 말이다. 2년 동안 그 셋집에 머물면서 바울은 그들에게 하나님 나라를 전파하며 주 예수에 관한 모든 것을 가르친다(행 28:30-31).

강태국은 로마서를 "바울의 모든 영적 저서 중에 최대 저작이요 전 인류에게 주어진 영겁의 고귀한 영적 보화"라고 했다. 로마서를 읽는 독자는 모두 이 말에 동의하게 될 것이다. "취하여 읽으라. 취하여 읽으라." 아우구스티누스는 이웃집 아이의 이 노랫소리에 이끌려 로마서를 읽고 회심하게 되었다. 바울이 전한 구원의 복음은 로마와 스페인뿐 아니라 오늘 대한민국에도 절실하다. 복음이야말로 죄인들에게 구원을 주시는 하나님의 능력이다. 그러나 복음은 예수님을 모르는 사람들에게만 필요한 것이 아니다. 이미 믿는 성도가 반복해서 들어야 할 영원한 진리의 말씀이 복음이다. 바울은 로마서를 쓰면서 로마에 있는 "성도로 부르심을 받은 모든 자"(1:7)에게 복음 전하기를 원했다(1:15). "영겁의 고귀한 영적 보화" 로마서는 모든 시대에, 그리고 복음이 전파되는 어느 곳에서나 깊이 읽고 연구해야 할 하나님의 말씀, 생명의 말씀이다.

이 책은 로마서를 사랑하는 모든 이와 로마서에 관해 더 깊은 이야기를 나누기 위해 그동안 썼던 논문들을 모아 정리한 것이다. 부디 하나님의 영광과 교회의 유익을 위한 도구가 되기를 소망한다.

Q
01

Q
01

칼뱅은 로마서를 어떻게 해석하는가?

칼뱅은 역사상 가장 위대한 성경해석자라 해도 과언이 아닐 것이다. 칼뱅은 16세기에 태어난 인물이지만 지금도 성경해석의 최고 권위자로 우리 곁에 남아 있다.[1] 칼뱅은 로마서를 어떻게 이해했고, 칼뱅의 로마서 해석은 오늘날 우리에게 어떤 교훈을 주고 있는가?

로마서는 역사상 수많은 사람의 사랑을 받았고 수많은 사람을 변화시키며 그 가치를 인정받았다. 칼뱅은 우리가 로마서를 이해하게 된다면 성경 전체를 이해할 수 있는 길이 우리 앞에 열린 것이라며 로마서를 극찬했다.[2] 성경 전체를 이해하려면

---

1 칼뱅은 1509년 7월 10일 프랑스에서 태어났다.

2 John Calvin, *The Epistle of Paul the Apostle to the Romans and to the Thessalonians*, Calvin's New Testament Commentaries, ed. David W. Torrance and Thomas F. Torrance, trans. Ross MacKenzi (Grand Rapids: Eerdmans, 1960), 2; 루터는 로마서를 신약성경 중에서 가장 핵심 부분(chief part)이며 가장 순수한 복음(the very purest Gospel)이라고 했고, 강태국은 "바울의 모든 영적 저서 중에 최대의 저작이요, 전 인류에게 주어진 영

로마서는 반드시 거쳐야 하는 책이며 신중하게 해석해야 할 책이다.

칼뱅은 하나님의 말씀에 대한 경외심을 품고 로마서를 해석한다. 하나님의 말씀을 해석하는 사람은 말씀의 위엄을 축소하지 않도록 각별한 분별력을 가지고 알맞게 해석해야 한다고 칼뱅은 주장한다.[3] 어떤 성경학자도 성경을 연구할 때 하나님 말씀의 위엄과 권위를 훼손하거나 말씀에 대한 성도들의 경외심을 떨어뜨리지 않아야 한다. 성경은 해석자가 그 말씀을 믿건 믿지 않건 하나님의 권세 있는 말씀이며 변함이 없는 진리이다.

오늘날 로마서 해석에 대한 다양한 견해가 있다. 칼뱅은 학자들 사이에 대화가 필요함을 부인하지 않는다. 인간은 완전한 지식을 가질 수 없기 때문이다. 비록 제한된 지식을 가질 수밖에 없었지만, 칼뱅은 교회의 유익을 위해 하나님의 말씀인 성경을 진지하게 연구했고 가장 좋은 해석을 제시하려고 노력했다. 아래에서는 칼뱅의 로마서 해석을 살펴보고, 그의 해석의 특징과 오늘날 한국 교회에 주는 의의를 고찰해 보려 한다.

겁의 고귀한 영적 보화"라고 했다. Martin Luther, *Commentary on Romans,* trans. J. Theodore Mueller (Grand Rapids: Zondervan, 1954), xiii; 강태국, 《신약 단권 주석》(서울: 혜문사, 1965), 526.

3 Calvin, *The Epistle of Paul the Apostle to the Romans*, 3.

교회의 유익을 위한 명료성의 추구

칼뱅이 가장 먼저 쓴 성경 주석이 로마서 주석인데, 이 주석서는 1540년 3월 스트라스부르그에서 인쇄되었다.[4] 칼뱅이 로마서 주석을 가장 먼저 썼을 뿐 아니라 그의 《기독교 강요》에서 로마서를 573번이나 인용하는 것을 볼 때, 우리는 로마서가 칼뱅에게 매우 중요한 책이었음을 알 수 있다.[5]

어떤 성경해석이 가장 좋은 해석일까? 1539년 10월 18일 자로 되어 있는 그의 로마서 주석 헌사에서 칼뱅은 그가 생각하는 가장 좋은 성경해석 방법에 대해 언급하고 있다.[6] 칼뱅은 가장 좋은 성경해석법, 다시 말해서 가장 좋은 주석은 간단명료한 것이라고 보았다. 칼뱅은 바젤대학교 헬라어 교수요 로마서를 가르치는 신학 교수였던 시몬 그리네우스Symon grynaeus와 나눈 대화에서 서로 동의했던 점을 언급하는데, 그것은 간단명료한 것이 가장 좋은 성경해석 방법이라는 점이다. 칼뱅의 이와 같은 입장은 그의 일생을 통해 변함이 없었다. 이는 그의 1557년 시편 주석 서문을 통해서도 드러난다.[7] 리처드 갬블Richard Gamble은 칼뱅의 간단명료한 성경해석 방법은 칼뱅 자신이 성경 자체의 스

---

4 김재성, 《칼뱅의 삶과 종교개혁》(서울: 이레서원, 2001), 429.

5 John D. Godsey, "The Interpretation of Romans in the History of the Christian Faith," *Interpretation* 34(1980): 12.

6 Calvin, *The Epistle of Paul the Apostle to the Romans*, 1.

7 Richard C. Gamble, "Brevitas et facilitas: Toward an Understanding of Calvin's Hermeneutic," *Westminster Theological Journal* 47(1985): 1-2.

타일을 본받으려는 노력의 결과였다고 보았다.[8] 성경은 누구나 읽고 구원받을 수 있을 만큼 간단명료하다는 점에서 갬블의 설명은 일리가 있다.

칼뱅은 로마서 주석에서 지나친 학문적 논쟁을 피한다. 박학다식함을 과시하는 것이 그의 목적이 아니었고 자신의 해석의 우월함을 드러내는 것도 그의 목적이 아니었다. 학자들의 해석을 길게 설명하거나 반대 논쟁을 장황하게 펼치지도 않는다. 칼뱅은 독자들이 그의 로마서 주석을 읽으면서 지루해하지 않도록 매우 신경 쓴다. 길고 지루하여 중간에 책을 놓는 일이 없도록 길고 장황한 주석 대신에 간단명료한 해석을 통해 로마서의 메시지를 효과적으로 독자들에게 전달하려는 것이 칼뱅의 의도였다.

간단명료함은 칼뱅이 이해하는 성경해석자의 사명과 관련되어 있다. 그러면 성경해석자의 목적은 무엇일까? 칼뱅은 성경해석자의 유일한 목적은 성경 저자의 마음을 드러내는 것이라고 보았다.[9] 칼뱅은 성경을 연구할 때 두 가지 해석학적 관심을 가져야 한다고 말한다. 첫째는 성령의 의도The Holy Spirit's Intention이며, 둘째는 인간 저자의 의도The Human Writer's Intention이다. 해석자는 언제나 성경에 나타난 성령의 의도를 이해하기 위해 노력해야 하고 또한 인간 저자의 의도를 고려해야 한다. 칼뱅은 성령의 의도와 인간 저자의 의도는 긴밀히 연결되어 있어서 사실상 분리

---

8 Richard C. Gamble, "Exposition and Method in Calvin," *Westminster Theological Journal* 49(1987): 153-65.

9 Calvin, *The Epistle of Paul the Apostle to the Romans*, 1.

할 수 없다고 본다.[10]

따라서 장황한 설명을 통해 독자들을 성경 저자의 의미로부터 멀어지게 한다거나 초점을 놓치게 한다면 바람직하지 못하다는 것이 칼뱅의 견해이다. 그렇다고 칼뱅은 길고 장황한 주석을 일방적으로 비판하지는 않는다. 간단명료함을 추구하는 자신의 입장이 일반적으로 받아들여지지 않는다고 해도 그는 상관하지 않는다. 칼뱅의 관심은 오직 그의 성경해석이 교회에 어떤 유익을 주는가에 있다.

칼뱅의 이러한 견해에 근거해서 학술적이며 전문적인 긴 주석의 유익을 부정할 필요는 없다. 카슨D. A. Carson은 여러 유형의 주석이 필요하다는 것을 그의 신약 주석 평가서에서 밝히고 있다.[11] 카슨의 말대로, 어떤 주석은 본문을 확립하고 해석하는 데 도움을 주는 좀 더 전문적인 내용을 담고 있고, 어떤 주석은 역사적·고고학적·사회과학적 연구에 비중을 두고 있고, 어떤 주석은 실제적 적용에 초점을 두고 있기 때문에, 가르치고 설교하는 사역을 위해 이와 같은 여러 주석을 필요에 따라 선별하여 사용할 수 있어야 할 것이다. 그러나 이 모든 작업은 결국 칼뱅과 같이 최종적으로 교회의 유익을 위한 것이 되어야 한다.

칼뱅은 간단명료하게 성경 저자의 의미를 해석해 내는 것이 교회에 어떤 유익을 주는지 알고 싶어 견딜 수 없어 한다. 따

10 David L. Puckett, *John Calvin's Exegesis of the Old Testament* (Louisville: Westminster John Knox Press, 1995), 32-37.

11 D. A. Carson, *New Testament Commentary Survey* (Grand Rapids: Baker, 2007), 15-17.

라서 칼뱅의 성경해석은 교회 친화적이요 교회 중심적이라고 볼 수 있다. 교회에 유익을 주고 교회를 돕는 것이 칼뱅이 추구하는 성경해석의 목적이다. 우리의 신학 교육과 성경 연구에도 칼뱅의 로마서 해석의 방법과 목적을 유념해야 한다. 신학은 교회를 위한 학문이며 성경은 우리 시대의 교회에 주어진 하나님의 말씀이라는 사실을 잊어서는 안 된다.

삶의 지침이요 교훈으로서 로마서

칼뱅은 로마서를 주석하면서 본문의 의미를 해석하는 자체에 머물지 않고 교회의 신앙을 북돋우기 위해 본문에 근거한 실제적 교훈을 주는 단계에까지 나아간다. 따라서 그의 성경해석을 읽을 때 충실한 주해에 입각한 좋은 설교나 경건 서적을 읽는다고 느낄 때가 있다. 로마서 1:13의 예를 보자. 바울은 이렇게 말한다. "형제들아 내가 여러 번 너희에게 가고자 한 것을 너희가 모르기를 원하지 아니하노니 이는 너희 중에서도 다른 이방인 중에서와 같이 열매를 맺게 하려 함이로되 지금까지 길이 막혔도다." 칼뱅은 로마서 1:13의 이 내용을 간단히 설명한 후에 바울의 상황을 성도의 삶에 적용하여 다음과 같이 설명한다. "우리는 이것으로부터 주님은 자주 그의 성도들을 겸손하게 하기 위해 그들의 목표를 뒤흔들어 놓으며 이런 겸손을 통해 그들이 주님의 섭리를 바라보도록 가르친다. 그러나 엄밀히 말해서 그들의 계획은 좌절된 것이 아니다. 왜냐하면 그들은 하나님의 뜻을 벗어난 어떤 목표도 가질 수 없기 때문이다. 하나님을 고려함이 없이 마치 미래의 계획이 우리의 능력 안에 있는 것처럼 우리의 미래 계획을 결정하는 것은 신성 모독적 뻔뻔스러움이다."[12]

칼뱅은 로마서를 통해 성도들이 놓쳐서는 안 될 메시지를 찾아내어 교훈적으로 소개하고 있다. 칼뱅은 성경을 해석할 때 영적 감화를 주는 것이 중요하다고 보았다. 그는 심지어 설교자가 성경을 해석만 하고 그것을 통해 청중에게 감화를 주는 일에 치중하지 않으면 그 설교는 죽은 것과 같다고 했다.[13]

그러나 칼뱅은 삶의 지침으로서 주어진 성경을 모든 의문에 답변을 주는 책으로 보지는 않았다. 오히려 그는 성경의 교훈을 넘어서는 지나친 연구는 경계했다. 그럼에도 불구하고 칼뱅은 성경에 기록된 모든 가르침은 성도들에게 유익하다고 확신했다. 왜냐하면 성령께서는 성도들이 알아서 유익한 것만 가르쳐 주시기 때문이다.[14] 예를 들어 칼뱅은 예정에 관하여 설명하면서 우리의 논의가 하나님의 말씀 안에 한정되어야 하고, 성경이 가르치는 것 외에는 아무것도 알려고 하지 않는 것을 우리의 거룩한 규율로 삼아야 한다고 깨우친다. 주님이 거룩한 입을 닫는 곳에서 우리의 마음도 더 나아가지 않도록 멈추어 서자고 권면한다. 칼뱅은 성경 전체를 성령께서 우리의 유익을 위해 주신 진리

---

12 Calvin, *The Epistle of Paul the Apostle to the Romans*, 25.

13 정성구, 《칼뱅주의 연구》(서울: 한국칼빈주의연구원, 1994), 316-20.

14 Calvin, *The Epistle of Paul the Apostle to the Romans*, 203.

의 말씀으로 받아들인다. 그러므로 그는 예정에 대한 가르침이 비록 어떤 사람들에게는 어리석은 질문을 불러일으킬 소지가 있지만, 성경의 가르침에 귀 기울여 보자고 말한다. 칼뱅은 주님이 말씀하시는 것은 모두 유익하기 때문에 그 가르침 전부를 삶의 지침과 교훈으로 받아들여야 하며 결코 말씀 밖으로 벗어나지 않아야 한다고 깨우친다. 따라서 칼뱅의 가르침을 받는 설교자는 로마서를 포함한 성경 전체를 성도의 유익을 위해 주신 하나님의 말씀으로 믿고 모두 선포해야 한다. 그러나 말씀을 넘어서지 않고 말씀이 중단되는 곳에서 언제나 멈추어 서야 한다.[15]

창조주 앞에 선 죄인으로서 인간 이해

칼뱅이 이해한 로마서의 주제는 무엇인가? 인간은 믿음으로 말미암아 의롭다 함을 얻는다는 것이 로마서의 주제라고 칼뱅은 이해했다. 로마서의 주제를 논한 부분에서 칼뱅은 인간의 유일한 의는 하나님의 자비하심이고 복음이 이것을 제시하고 있으며 우리는 이것을 믿음으로 받아들여야 한다고 말한다.[16] 믿음의 의가 필요 없다고 생각하는 것은 스스로를 속이는 잘못된 생각이라고 칼뱅은 주장한다. 바울은 로마서 1-5장에서 이 주제를 심도 있게 다루고 있는데, 칼뱅은 이 부분에서 바울이 먼저 인간의

15 Calvin, *The Epistle of Paul the Apostle to the Romans*, 202-203.

16 Calvin, *The Epistle of Paul the Apostle to the Romans*, 5.

사악함을 확신시키고 있고 그다음에 그들을 잠에서 깨워 일으킨다고 보았다. 칼뱅이 이해한 인간은 자만심이 깨어져 철저히 낭패하기 전까지는 거짓된 의의 개념으로 자신을 속이며 안일한 생활에 빠져 있기 마련이다. 그들에게 필요한 것은 먼저 자신이 죄인이라는 것을 철저히 자각하며 하나님의 심판의 두려움을 느끼는 것이다.[17]

칼뱅은 바울이 온 인류의 죄악을 하나님의 창조를 통해 논증하고 있다고 지적한다. 인간이 창조세계를 보면서 창조주를 인정하지 않는 것은 가장 가증스러운 죄라고 말한다. 이방인은 무지를 핑계 삼아 하나님의 심판을 면할 수 없으며, 유대인은 언약을 소유했으나 그들의 불신앙 때문에 이방인보다 나은 것이 없다고 보았다. 칼뱅은 로마서가 인간의 자기 의에 대한 신뢰를 무너뜨리고 인간의 죄인됨을 철저하게 파헤친 후에 하나님 심판의 두려움을 깨우치고, 인간이 믿음으로 말미암아 의롭게 된다는 사실을 선포한다는 것을 선명하게 이해하고 있었다. 그런 다음에 바울은 믿음이 무엇이며 어떻게 예수 그리스도를 통해 의롭게 되는지를 설명하고 있다고 칼뱅은 지적했다.[18]

지금의 우리 사회는 칼뱅이 살던 시대보다 과학이 훨씬 발

---

17 칼뱅은 인간이 전적으로 타락한 존재이며 하나님에 의해 시작되는 구원에 협력조차 할 수 없는 존재라고 보았다. 신복윤, 《칼뱅의 하나님 중심의 신학》(서울: 합동신학대학원 출판부, 2005), 34-35.

18 《기독교 강요》에서 칼뱅은 하나님이 그의 지혜를 충분히 계시하지 않은 사람은 아무도 없으며 인간의 몸의 구조조차도 창조자의 위대함을 보여 준다고 말한다. John Calvin, *Institutes of the Christian Religion*, ed. John T. McNeil and trans. Ford Lewis Battles (Louisville: Westminster John Knox Press, 1960), 1. 5. 2.

달하였고 하나님의 창조세계에 대한 더 깊은 연구가 이루어진 시대이다. 그러나 안타깝게도 오늘날 많은 사람이 과학의 힘으로 창조세계를 더 깊이 관찰하면서도 창조주를 인정하지 않는다. 하나님께 도전하는 바벨탑을 쌓고 자기 의에 도취하여 있는 세상을 향해 오늘의 교회는 칼뱅이 이해했던 로마서의 메시지, 곧 인간이 하나님 앞에 죄인이라는 사실을 선포해야 하고 깨우쳐야 한다. 인간은 창조주 하나님 앞에 죄인이며 죄인은 하나님의 심판 아래 있다는 것이 칼뱅이 이해한 로마서의 메시지이다. 축복과 평안을 선포하기 이전에 로마서가 인간을 철저히 낭패시킨 후에 예수 그리스도에 대한 믿음으로 말미암는 의를 선포한다는 사실을 칼뱅은 지적하고 있다. 죄에 대한 선포와 회개에 대한 촉구가 빠진 축복과 평안은 칼뱅이 말한 것처럼 인간을 욕정의 쾌락에 도취하여 무사안일한 생활에 잠들어 있게 하고 깨어 의를 구할 수 없게 만들 수 있다.[19]

하나님의 전적 은혜를 증언하는 로마서

칼뱅은 로마서가 증언하는 하나님의 은혜를 강조한다. 하나님의 선택과 유기에 대해 말하면서 선택은 오직 하나님의 은혜에 달려 있으며 선택의 원인을 인간에게서 찾을 수 없다고 주장한다.[20]

19 Calvin, *The Epistle of Paul the Apostle to the Romans*, 5.

20 Calvin, *The Epistle of Paul the Apostle to the Romans*, 9.

유기는 하나님의 뜻에 근거한 것이기 때문에 정당한 것이다. 칼뱅은 하나님의 은혜와 인간의 공로를 상반되는 것으로 대비시킨다.[21] 우리를 선택하시는 하나님의 은혜는 우리 안에 어떤 자격이 있어서 주어지는 것이 아니다. 칼뱅은 "우리가 고려하는 것이 과거의 행위이든지 미래의 행위이든지 은혜는 행위가 들어설 여지를 전혀 남겨두지 않는다는 바울의 말이 언제나 우리의 귀에 울려 퍼질 것이다"라고 했다.[22] 하나님께서 유대인에게 특권을 부여하셨던 것도 그들의 공로 때문이 아니라 하나님의 선하심 때문이었다고 칼뱅은 해석한다.[23] 그러므로 그들에게 자랑이 있을 수 없다.

칼뱅은 하나님이 한 사람을 선택하실 때 그 사람에게 구원받을 자격이 있는지 없는지 미리 아시고 예지에 따라 선택한 것이 아니라고 말한다.[24] 하나님이 예지에 따라 선택하시거나 유기하신다면 그것은 행위에 대한 보상이 이미 정해져 있는 것이고 하나님의 은혜는 지배권이 약화한다고 보았다. 하나님이 자격 있는 자를 미리 아시고 선택하셨다면 구원은 값없는 선물이 될 수 없다는 것이 칼뱅의 이해이다. 구원은 하나님의 은혜로 주어진 값없는 선물이며 행위에 대한 보상이 아니다.

어느 시대에나 인간의 종교심 속에는 공로 의식이 존재한

---

21 Calvin, *The Epistle of Paul the Apostle to the Romans*, 242.

22 Calvin, *The Epistle of Paul the Apostle to the Romans*, 242.

23 Calvin, *The Epistle of Paul the Apostle to the Romans*, 65.

24 Calvin, *The Epistle of Paul the Apostle to the Romans*, 242.

다. 은혜로 값없이 구원을 얻게 된다고 하면 무엇인가 불완전하게 여겨진다. 확신을 얻을 수 있도록 눈에 보이는 어떤 행위를 담보 잡으려 한다. 칼뱅은 행위를 의지하는 순간 하나님의 은혜는 유일한 지배권을 행사하지 못하게 된다고 말한다. 하나님의 은혜만이 선택의 유일한 근거이며, 구원은 오직 하나님의 은혜에 기인한다. 오늘날 한국 교회도 인간의 행위를 하나님의 은혜와 절충하려 해서는 안 된다. 칼뱅은 하나님의 은혜와 행위로 인한 공로는 서로 상충하기 때문에, 만일 우리가 하나를 세우게 되면 다른 하나를 파기하게 될 것이라고 하면서 선택을 논할 때 행위를 말하게 되면 공로와 상관없이 베푸시는 하나님의 자비를 가리게 된다고 했다.[25] 한국 교회는 하나님의 은혜로 선택받고 하나님의 은혜로 살아간다는 사실을 잊어서는 안 될 것이다. 하나님의 은혜로 선택받았다는 인식은 부족한 자신을 더욱 자각하게 하고 기쁨으로 헌신하는 삶으로 나아가게 한다. 칼뱅은 이렇게 말한다. "우리의 구원은 우리 자신의 능력에 달려 있지 않고, 우리에 대한 하나님의 값없는 부성애의 샘으로부터 나온다. 제일 중요한 것은 이것 곧 '하나님이 우리를 사랑하신다'이다."[26]

---

25 Calvin, *The Epistle of Paul the Apostle to the Romans*, 242.

26 Calvin, *The Epistle of Paul the Apostle to the Romans*, 19.

칭의의 근거가 될 수 없는 인간의 행위

하나님의 전적 은혜의 관점에서 로마서를 해석하는 칼뱅은 인간의 행위가 구원의 근거가 되지 못한다는 것을 로마서의 주요 메시지로 이해한다. 로마서 2:13은 "하나님 앞에서는 율법을 듣는 자가 의인이 아니요 오직 율법을 행하는 자라야 의롭다 하심을 얻으리니"라고 말한다. 이 본문은 인간이 행함으로 의롭게 된다고 가르치는가? 다시 말해서 바울은 행위 구원을 주장하며 인간이 구원에 이르기 위해서는 합당한 행위가 있어야 한다고 가르치는가? 또는 인간의 행위가 칭의를 위한 부분적인 공헌을 한다고 말하는가?[27] 칼뱅은 이 본문이 인간의 행위로 인한 구원을 말하는 것이 아니라고 해석하며, 행위 구원을 주장하기 위해 이 본문을 그릇 해석하는 사람들을 향해 "행위로 인한 칭의를 주장하기 위해 이 구절을 잘못 해석하는 자들은 만인의 경멸을 받아 마땅하다"[28]고 경고한다.

칼뱅의 견해에 따르면, 바울은 율법을 소유한 것을 자랑하는 유대인에게 율법을 듣는 것이나 아는 것이 그들을 의롭게 하지 못하고 율법을 완전히 성취하는 그들의 행위를 통해 율법의

---

27 톰 라이트는 현재적 칭의와 미래적 칭의를 구분하고, 최후 심판 때 이루어질 미래적 칭의는 행위에 근거한다고 주장한다. 마지막 날의 판결은 사람들이 실제로 어떤 행동을 했는가를 반영한다고 말한다. 라이트가 말하는 행위는 성령의 이끌림을 받아 행하는 행위이긴 하지만 결국 행위 없이는 구원에 이를 수 없다는 주장을 가능하게 한다는 점에서 칼뱅의 주장과 배치된다. N. T. Wright, *Justification: God's Plan and Paul's Vision* (London: SPCK, 2009), 158-68.

28 Calvin, *The Epistle of Paul the Apostle to the Romans*, 47.

의를 얻게 된다고 말한다.[29] 칼뱅은 절대적 의가 율법에 묘사되어 있다는 것을 부인하지 않는다. 칼뱅이 부인하는 것은 행위로 인한 구원이다. 인간은 율법을 완전하게 지킬 수 없고, 따라서 행위로 인해 의롭게 될 수 없다는 것이다. 칼뱅은 이 본문이 우리가 아무도 행함으로 의롭게 될 수 없다는 사실을 증명할 수 있다고 본다. 율법을 행하는 자라야 의롭다 하심을 얻는다는 말씀은, 칼뱅의 해석에 따르면 행위 의를 가르치기 위한 것이 아니라 행위 의가 아닌 다른 의를 추구해야만 하는 우리의 필요를 알게 하기 위해서이다.[30] 칼뱅은 인간에게 율법에 대한 지식은 있지만 율법을 지킬 능력은 없다고 말한다.[31] 인간의 무능력은 결국 외부로부터의 도움을 필요로 한다는 것이다.

행위의 판단 기준으로서 율법

칼뱅은 로마서 3:20에 나타나는 "율법의 행위"가 특별한 의식들 ceremonies을 제한적으로 뜻하는 것이 아니라 율법 전체에 대한 준수를 의미한다고 해석한다.[32] 칼뱅은 행위 그 자체를 악하다고

29 토마스 슈라이너는 칼뱅과 마찬가지로 바울이 지적하고 있는 것은 유대인이 율법을 소유했으나 그대로 행하지 않음으로 그들도 죄인이라는 사실이라고 보았다. Thomas R. Schreiner, *Romans*, Baker Exegetical Commentary on the New Testament (Grand Rapids: Baker, 2018), 128-129.

30 Calvin, *The Epistle of Paul the Apostle to the Romans*, 47.

31 Calvin, *The Epistle of Paul the Apostle to the Romans*, 48.

32 Calvin, *The Epistle of Paul the Apostle to the Romans*, 69, 78-79.

보지 않는다. 그 행위가 하나님을 경배하고 하나님께 순종하는 행위라면 그것은 의롭다고 본다. 칼뱅은 바울이 단순히 "행위"라고 하지 않고 "율법의 행위"라고 말한 이유는 우리의 행위는 율법에 의해 평가되기 때문이라고 보았다. 우리의 행위는 율법의 약속에 근거해서 보상이 주어진다.

할례가 언급되었기 때문에 "율법의 행위"가 특별한 의식만을 의미한다고 주장하는 학자들의 견해에 칼뱅은 동의하지 않는다. 의식들을 통해 외면적 모양을 자랑하고 자기 행위에 대한 확신을 가진 위선자들에게 대항하기 위해 바울은 할례를 예로 사용했을 뿐이며 "율법의 행위"는 율법 전체와 관련된 것이라고 칼뱅은 주장한다.[33] 칼뱅은 율법의 행위로 의롭게 될 수 없다는 바울의 말을 특별한 의식들을 지킴으로 의롭게 될 수 없다는 의미로 제한하여 해석하지 않고, 인간은 율법 전체를 지킴으로 의롭게 될 수 없다는 의미로 해석했다. 율법은 인간의 행위의 판단 기준이 된다. 율법에 의해서 인간의 죄가 드러나고 인간은 정죄된다. 율법은 죄가 무엇인지 알게 하는 기능을 한다. 로마서 3:21에서 바울은 이제는 율법 외에 하나님의 한 의가 나타났

---

33 Calvin, *The Epistle of Paul the Apostle to the Romans*, 33; 최근에 많은 학자들이 칼뱅의 견해와 달리 "율법의 행위"는 할례나 음식법, 안식일과 같이 유대인을 이방인과 구분하는 민족적 표지를 의미한다고 주장한다. 제임스 던과 톰 라이트가 이런 견해를 갖는다. 마크 사이프리드, 토마스 슈라이너, 더글라스 무는 칼뱅과 같은 입장을 취한다. James D. G. Dunn, *Romans 1-8*, Word Biblical Commentary, vol. 38A (Dallas: Word Books, 1988), 153-55; N. T. Wright, "Romans" in The New Interpreter's Bible, vol. 10 (Nashville: Abingdon, 2002), 459-61; Mark A. Seifrid, *Christ, Our Righteousness: Paul's Theology of Justification* (Downers Grove: InterVarsity, 2000), 99-105; Scheriner, *Romans*, 177-183; Douglas J. Moo, *The Letter to the Romans*, The New International Commentary on the New Testament (Grand Rapids: Eerdmans, 2018), 217-219.

다고 말하면서 이것이 율법과 선지자들의 증거를 받은 것이라고 말한다.

칼뱅은 율법이 값없이 주시는 의를 증거하고 있다면 율법은 인간이 어떻게 행위로 구원받을 수 있는가를 가르치기 위해 주어진 것은 아니라는 것이 분명하다고 주장한다.[34] 칼뱅은 부패한 인간이 행위로 인한 의를 성취할 수 있다고 보지 않는다. 결국 율법은 죄를 알게 하며 행위의 판단 기준으로 작용할 뿐이지 인간을 칭의로 인도하는 방법이 되지 못한다는 것이다.[35]

칼뱅은 로마서 2:14의 '율법의 의를 행하는 이방인'을 이방인 그리스도인으로 해석하지 않는다. 이방인 그리스도인의 마음에 새겨진 새 언약 시대의 율법을 설명하기 위해 바울이 본성으로 율법을 행하는 이방인을 언급한다고 보지 않는다. 칼뱅은 바울이 유대인과 대조하여 이방인을 율법 없는 자들로 구분하고 있으며 모세의 율법을 가지고 있지 않은 이방인이라도 무지를 핑계로 하나님 앞에 그들의 죄를 변명할 수 없다는 것을 보여주려 하고 있다고 해석한다.[36]

---

34 Calvin, *The Epistle of Paul the Apostle to the Romans*, 72.

35 율법은 순종할 능력을 제공하지 못하므로 궁극적으로 죽음을 가져올 뿐이다. H. Paul Santmire, "Justification in Calvin's 1540 Romans Commentary," *Church History* 33(1964): 297.

36 Calvin, *The Epistle of Paul the Apostle to the Romans*, 47; C. E. B. Cranfield, Simon J. Gathercole은 칼뱅과 달리 2:14의 율법을 행하는 이방인을 이방인 그리스도인으로 해석한다. 그러나 브루스, 제임스 던, 조셉 피츠마이어는 칼뱅과 같이 자연인으로서의 이방인 모두를 의미하는 것으로 해석한다. C. E. B. Cranfield, *A Critical and Exegetical Commentary on the Epistle to the Romans, vol.1: Introduction and Commentary on Romans 1-8*, International Critical Commentary (Edinburgh: T & T Clark, 1975), 156-57; Simon J. Gathercole, "A Law unto Themselves: The Gentiles in Romans 2: 14-15 Revisited," *Journal for the Study of the New Testament* 85(2002): 35-36; F. F. Bruce,

칼뱅은 이방인이 정의에 대한 어떤 개념을 가지고 있다는 점에서 그들도 율법을 가지고 있고 비록 모세의 성문법을 가지고 있지는 않지만 결코 정의에 대한 지식이 완전히 결여된 것이 아니라고 설명한다.[37] 결국 유대인이나 이방인이나 모두 행위의 판단 기준으로서 율법을 가지고 있다고 볼 수 있다. 율법을 가진 유대인이든 율법 없는 이방인이든 모두 율법의 기준에 따라 죄인이라는 사실이 밝혀진다. 로마서 3:9은 유대인이나 헬라인이나 다 죄 아래 있다고 선언되었음을 분명히 한다. 칼뱅은 "죄 아래 있다"는 말의 의미는 우리가 하나님 앞에 죄인으로서 정당한 정죄를 받는 것이며 죄로 인한 저주 아래 있다는 뜻이라고 해석한다.[38]

율법과 그리스도

율법에 따라 인간은 모두 죄인인 것이 드러나고 저주 아래 있게 된다. 율법은 구원의 길이 되지 못하며, 그러므로 율법은 우리를 다른 의로 인도하기 위해 주어졌다고 칼뱅은 말한다.[39] 유대인은

Romans: An Introduction and Commentary, 2nd ed. The Tyndale New Testament Commentaries (Downers Grove: IVP Academic, 1985), 86; Dunn, *Romans1-8*, 98; Joseph Fitzmyer, *Romans*, The Anchor Bible, vol.33 (New York: Doubleday, 1993), 310.

37 Calvin, *The Epistle of Paul the Apostle to the Romans*, 48.

38 Calvin, *The Epistle of Paul the Apostle to the Romans*, 65.

39 Calvin, *The Epistle of Paul the Apostle to the Romans*, 221.

율법의 의를 얻기 위해 헌신한 사람들인데, 그들이 비록 올바른 길을 추구하는 것 같이 보일지라도 자신의 행위로 의롭게 되려 했다는 점에서 율법을 잘못 해석한 자들이라고 칼뱅은 평가했다.[40] 율법의 모든 교훈과 명령과 약속은 항상 예수 그리스도를 가리키며 율법의 모든 부분은 그리스도에게 적용해야 한다고 칼뱅은 말한다. 그리스도는 율법의 완성이시다.

오직 믿음으로 말미암는 의

칼뱅은 칭의가 우리 자신이나 율법에 달려 있는 것이 아니라 하나님의 긍휼하심에 달려 있으며, 긍휼하심에 달려 있다는 것은 결국 믿음만으로 의롭게 된다는 뜻이라고 설명한다.[41] 칼뱅이 이해한 로마서의 복음은 믿음으로 말미암는 의이다.[42] 한국 교회가 계속해서 선포해야 할 복음은 칼뱅이 이해한 오직 믿음으로 의롭다 함을 얻는다는 메시지이다. 그리스도인이 사회에서 선한 일을 하여 칭찬을 받아야 하고 교회가 복지 사업이나 구제 사업을 통해 지역사회에 공헌해야 마땅하지만, 그와 같은 선한 일의 중요성을 강조하기 위해 믿음만으로는 부족하다는 식의 잘못된

---

40 Calvin, *The Epistle of Paul the Apostle to the Romans*, 221.

41 Calvin, *The Epistle of Paul the Apostle to the Romans*, 72.

42 인간은 의롭게 될 때만 하나님 앞에서 생명을 얻을 수 있다. 인간에게 필요한 의는 오직 예수 그리스도 안에 있다. Santmire H. Paul, "Justification in Calvin's 1540 Romans Commentary," 299.

복음을 선포해서는 안 된다.[43]

성도들이 예배에 빠지지 않고 교회 내외부의 봉사 활동에 적극적이어야 하지만, 그것을 강조하기 위해 구원은 믿음만으로는 부족하고 열심히 충성해야 한다는 식의 공로주의적 복음이 선포되어서는 안 될 것이다.[44] 칼뱅은 절반의 의half righteousness나 부분적 의partial righteousness라는 것은 불가능하며, 만약 우리가 행위로 인해 부분적으로 의롭게 되고 하나님의 은혜로 부분적으로 의롭게 될 수 있다고 한다면 모든 사람이 죄인이기 때문에 하나님의 영광에 이르지 못했다는 바울의 말은 힘을 잃게 된다고 했다.[45]

칼뱅은 바울의 대적자들은 믿음으로 의롭게 된다는 것을 인정하면서도 "오직 믿음만으로"에 대해서는 확신을 가지지 못한다고 지적한다.[46] 야고보에 대해 언급하며 칼뱅은 야고보가 믿음만으로 의롭게 되지 않고 또한 행함으로 의롭게 된다고 했던

---

43 갈라디아 교회에 스며들어온 유대주의자들은 "믿음+행함"을 통한 구원이라는 복음을 주장했다. 이와 유사한 복음이 현재 한국 교회 내에도 들어와 있음은 경계해야 할 일이다. 루터와 칼뱅 이래 19세기까지 전통적으로 갈라디아서에 나타나는 바울의 대적자들은 하나님의 백성의 조건으로서 "믿음+행함"을 주장하는 유대주의자들이라고 알려져 왔다. 대적자들의 정체에 대한 다른 논쟁들에 대해서는 Timothy George, *Galatians,* The New American Commentary, vol. 30 (Nashville: B & H, 1995), 50-60을 보라.

44 한국성서대학교가 2009년 학부 신·편입생을 대상으로 신앙상담을 하면서 구원의 확신에 대해 물었을 때 95퍼센트가 확신이 있다고 대답했다. 그러나 '구원의 조건이 무엇인가'라는 질문에 대해 대답한 258명 중에서 '믿음'이라고 대답한 사람은 53퍼센트였다. 47퍼센트의 학생들은 '믿음과 행위'라고 답했다. 구원의 확신이 있다고 말하지만 상당수의 학생들이 구원에 대한 정확한 이해가 부족한 것으로 나타난 것이다. 행위구원적이며 공로주의적인 신앙관을 한국 교회가 바로잡아 주어야 할 필요가 있다. 《코코스》, 한국성서대학교 발행, vol 88, 6월호(2009): 5.

45 Calvin, *The Epistle of Paul the Apostle to the Romans*, 75.

46 Calvin, *The Epistle of Paul the Apostle to the Romans*, 79.

말은 자신이 해석하는 로마서의 "오직 믿음"의 메시지와 반대되지 않는다고 주장한다. 칼뱅은 야고보와 로마서를 조화시키는 가장 좋은 방법은 야고보가 사용하는 논증의 성격을 고려하는 것이라고 했다. 칼뱅이 보기에 야고보의 논증의 목적은 인간이 어떻게 그들 자신의 힘으로 하나님 앞에서 의롭게 될 수 있는가를 논하려는 것이 아니라 어떻게 자신이 의롭게 되었다는 것을 사람들에게 증명할 수 있는가 하는 것이라고 설명한다. 야고보는 믿음이 있다고 헛되게 자랑하는 위선자들을 공박하기 위해 행함을 말하고 있다는 것이다.[47]

차별 없는 복음

칼뱅은 유대인이나 이방인이나 믿음으로 의롭게 된다는 점에서 차별이 없다고 밝힌다. 유대인이나 이방인이나 예수 그리스도 안에 있는 의를 구해야 한다고 칼뱅은 주장하면서 이렇게 말한다. "의를 얻는 다른 방법은 없다. 어떤 사람을 의롭게 하는 데는 이런 방법이, 다른 사람에게는 다른 방법이 있는 것이 아니다. 모든 사람이 동일하게 믿음으로 의롭다 함을 받아야 한다. 왜냐하면 모두가 죄인이며 하나님 앞에 자랑할 이유가 없기 때문이다."[48]

47 Calvin, *The Epistle of Paul the Apostle to the Romans*, 79.

48 Calvin, *The Epistle of Paul the Apostle to the Romans*, 74.

칼뱅은 로마서를 해석하면서 이중언약주의를 부정한다. 다시 말하면, 칼뱅은 유대인에게는 그들 나름대로 구원의 길이 있고 이방인에게는 이방인 나름대로 예수 그리스도를 통한 구원이 있다고 해석하지 않고, 모든 인간은 차별 없이 예수 그리스도 안에서 의를 추구해야 할 필요가 있다고 주장한다. 칼뱅이 본 로마서는 차별 없이 그리스도 안에서만 주어지는 의를 선포하는 책이다. 그리스도는 화목제물 또는 시은소로서 그에게 속한 모든 자를 그의 피로 하나님과 화목하게 하신다.[49]

한국 교회가 칼뱅과 함께 선포해야 할 복음은 예수 그리스도 안에서 차별 없이 주어지는 의이다. 빈부의 차이나 사회적 신분의 차이, 성별이나 나이의 차이로 인해 예수 그리스도가 그의 피로 이루어 주시는 하나님과의 화목에서 제외되거나 특별대우를 받지 않는다. 교회 안에 특수한 계층은 없다. 모두가 예수 그리스도 안에서 그의 의를 전가 받아 의롭게 된다.[50]

---

49 Calvin, *The Epistle of Paul the Apostle to the Romans*, 75-76, 81, 117.

50 Calvin, *The Epistle of Paul the Apostle to the Romans*, 73, 76; 칼뱅은 의의 전가에 의해 하나님이 신자를 의롭다고 선언하시고(법적 측면) 그리스도의 의와 실제적인 교제를 나누게 하신다고 이해한다(연합적 측면). H. Paul Santmire, "Justification in Calvin's 1540 Romans Commentary," 302; 특히 외국 노동자의 유입과 국제결혼으로 인해 다문화 가정이 늘어나는 한국 사회에서 교회는 차별 없는 복음을 선포하고 외국인을 교회의 구성원으로 받아들이는 데 더욱 힘을 쏟아야 할 것이다.

전투 중인 그리스도인

칼뱅은 로마서 7:14 이하가 기술하고 있는 갈등하는 사람은 중생한 사람 즉 신자라고 해석한다.[51] 미숙한 사람들은 이 부분을 일반적인 인간 본성에 대한 바울의 묘사라고 설명한다고 칼뱅은 말하며, 이런 입장에 반대를 표명한다. 칼뱅은 바울이 여기에서 인간의 근본적 본성을 묘사하는 것이 아니라 바울 자신을 예로 들어 신자에게 있는 연약함의 특성과 정도를 기술하고 있다고 본다.[52] 중생한 사람 안에는 하나님의 율법을 즐거워하고 순종하려는 영과 하나님의 율법에 반대하는 부패한 본성이 전투를 벌인다. 칼뱅은 로마서 7:15을 주석하면서 신자의 의지는 성령에 의해 선한 일을 하도록 이끌리지만 타락한 본성은 이를 거스르고 대적한다고 밝힌다. 바울의 논증을 분명하고 충실하게 이해하기 위해서는 바울이 말하는 이런 갈등은 인간이 성령에 의해 거룩하게 되기 전까지는 일어나지 않는다는 사실을 주목해야 한다고 칼뱅은 주장한다.[53] 칼뱅에 의하면 사람은 그 본성대로 내버려 두면 자신의 욕망에 저항 없이 끌려가게 된다. 비록 양심의 가책을 느끼기는 하겠지만 이를 바탕으로 그가 악을 미워하거나 선을 좋아한다고 추론할 수는 없다고 본다.[54] 인간은 하나님의

51 Calvin, *The Epistle of Paul the Apostle to the Romans*, 146, 148, 150–153, 155.

52 Calvin, *The Epistle of Paul the Apostle to the Romans*, 149.

53 Calvin, *The Epistle of Paul the Apostle to the Romans*, 148.

54 Calvin, *The Epistle of Paul the Apostle to the Romans*, 148.

부르심을 받고 성령으로 새롭게 되면 그때부터 분열을 경험하게 된다.[55] 신자가 내적 분열과 갈등을 겪지만 그렇다고 그것이 신자가 늘 실패하는 삶을 살아간다는 뜻은 아니라고 칼뱅은 지적한다. 자신이 원하는 것을 행하지 않는 자신을 보면서 당혹해하는 바울의 모습은 그가 율법의 모든 부분을 성취하지는 못한다는 것을 보여주며 율법을 성취하려 애쓰다가 다소 지쳐 있는 모습을 그가 묘사하고 있다고 해석한다.[56] 바울이 언제나 선을 행하기에 무능력했던 것이 아니며, 바울은 단지 그가 원하는 것을 하지 못하는 무능력을 불평하고 있고 자기 육신의 연약함 때문에 넘어지는 자신을 불평하고 있다고 칼뱅은 이해한다.

원하는 선은 행하지 않고 원치 않는 악을 행한다는 바울의 고백(7:19)을 통해 칼뱅은 신자의 연약함을 발견한다. 성령의 영향 아래 살아가지만 신자는 여전히 자신의 연약함을 인식하고 있고, 그의 행위는 흠이 없이 완전하지 않다.[57] 바울은 경건한 자가 범하는 몇몇 실수만을 논하는 것이 아니라 경건한 자의 삶의 전 과정에 대해 일반적으로 기술하고 있다고 칼뱅은 이해한다. 신자의 삶의 전 과정은 하나님 앞에서 완전한 행위를 자랑할 수 있는 흠 없는 모습이 아니다. 바로 이와 같은 신자의 연약함을 인식하며 칼뱅은 하나님이 베푸시는 용서의 은혜를 깨닫는다. 경건한 자가 행하는 가장 선한 행위도 항상 죄의 얼룩으로 오염되

---

55 Calvin, *The Epistle of Paul the Apostle to the Romans*, 149.

56 Calvin, *The Epistle of Paul the Apostle to the Romans*, 150.

57 Calvin, *The Epistle of Paul the Apostle to the Romans*, 152.

어 있기 때문에 하나님께서 용서하시지 않는 한 어떤 상급도 소망할 수 없다.[58] 완전하지 않지만 성령에 이끌려 살아가는 신자의 삶은 하나님의 용서에 근거해서 상급을 바라보게 된다.

로마서 7:24에서 바울은 자신이 곤고한 사람임을 탄식한다. 이 탄식을 통해 칼뱅은 우리가 육신과 더불어 투쟁해야 하고, 우리의 불행한 상황에 대해 하나님 앞에서 애통해야 하며, 육신에 대한 모든 자랑을 내려놓아야 한다고 가르친다.[59] 로마서 7:25을 주석하면서 칼뱅은 신자가 육신에 거하는 한 결코 의의 목표에 도달하지 못하며 몸을 벗어 버릴 때까지는 영과 육의 투쟁을 계속해야 한다고 말한다.[60] 칼뱅에 의하면 세상에서의 신자의 삶은 완전하지 않다. 의를 추구하지만 육신의 잔재가 남아 있어서 신자는 여전히 분열을 경험하고 자신 안에 있는 영과 육 사이의 불일치를 보게 된다. 이런 불일치가 있음에도 불구하고, 칼뱅은 바울이 죄에 완전히 사로잡혀 있다고 보지 않는다. 바울은 죄의 속박에서 풀려났다.[61] 바울은 그의 간절한 마음으로 하나님의 의를 추구하고 있으며 자신 안에 새겨진 하나님의 법을 가지고 있음을 증명하고 있다.[62] 칼뱅은 신자의 최후 승리를 확신한다. 완전하지 못한 자신의 모습을 애통해하고 탄식하며 의를 추구하는 신자를 하나님은 용서하시며 상급을 주실 것이기 때문이다. 한

58 Calvin, *The Epistle of Paul the Apostle to the Romans*, 152.

59 Calvin, *The Epistle of Paul the Apostle to the Romans*, 154-155.

60 Calvin, *The Epistle of Paul the Apostle to the Romans*, 155.

61 Calvin, *The Epistle of Paul the Apostle to the Romans*, 151.

62 Calvin, *The Epistle of Paul the Apostle to the Romans*, 151.

국 교회의 신자도 칼뱅의 관점에서 볼 때 완전할 수 없다. 예수 그리스도의 전가된 의를 통해 의롭게 되었지만 여전히 육신의 잔재가 남아 있는 불완전한 모습으로 영적 싸움을 싸우며 살아간다. 자만하지 말고, 자신의 연약함을 인정하며, 성령의 도우심을 구해야 할 이유가 바로 여기에 있다.

하나님의 전적 주권에 대한 강조와 인간의 겸손

칼뱅은 로마서 해석에서 하나님의 전적 주권과 하나님의 뜻의 절대성을 강조한다.[63] 하나님의 선택에 대해 말하면서 칼뱅은 이 교리가 하나님의 신비에 속하며 유한한 인간이 이해할 수 없는 하나님의 무한한 지혜에 속한다고 했다.[64] 토기장이에게 귀히 쓸 그릇과 천히 쓸 그릇을 만드는 권한이 있는 것처럼, 하나님은 자신의 주권적 뜻에 따라 그의 피조물을 다루신다. 칼뱅은 하나님의 독단적인 권한에 대해 말하면서, 이것은 인간을 겸손하게 만드는 법칙이라고 보았다.[65] 신자는 하나님의 주권 아래 겸손하게 자신을 낮추며 하나님을 바라보아야 하고 자신의 판단에 따라 하나님을 평가해서는 안 된다.

---

63 신복윤에 의하면 칼뱅 사상에서 가장 강조되고 있는 것은 하나님 사상이다. 신복윤, 《칼뱅의 하나님 중심의 신학》(서울: 합동신학대학원 출판부, 2005), 24.

64 Calvin, *The Epistle of Paul the Apostle to the Romans*, 209.

65 Calvin, *The Epistle of Paul the Apostle to the Romans*, 209.

칼뱅은 하나님의 비밀한 계획에 포함되어 있는 것을 인간이 비난의 대상으로 삼는 것은 가당치 않다고 보았다. 칼뱅은 인간의 이해력의 한계를 인식했으며 바울도 인간의 이해력을 벗어나는 신비에 대해서는 지나친 질문을 피하고 있다고 설명한다. 칼뱅은 제한된 인간의 이해력 때문에 성경에 나타난 하나님의 신비를 모두 이해할 수 없다는 것을 인정하며, 동시에 성경이 분명히 계시하고 있는 한 그것은 우리의 이해를 넘어서더라도 진리라고 주장한다.[66] 칼뱅은 우리의 작은 이해력 때문에 하나님이 우리에게 말씀하실 때 삼가신다는 점을 또한 지적한다.[67] 우리의 수준에 맞추어 말씀하신다는 것이다. 이것은 하나님이 우리의 약함을 긍휼히 여기셨기 때문이며, 우리는 따라서 중용과 절제로 말씀을 해석해야 한다. 계몽주의 시대 이후 인간의 이성과 합리주의가 성경해석에 있어 중요한 기준으로 자리 잡았다. 인과율에 따라 이해되지 않는 성경의 가르침은 배척되기도 했다. 그러나 한국 교회는 성령의 감동으로 기록된 성경의 무오성을 견지하고, 인간 이성의 한계를 인정하며, 칼뱅과 함께 겸손히 말씀에 귀 기울여야 할 것이다.[68]

---

66 Calvin, *The Epistle of Paul the Apostle to the Romans*, 210-211.

67 Calvin, *The Epistle of Paul the Apostle to the Romans*, 209.

68 안명준 역시 칼뱅에게서 배우는 성경 연구의 자세로서 "하나님의 말씀을 배우려는 겸손함"을 언급하고 있다. 이외에도 그는 "하나님 말씀에 대한 존중" "인간 한계에 대한 수용" "하나님을 기쁘시게 하며 성령님의 인도함을 받는 것"이 칼뱅이 보여 준 성경 연구에 대한 자세라고 했다. 안명준, "존 칼뱅의 신학원리로써 성경(Scriptura)의 사용: 기독교 강요를 중심으로,"《칼뱅신학과 한국신학》(서울: 도서출판 기쁜날, 2009), 267-74.

* * *

본 장에서는 칼뱅의 로마서 주석에 나타난 로마서 해석을 살펴보았다. 칼뱅은 교회의 유익을 위해 간단명료하게 로마서를 해석하기 원했다. 교회의 유익을 위한 신학자요 주석가인 칼뱅과 같은 학자와 목회자가 오늘 한국 교회에 더욱 많이 배출되어야 할 것이다. 칼뱅은 로마서를 해석하면서 문자적 의미를 밝혀내는 것에 머물지 않고 신자의 삶에 그 의미를 적용하도록 돕기를 원했다. 칼뱅의 로마서 주석이 신학적 깊이가 있으면서도 감동을 주는 것은 이와 같이 성경을 삶의 지침을 제공하며 실제적 교훈을 주는 하나님의 말씀으로 이해하고 해석했기 때문일 것이다.

칼뱅은 인간이 창조주 하나님 앞에서 얼마나 큰 죄인인지를 로마서를 통해 분명히 제시하고 있다. 칼뱅이 이해한 인간은 자만심을 깨고 철저히 낭패하기 전까지는 거짓된 의의 개념을 통해 자신을 속이며 안일한 생활에 빠져 있는 존재이다. 자신의 죄인됨과 하나님의 심판의 두려움을 알게 될 때 인간은 예수 그리스도를 통한 의의 선포를 받아들이게 된다. 죽음으로 달려가는 영혼을 향해 안일한 평안과 축복을 외치기보다 죄를 지적하여 깨우치는 선지자적 복음 선포가 한국 교회에 요구되며, 이를 바탕으로 예수 그리스도를 통한 치유와 회복, 구원의 메시지가 능력 있게 선포되어야 할 것이다.

칼뱅은 로마서를 하나님의 전적 은혜의 관점에서 해석한

다. 로마서의 메시지는 죄인을 구원하시는 하나님의 은혜에 대한 기록이다. 하나님의 선택은 전적인 하나님의 은혜이며 공로에 근거한 것이 아니다. 인간의 행위는 칭의의 근거가 될 수 없고, 율법은 인간을 의롭게 할 수 없다. 인간은 율법을 완전하게 지킬 수 없으며, 율법은 하나님의 뜻을 가르쳐 준다는 점에서 행위 판단의 기준으로 작용한다. 율법은 인간이 죄인인 것을 깨우치며 그러한 인간을 그리스도에게 인도한다. 칭의는 율법이나 우리 자신에게 달려 있지 않고 오직 하나님의 긍휼하심과 믿음에 근거한다. 칼뱅은 로마서를 해석하며 행위로 인한 구원이나, 행위가 부분적으로 구원에 공헌한다는 것을 부인한다. 믿음으로 인한 구원에는 차별이 없다. 유대인이나 이방인이나 모두 차별 없이 그리스도 안에서 주어지는 의를 힘입어야 한다.

의롭게 된 그리스도인은 그러나 이 세상에서 완전한 성화에 이르지 못한다. 그러므로 하나님의 법을 즐거워하고 순종하려는 영과 하나님의 법을 대적하는 부패한 본성이 끊임없이 내적 전투를 벌이는 것을 목도한다. 이와 같은 분열은 바울이 경험했던 것이며 모든 그리스도인이 삶의 전 과정에서 동일하게 겪는 것이다. 그러나 바로 여기에서 칼뱅은 인간의 연약함과 하나님의 용서의 은혜를 깨닫는다. 신자는 여전히 미완성이며 연약하지만, 하나님은 그를 용서하시고 그가 행하는 불완전하고 허물투성이인 행위를 기쁘게 받으시고 상급을 주신다. 칼뱅은 신자가 전투 중인 곤고한 사람임을 인정하지만 실패자로 보지 않는다. 오히려 연약하기 때문에 성령의 도우심을 더욱 의지하며 영적 싸움을 지속해야 할 영적 군사인 것이다.

하나님의 주권적 뜻은 신자의 삶을 지배한다. 신자는 그 뜻을 다 이해할 수 없다. 로마서에 나타난 하나님의 무한한 지혜를 인간의 제한된 이해력이 온전히 파악하는 것은 불가능하다.[69] 신자는 겸손히 하나님을 바라보며 하나님의 주권에 복종하고 하나님의 뜻에 순종해야 한다. 칼뱅은 로마서에 나타난 하나님의 말씀이 진리이며 헛되거나 유익하지 않은 것이 없다고 강조한다. 로마서 15:4을 주석하면서 칼뱅은 하나님의 말씀은 헛된 것이나 무익한 것을 포함하지 않는다고 말한다. 우리가 성경을 읽을 때 성경은 우리의 거룩성을 증진시키게 된다고 칼뱅은 설명한다. 우리에게 무익한 것을 성령께서 가르친다고 생각하는 것은 성령에 대한 모독이라고 말하며, 성령께서 성경을 통해 우리에게 전달하는 모든 것을 배우려고 노력하자고 칼뱅은 우리를 격려한다. 말씀에 대한 칼뱅의 겸손함과 열심이 오늘날 한국 교회에 더욱 불일 듯 일어나야 할 것이다.

---

69 크라우스는 칼뱅이 경외심과 겸손함을 성경해석자가 가져야 할 합당한 태도로 자주 언급했음을 지적한다. Hans-Joachim Kraus, "Calvin's Exegetical Principles," *Interpretation* 31(1977): 10.

Q
02

Q
02

로마서 서두의 특징과 기능은 무엇인가?

로마서 1:1-7

바울서신의 서두는 일관성 있는 형식을 갖추고 있다. 즉 발신자 양식, 수신자 양식, 인사말 양식으로 이루어진다.[1] 일반적으로 바울 당대에 편지의 서두는 길지 않았으나, 로마서의 서두는 매우 긴 편이다. 사도행전 15:23과 23:26에 당시 일반적 편지의 서두를 엿볼 수 있는 대목이 있다. 사도행전 15:23에는 "사도와 장로된 형제들은 안디옥과 수리아와 길리기아에 있는 이방인 형제들에게 문안하노라"라는 편지 서두가 등장한다. 사도행전 23:26에는 "글라우디오 루시아는 총독 벨릭스 각하에게 문안하나이다"라는 서두가 남아 있다. 이처럼 당시의 편지들은 대체로 발신자와 수신자가 누구인지 밝히고 간단히 인사말을 전하는 것으로 서두가 마무리된다. 유대문헌 마카비2서2 Maccabees 1:1-2에는

1 바울서신의 수신자, 발신자 그리고 인사말 부분을 편의상 "서두"라 지칭한다. 학자들에 따라 이 부분을 Salutation, Prescript 또는 Letter Opening이라고 부르기도 한다.

"예루살렘과 유대 땅에 있는 자들은 이집트에 있는 유대인 친족들에게 문안하며 참 평안을 기원하노라"라는 짤막한 서두가 등장한다.

이러한 당대의 일반적인 편지 서두와 비교했을 때, 바울 서신의 서두는 대체로 좀 더 확장되어 나타난다. 발신자와 수신자를 수식하는 어구들이 다양하게 덧붙고 인사말도 기독교적 내용을 포함하여 길어진다. 바울서신의 서두에 등장하는 발신자와 수신자 수식 어구들은 그들 사이의 관계를 부각하는 한편, 서신의 본론에서 다루어질 중심 메시지를 예견하게 한다. 이처럼 흥미로운 부분이 바울서신의 서두인데, 본 장에서는 바울 서신 중에서도 가장 특징적인 로마서 서두를 살펴보려 한다.

바울서신의 서두들

로마서의 서두를 살펴보기 전에 바울의 다른 서신들의 서두를 잠시 살펴보자. 다른 서신들의 서두를 주의 깊게 살펴보는 것은 로마서 서두의 특징을 좀 더 쉽게 이해하는 데 도움이 된다. 로마서를 제외한 바울서신의 서두는 다음과 같다.

고린도전서 1:1-3

하나님의 뜻을 따라 그리스도 예수의 사도로 부르심을 받은 바울과 형제 소스데네는 고린도에 있는 하나님의 교회 곧 그리스도 예수 안에서 거룩하여지고 성도라 부르심을 받은 자들과 또 각처에서 우리의 주 곧 그들과 우리의 주 되신 예수 그리스도의 이름을 부르는 모든 자들에게 하나님 우리 아버지와 주 예수 그리스도로부터 은혜와 평강이 있기를 원하노라.

고린도후서 1:1-2

하나님의 뜻으로 말미암아 그리스도 예수의 사도 된 바울과 형제 디모데는 고린도에 있는 하나님의 교회와 또 온 아가야에 있는 모든 성도에게 하나님 우리 아버지와 주 예수 그리스도로부터 은혜와 평강이 있기를 원하노라.

갈라디아서 1:1-3

사람들에게서 난 것도 아니요 사람으로 말미암은 것도 아니요 오직 예수 그리스도와 그를 죽은 자 가운데서 살리신 하나님 아버지로 말미암아 사도 된 바울은 함께 있는 모든 형제와 더불어 갈라디아 여러 교회들에게 우리 하나님 아버지와 주 예수 그리스도로부터 은혜와 평강이 있기를 원하노라.

에베소서 1:1-2

하나님의 뜻으로 말미암아 그리스도 예수의 사도 된 바울은 에베소에 있는 성도들과 그리스도 예수 안에 있는 신실한 자들에게 편지하노니 하나님 우리 아버지와 주 예수 그리스도로부터 은혜와 평강이 너희에게 있을지어다.

빌립보서 1:1-2

그리스도 예수의 종 바울과 디모데는 그리스도 예수 안에서 빌립보에 사는 모든 성도와 또한 감독들과 집사들에게 편지하노니 하나님 우리 아버지와 주 예수 그리스도로부터 은혜와 평강이 너희에게 있을지어다.

골로새서 1:1-2

하나님의 뜻으로 말미암아 그리스도 예수의 사도 된 바울과 형제 디모데는 골로새에 있는 성도들 곧 그리스도 안에서 신실한 형제들에게 편지하노니 우리 아버지 하나님으로부터 은혜와 평강이 너희에게 있을지어다.

데살로니가전서 1:1

바울과 실루아노와 디모데는 하나님 아버지와 주 예수 그리스도 안에 있는 데살로니가인의 교회에 편지하노니 은혜와 평강이 너희에게 있을지어다.

데살로니가후서 1:1-2

바울과 실루아노와 디모데는 하나님 우리 아버지와 주 예수 그리스도 안에 있는 데살로니가인의 교회에 편지하노니 하나님 아버지와 주 예수 그리스도로부터 은혜와 평강이 너희에게 있을지어다.

디모데전서 1:1-2

우리 구주 하나님과 우리의 소망이신 그리스도 예수의 명령을 따라 그리스도 예수의 사도 된 바울은 믿음 안에서 참 아들 된 디모데에게 편지하노니 하나님 아버지와 그리스도 예수 우리 주께로부터 은혜와 긍휼과 평강이 네게 있을지어다.

디모데후서 1:1-2

하나님의 뜻으로 말미암아 그리스도 예수 안에 있는 생명의 약속대로 그리스도 예수의 사도 된 바울은 사랑하는 아들 디모데에게 편지하노니 하나님 아버지와 그리스도 예수 우리 주께로부터 은혜와 긍휼과 평강이 네게 있을지어다.

디도서 1:1-4

하나님의 종이요 예수 그리스도의 사도인 나 바울이 사도 된 것은 하나님이 택하신 자들의 믿음과 경건함에 속한 진리의 지식과 영생의 소망을 위함이라. 이 영생은 거짓이 없으신 하나님이 영원 전부터 약속하신 것인데 자기 때에 자기의 말씀을 전도로 나타내셨으니 이 전도는 우리 구주 하나님이 명하신 대로 내게 맡기신 것이라. 같은 믿음을 따라 나의 참 아들 된 디도에게 편지하노니 하나님 아버지와 그리스도 예수 우리 구주로부터 은혜와 평강이 네게 있을지어다.

빌레몬 1:1-3

그리스도 예수를 위하여 갇힌 자 된 바울과 및 형제 디모데는 우리의 사랑을 받는 자요 동역자인 빌레몬과 자매 압비아와 우리와 함께 병사 된 아킵보와 네 집에 있는 교회에 편지하노니 하나님 우리 아버지와 주 예수 그리스도로부터 은혜와 평강이 너희에게 있을지어다.

바울이 발신자로 명시되어 있는 서신들 가운데 목회서신을 포함한 몇몇 서신은 바울이 쓴 서신이 아니라고 주장하는 학자들이 있다. 후대의 사람들이 바울의 이름으로 기록한 문서라는 주장이다. 필자는 바울이 발신자로 되어 있는 신약의 13권의 서신 전부를 진정한 바울서신으로 받아들이는 입장에서 로마서를 제외한 12개의 서신의 서두를 위에서 제시했다.[2]

미국 칼빈신학교Calvin Theological Seminary의 신약학 교수인 제프리 와이마Jeffrey A. D. Weima는 바울서신의 서두를 면밀히 분석했다.[3] 로마서의 서두를 살펴보기 전에 바울서신 서두의 일반

---

2 목회서신의 저작권 문제를 위해서는 D. A. Carson, Douglas J. Moo의 *An Introduction to the New Testament,* Second Edition (Grand Rapids: Zondervan, 2005), 554-568을 참고하라.

3 Jeffrey A. D. Weima, "Preaching the Gospel in Rome: A Study of the Epistolary Framework of Romans," in L. Ann Jervis and Peter Richardson, eds., *Gospel in Paul: Studies on Corinthians, Galatians and Romans for Richard N. Longenecker* (Sheffield: Sheffield Academic Press, 1994), 338-339. 바울서신 서두의 일반적 구조에 대한 분석은 필자의 은사인 미국 칼빈신학교 와이마(Weima) 박사의 위의 글 338-339쪽을 정리하고 보충하여 설명한 것이다. 이어지는 로마서 서두에 대한 연구는 339-344쪽의 내용을 항목화하여 소개하고 필자의 연구를 첨부, 보완한 것이다. 서신분석법적 연구(epistolary approach)를 통해 바울서신을 분석해온 와이마는 서신의 내용과 서신의 형식은 밀접한 관련이 있다는 견지에서 바울서신의 형식과 구조를 심도 있게 연구해왔다. 와이마의 로마서

적 구조를 살펴보는 것이 유익할 것이다. 서두는 세 가지 양식으로 되어 있는데 (1) 발신자 양식Sender formula, (2) 수신자 양식Recipient formula, (3) 인사말 양식Greeting formula이다.

발신자 양식

서두 중에서 누가 이 서신을 보내고 있고 그는 어떠한 사람인가를 밝히고 있는 부분이 발신자 양식인데 바울서신의 발신자 양식은 세 가지 형식적 요소로 구성되어 있다. 첫째 요소는 발신자의 이름을 기록한 부분이다. 바울의 이름이 명시적으로 나타난다. 예를 들면 디모데전서 2:1에 "바울은"이라고 발신자가 기록되어 있다.

둘째 요소는 발신자인 바울의 이름에 붙는 칭호title이다. 가장 일반적인 칭호는 "사도"이다. "사도로 부르심을 받은" 바울, "사도된" 바울 등으로 나타나며 고린도전서 1:1, 고린도후서 1:1, 갈라디아서 1:1, 에베소서 1:1, 골로새서 1:1, 디모데전서 1:1, 디모데 후서 1:1, 그리고 디도서 1:1에 이 칭호가 쓰였다. "사도"라는 칭호 외에 "종"이라는 칭호도 쓰인다. 세 번, 즉 로마서 1:1, 빌립보서 1:1, 디도서 1:1에 "종"이라는 칭호가 나타난다. 그러므로 "종"이라는 칭호는 "사도"에 비해 서두에 많이 사용되지 않는 칭호임을 알 수 있다.

서두에 대한 연구는 Jeffrey A. D. Weima, "The Reason for Romans: The Evidence of Its Epistolary Framework (1:1-15; 15:14-16:27)," *Review and Expositor* 100(2003):18-21에도 실려 있다. 한국에 번역 출간된 와이마 교수의 《고대의 편지 저술가, 바울: 서신 분석을 위한 개론》(서울: 그리심, 2017), 30-41에도 로마서 서두에 대한 와이마의 연구가 담겨 있다.

발신자 양식을 구성하는 세 번째 요소는 그의 “사도”직이나 “종”됨의 기원을 나타내는 짧은 묘사적 구절이다. 예를 들어 고린도전서 1:1에는 “하나님의 뜻을 따라 그리스도 예수의 사도로 부르심을 받은”이라는 표현을 통해 발신자인 바울이 가진 사도직의 기원 또는 소속이 하나님 또는 예수 그리스도임을 밝히고 있다. “예수 그리스도의” 사도 또는 종이라는 말이 반복해서 나타난다(참고, 빌립보서 1:1, 디도서 1:1). 세 번째 요소는 데살로니가전서 1:1과 데살로니가후서 1:1을 제외하고 바울서신 서두에 모두 나타난다.

수신자 양식

누구에게 보낸 서신인지를 알 수 있는 부분이 수신자 양식인데, 이 양식은 두 가지 형식적 요소로 구성되어 있다. 첫째 요소는 수신자를 지시하는 말이다. 대개 교회가 위치한 도시나 지역 이름과 더불어 “교회ἐκκλησία”라는 단어가 사용된다. 갈라디아서 1:2에는 “갈라디아 여러 교회들에게”라는 말이, 골로새서 1:1에는 “골로새에 있는 성도들”이라는 말이 수신자를 지시하고 있다.

둘째 요소는 수신자와 하나님, 또는 수신자와 그리스도의 관계를 나타내는 짧은 어구들이다. 데살로니가전서는 수신자를 “하나님 아버지와 주 예수 그리스도 안에 있는”(1:1) 데살로니가 교회라고 밝히고 있는데, 교회는 하나님 아버지와 승귀하신 주 예수 그리스도와의 연합적 관계 속에서 독특한 정체성을 발견하는 공동체임을 의미한다.[4] 고린도전서 1:1과 빌립보서 1:1에 있는 "그리스도 예수 안에"라는 표현도 교회와 그리스도의 관계를 나타내는 요소이다.

인사말 양식

인사말 양식은 세 가지 형식적 요소로 되어 있는데, 첫째 요소는 "은혜와 평강이χάρις καὶ εἰρήνη"라는 인사말이고, 둘째 요소는 인사말의 수신자인 "너희에게ὑμῖν"라는 표현, 그리고 셋째 요소는 "우리 하나님 아버지와 주 예수 그리스도로부터ἀπὸ θεοῦ πατρὸς ἡμῶν καὶ κυρίου Ἰησοῦ Χριστοῦ"라고 되어 있는 은혜와 평강의 신적 기원에 대한 말이다. 와이마는 이와 같은 바울서신 서두의 양식이 각각의 서신의 상황에 따라 조금씩 변화되어 나타난다고 말한다.

이상에서 볼 수 있듯이 바울서신의 서두는 발신자 양식, 수신자 양식, 인사말 양식으로 되어 있다. 데살로니가전서는 수신자와 발신자와 인사말이 긴 수식어구 없이 간략히 나타나 단 한 절로 되어 있고, 디도서는 4절로 되어 있다. 대체로 바울서신의 서두는 2-3절로 되어 있다.

---

4 Gene L. Green, *The Letters to the Thessalonians*, PNTC (Grand Rapids: Eerdmans, 2002), 85.

로마서 서두의 특징과 기능

로마서는 바울이 주후 57년에 고린도에서 기록한 서신으로 알려져 있으며, 바울이 로마서의 저자라는 데에 이의를 제기하는 학자는 거의 없다. 이 서신의 서두로 볼 수 있는 부분은 1:1-7이다. 그 내용은 다음과 같다.

> 1예수 그리스도의 종 바울은 사도로 부르심을 받아 하나님의
> 복음을 위하여 택정함을 입었으니
> 2이 복음은 하나님이 선지자들을 통하여 그의 아들에 관하여
> 성경에 미리 약속하신 것이라. 3그의 아들에 관하여 말하면 육
> 신으로는 다윗의 혈통에서 나셨고 4성결의 영으로는 죽은 자
> 들 가운데서 부활하사 능력으로 하나님의 아들로 선포되셨으
> 니 곧 우리 주 예수 그리스도시니라. 5그로 말미암아 우리가 은
> 혜와 사도의 직분을 받아 그의 이름을 위하여 모든 이방인 중
> 에서 믿어 순종하게 하나니 6너희도 그들 중에서 예수 그리스
> 도의 것으로 부르심을 받은 자니라. 7로마에서 하나님의 사랑
> 하심을 받고 성도로 부르심을 받은 모든 자에게 하나님 우리
> 아버지와 주 예수 그리스도로부터 은혜와 평강이 있기를 원하
> 노라.

로마서 서두를 발신자 양식, 수신자 양식, 인사말 양식으로 나누어 보면 1-6절은 발신자 양식, 7a절은 수신자 양식, 7b절은

인사말 양식에 해당한다. 로마서의 서두는 위에서 제시한 바울의 다른 12권의 서신과 비교해 볼 때 서두의 길이가 가장 길고, 내용 또한 매우 신학적이다. 로마서 서두에는 다른 서신에서도 발견할 수 있는 공통점이 나타나지만 다른 서신과 구별되는 몇 가지 변별적 특징도 나타난다. 그럼 로마서 서두의 독특한 특징과 기능에 대해 살펴보자.

발신자 양식의 확장

앞에서 살펴본 바울의 다른 서신들의 서두와 로마서의 서두를 비교해 보면 로마서의 서두가 매우 길다는 것을 알 수 있다. 다른 서신들의 서두는 대개 2-3절로 되어 있는데, 로마서의 서두는 7절로 되어 있다. 이처럼 로마서의 서두가 긴 근본적인 이유는 발신자 양식이 매우 확장되어 나타나기 때문이다. 다른 서신들의 경우 발신자 양식 다음에 바로 수신자 양식이 이어진다. 그러나 로마서의 서두는 발신자 양식에 복음에 대한 설명과 바울의 사도직에 대한 설명이 부가되어 길이가 확장되었다. 로마서 1:1-6을 발신자 양식으로 볼 때 바울서신 중 분량이 큰 고린도전서(전체 16장)와 고린도후서(전체 13장)의 발신자 양식이 각각 3절과 2절로 되어 있는 것과 비교할 때, 전체 16장인 로마서의 6절에 이르는 발신자 양식은 그 길이가 매우 확장된 것임을 알 수 있다.[5] 확장된 로마서의 발신자 양식은 서신의 서두에서부터 발

5 와이마는 로마서의 발신자 양식이 약 71개 단어로 되어 있고 바울의 다른 서신의 일반적 서두보다 약 10배 길고 두 번째로 긴 갈라디아서 1:1보다 거의 4배나 길다고 했다. Jeffrey A.

신자인 바울을 수신자에게 정중하고도 상세히 소개하는 기능을 한다. 확장된 발신자 양식은 발신자와 수신자 사이의 친밀한 관계를 형성하는 데 도움을 준다.

확장된 발신자 양식은 바울이 자신을 로마의 성도들에게 소개하는 데 신경을 쓰고 있다는 것을 보여 준다.[6] 와이마가 말하고 있는 것처럼 자신이 설립하지 않았고 방문한 적이 없는 교회에 편지하면서, 바울은 자신과 자신이 선포하는 복음이 그들에게 잘 받아들여지도록 서신의 첫머리부터 각별한 신경을 쓰고 있음을 알 수 있다. 제임스 던James D. G. Dunn 역시 발신자 양식이 확장되었다는 데 주목하면서 아마도 잘 알지 못하는 교회에 보낸 편지이기 때문이었을 것으로 해석한다.[7] 더글라스 무Douglas J. Moo도 로마서 서두에서 바울이 그가 설립하거나 방문하지 않은 교회에 자신을 소개하고 있다는 점을 주목하며 이와 같은 바울의 정황 때문에 로마서 서두가 길어지고 신학적 성향을 띄게 되었다고 본다.[8]

공동 발신자 이름 생략

바울은 서신을 보낼 때 서두에서 공동 발신자를 밝힌다. 고린도전서의 경우에는 "바울과 형제 소스데네는"(1:1)이라고 했

D. Weima, "The Reason for Romans," 18.

6 Weima, "Preaching the Gospel in Rome," 339.

7 James D. G. Dunn, *Romans 1-8*, WBC, vol. 38A (Dallas: Word Books,1988), 5.

8 Douglas J. Moo, *The Letter to the Romans*, NICNT (Grand Rapids: Eerdmans, 2018), 38.

고, 빌립보서의 경우에는 "바울과 디모데는…편지하노니"(1:1)라고 쓰고 있다. 그런데 발신자 양식이 길어졌음에도 불구하고 로마서는 그 서두에 공동 발신자의 이름이 생략되었다는 특징을 보인다. 바울이 개인이 아닌 교회에 보낸 서신들 가운데 공동 발신자의 이름이 나타나지 않는 서신은 로마서를 제외하면 에베소서뿐이다.[9] 바울이 보낸 서신들의 공동 발신자를 살펴보면 다음과 같다.

바울서신의 공동 발신자

서신	공동발신자
고린도전서	형제 소스데네(1:1)
고린도후서	형제 디모데(1:1)
갈라디아서	함께 있는 모든 형제(1:2)
빌립보서	디모데(1:1)
골로새서	형제 디모데(1:1)
데살로니가전서	실루아노와 디모데(1:1)
데살로니가후서	실루아노와 디모데(1:1)
빌레몬	형제 디모데(1:1)

공동 발신자로 가장 많이 등장하는 사람은 디모데이다. 여덟 서신 가운데 여섯 곳에서 디모데가 공동 발신자로 소개된다

9 개인이 수신자로 되어 있는 목회서신(디모데전후서, 디도서)에는 공동발신자가 없다. 바울은 그의 젊은 동역자들인 디모데와 디도를 목회서신의 수신자로 각각 서두에 명시했다. 빌레몬서의 경우 수신자는 빌레몬 개인뿐 아니라 압비아, 아킵보, 빌레몬의 집에 있는 교회로 서두에 명시되어 있다.

(고후 1:1, 빌 1:1, 골 1:1, 살전 1:1, 살후 1:1, 몬 1:1). 디모데와 함께 있을 경우에 바울은 디모데를 발신자에 포함시킨다. 바울이 로마서를 쓸 때 젊은 동역자인 디모데가 그와 함께 있었음이 분명하다. 로마서에서 바울은 "나의 동역자 디모데와 나의 친척 누기오와 야손과 소시바더가 너희에게 문안하느니라"(16:21)라고 했다. 그럼에도 불구하고 바울은 이 서신의 발신자로 자신의 이름만 쓰고 있다.

공동 발신자를 포함하지 않는 로마서의 서두는 수신자의 시선을 바울에게 집중하게 하는 기능을 한다. 로마의 성도들의 대다수는 바울을 잘 알지 못한다. 바울은 동역자의 이름을 생략하여 친분이 없는 성도들의 관심을 자신에게 집중시켜 효과적으로 자신을 소개하려는 듯하다. 와이마 역시 대다수 바울을 알지 못하는 로마 독자들의 관심을 바울 자신에게 집중하려는 의도로 바울이 공동 발신자의 이름을 넣지 않았을 것으로 본다.[10] 이에 더하여 로마 교회가 디모데를 잘 알지 못한다면 디모데를 공동 발신자로 언급할 필요를 별로 느끼지 못했을 가능성도 있다. 바울은 로마서에서 여러 사람이 로마의 교회에 문안한다고 말하면서 디모데, 누기오, 야손, 소시바더, 더디오, 가이오, 에라스도, 구아도의 이름을 언급한다(16:21-23). 이들을 바울의 공동 발신자로 볼 수 있는가? 바울은 로마서에서는 특이하게도 서두가 아닌 결말 부분에서 이들을 공동 발신자로 밝히고 있다고 볼 수 있는가?

---

10 Weima, "Preaching the Gospel in Rome," 340.

대답은 이들을 바울의 공동 발신자로 볼 수 없다는 것이다. 누구누구가 문안한다고 바울이 거명하고 있는 사람들을 공동 발신자로 본다면 로마서 16:16에서 우리는 문제에 봉착하게 된다. 왜냐하면 16:16에서 바울은 "그리스도의 모든 교회가 다 너희에게 문안하느니라"라고 말하고 있기 때문이다. '모든 교회'를 바울의 공동 발신자로 보기는 어렵다. 또한 문안 인사를 한다는 것만으로는 문안 인사를 하는 개인이나 교회들이 로마 교회와 어떤 수준의 친분을 맺고 있는지 짐작할 수 없다.

공동 발신자의 생략은 로마서를 매우 개인적인 서신이 되게 하는 기능도 한다.[11] 바울은 자신의 이름으로 편지를 씀으로써 개인적으로 로마의 성도들을 직접 대면하듯이 자신이 전파하는 복음을, 그리고 자신의 사명에 대해 고백한다. 로마의 성도들에게 바울이 변호해야 할 복음은 다른 사람의 복음이 아닌 바울 자신의 복음이며, 복음 전파는 바울 자신이 다메섹 도상에서 주님으로부터 직접 받은 그의 사명이다.

바울이 단독 명의로 서신을 보내고 있는 것은 이방인의 사도로서의 자신의 독특성을 로마 방문과 관련하여 부각하려는 의도도 있었을 것이다. 1:5에서 바울은 이방인의 사도로서의 자신의 독특한 사명을 강조하고 있다. 이런 그의 사명과 권위를 강조하기 위해 다른 동역자들의 이름을 서두에 포함하지 않았을 것

11 레온 모리스는 로마서 서두에 바울 동역자들의 이름이 생략된 것이 이 서신을 "매우 개인적(highly personal)"이게 만든다고 했다. Leon Morris, *The Epistle to the Romans*, PNTC (Grand Rapids: Eerdmans, 1988), 36.

이다. 토마스 슈라이너Thomas R. Schreiner도 바울이 디모데와 함께 있음에도 불구하고 그를 공동 발신자로 제시하지 않고 있는 이유는 이방인의 사도로서 자신이 가진 독특한 권위를 부각하기 위해서였을 것으로 본다.[12]

세 개의 칭호 사용

로마서 서두에는 바울을 소개하는 세 개의 칭호가 나타난다. 즉 (1) 예수 그리스도의 종 바울, (2) 사도로 부르심을 받은 자, (3) 하나님의 복음을 위하여 택정함을 입은 자이다. 로마서 서두가 세 가지 칭호를 통해 바울을 소개하는 것은 다른 서신과 차별되는 로마서의 특징이다. 바울서신 서두에 나타나는 바울을 가리키는 칭호의 종류와 횟수를 분석해 보면 다음과 같다.

서두에서 바울을 소개하는 칭호

서신	칭호
고린도전서	그리스도 예수의 사도(1:1)
고린도후서	그리스도 예수의 사도(1:1)
갈라디아서	사도된 바울(1:1)
에베소서	그리스도 예수의 사도(1:1)
빌립보서	그리스도 예수의 종(1:1)
골로새서	그리스도 예수의 사도(1:1)
데살로니가전서	없음

12 Thomas R. Schreiner, *Romans*, BECNT (Grand Rapids: Baker, 2018), 37.

데살로니가후서	없음
디모데전서	그리스도 예수의 사도(1:1)
디모데후서	그리스도 예수의 사도(1:1)
디도서	하나님의 종, 예수 그리스도의 사도(1:1)
빌레몬	그리스도 예수를 위하여 갇힌 자(1:1)

디도서를 제외하고 바울서신 서두에서 바울을 수식하는 칭호는 한 가지만 쓰였다.[13] 로마서를 제외한 열두 서신 가운데 모두 여덟 곳에서 "사도"라는 말이 쓰였고(고린도전서, 고린도후서, 갈라디아서, 에베소서, 골로새서, 디모데전서, 디모데후서, 디도서), 두 곳에서 "종"이라는 말이 쓰였다(빌립보서, 디도서). 이에 비해 로마서 서두에는 "사도"와 "종"이 디도서에서처럼 동시에 나타나고 다른 서신의 서두에는 나타나지 않는 "하나님의 복음을 위하여 택정함을 입은 자ἀφωρισμένος εἰς εὐαγγέλιον θεοῦ; set apart for the gospel of God" 라는 표현이 추가되었다. 로마서의 경우 바울에게 '사도'라는 칭호를 붙이면서 독특한 표현을 사용하고 있는데, "사도로 부르심을 받은κλητὸς ἀπόστολος" 바울이라는 표현이다. 이와 동일한 어구를 사용하는 곳은 고린도전서 1:1뿐이다(Παῦλος κλητὸς ἀπόστολος Χριστοῦ Ἰησοῦ, 그리스도 예수의 사도로 부르심을 받은 바울).[14] 고린도 교

13 와이마는 로마서 이외의 모든 바울서신 서두에 하나의 타이틀이 사용되었다고 보고하고 있는데 디도서가 두 개의 타이틀을 사용하고 있는 것을 간과한 듯하다(δοῦλος θεοῦ,ἀπόστολος δὲ Ἰησοῦ Χριστοῦ). Weima, "Preaching the Gospel in Rome," 340.

14 Weima, "Preaching the Gospel in Rome," 340.

회는 바울의 사도적 권위가 위협을 당하고 있던 곳이었다는 점을 고려하면서, 와이마는 바울이 이 어구를 로마 교회에 보내는 편지의 서두에 사용한 것은 바울이 자신의 사도직의 신적 기원을 강조하기 위한 것이라고 본다.[15]

로마서 서두는 바울을 사도이면서 "예수 그리스도의 종"이라고 소개한다. 서신 서두에 바울을 "종δοῦλος"으로 소개하는 것은 빌립보서 1:1과 디도서 1:1에서도 볼 수 있지만 "예수 그리스도의 종"이라고 소개하는 곳은 로마서 이외에는 빌립보서 1:1에만 나타난다. 디도서에서는 "하나님의 종"이라고 말한다. 슈라이너는 바울이 쓰는 "종"이라는 말이 구약의 "여호와의 종"에 근거한 것이 아닐까 하는 견해를 피력한다.[16] 구약의 모세나 여호수아, 아브라함, 다윗 그리고 선지자들이 가졌던 여호와의 종으로서의 신분을 염두에 두고 있다는 것이다(수 14:7, 왕하 17:23, 시 105:42, 삼하 7:5). 만약 그렇다면 바울은 자신을 예수 그리스도의 종이라고 말함으로써 그리스도 앞에서 자신을 당시의 노예와 같은 비천한 존재로 낮출 뿐 아니라 사역 측면에서는 구약의 여호와의 종들과 같은 권위를 가진 일꾼으로 자신을 소개하는 것으로 볼 수 있을 것이다.

바울에게 있어서 신약의 예수 그리스도는 구약의 하나님과 같은 권세와 영광을 가지신 분이다. 빌립보서 2:11에서 바울은 이사야 45:23을 사용하며 예수 그리스도를 구약의 여호와와 같

15 Weima, "Preaching the Gospel in Rome," 340.

16 Schreiner, *Romans*, 37.

은 위치에 세운다.[17] 이사야 45:23에서 모든 무릎이 여호와 앞에 꿇게 되듯이, 빌립보서 2:11에서 모든 무릎은 예수의 이름에 꿇게 된다. 이사야 45:23에서 모든 혀가 하나님께 고백하듯이, 빌립보서 2:11에서는 모든 혀가 예수 그리스도에게 그가 주님이라고 고백한다. 이처럼 예수 그리스도를 하나님과 동일한 선상에서 묘사하고 있는 빌립보서에서 바울이 자신을 "예수 그리스도의 종"(1:1)이라고 소개하고 있다면 빌립보서의 예수 그리스도의 종을 구약적 맥락에서는 여호와의 종으로 이해할 수 있다. 그러므로 로마서 서두에 나타난 "예수 그리스도의 종"이라는 표현도 구약의 "여호와의 종"과 같은 맥락에서 이해할 수 있을 가능성이 있어 보인다. 디도서 1:1에서 하나님의 종으로 자신을 소개한 바울이 로마서 1:1에서는 예수 그리스도의 종으로 자신을 소개하고 있는 것을 보아도, 그가 예수 그리스도를 하나님과 상호 교호적으로 섬김과 순종의 대상으로 삼고 있다는 것을 알 수 있다. 바울은 로마서 서두에서 자신을 "예수 그리스도의 종"이라고 소개함으로써 자신을 종으로서 겸손히 낮춤과 동시에 구약의 여호와의 종들과 같은 위치에서 자신을 인식하며 권위 있게 소개하는 듯하다.

다른 서신의 서두에는 나타나지 않는 "하나님의 복음을 위하여 택정함을 입은 자ἀφωρισμένος εἰς εὐαγγέλιον θεοῦ; sct apart for the gospel of God"라는 분사구문은 바울이 복음을 위해 구별되었다

---

17 Hyun-Gwang Kim, "Imitating Christ: An Exegetical Study of Philippians 2:5-11," *Adorare Mente* 1(2008):11.

는 의미를 강조하고 있다. 로마서 1:1에 사용된 아포리스메노스 ἀφωρισμένος는 구별되었다는 의미이다. 바울은 이 단어를 갈라디아서 1:15에서도 사용한다. 하나님이 자신을 어머니의 태로부터 택정하시고 은혜로 부르셨다는 것이다ὁ ἀφορίσας με ἐκ κοιλίας μητρός μου. 어머니의 태로부터 구별되고 부름받았다는 말은 구약 이사야 49:1과 예레미야 1:5의 말씀을 연상하게 한다. 로마서 서두에 쓰인 하나님의 복음을 위하여 택정함을 입은 자 바울이라는 칭호는 바울을 선지자적 사역을 위해 구별되고 선택받은 구약 시대의 하나님의 사역자들과 같은 선상에 놓는 기능을 한다. 로마서 1:2에서 이 복음은 하나님이 선지자들을 통하여 미리 약속하신 것이라고 했는데, 바울은 구약에서 선지자들을 통해 약속하신 복음을 선지자적 부르심과 사역을 통해 신약 시대에 이어가는 신약의 선지자적 사역자인 것이다.

로마서 서두는 바울을 세 가지 중요한 칭호를 통해 묘사함으로써 바울을 잘 알지 못하는 로마 교회의 성도들이 바울을 사도적 권위를 가진 사람으로, 구약의 선지자와 같은 선상에 있는 하나님이 택하여 부르신 일꾼으로 받아들이도록 하는 기능을 한다. 복음의 메시지는 전달하는 사람이 누구이며 신뢰할 만한 사람인가에 따라 받아들이는 사람에게 미치는 영향이 크게 달라진다. 로마서의 서두는 먼저 바울을 하나님과 예수 그리스도와의 관계 속에서 신뢰할 만하며 권위 있는 복음 전파자라는 점을 강조함으로써 수신자들이 그가 전하는 복음을 진지하게 받아들일 마음의 준비를 하게 한다.

복음에 대한 긴 설명

와이마가 지적하고 있듯이 바울의 다른 서신들은 일반적으로 발신자 양식 후에 바로 수신자 양식으로 넘어가게 된다. 그러나 로마서에서는 특징적으로 바울이 전파하는 복음이 무엇인지 길게 설명하는 부분이 중간에 삽입되어 있다.[18]

로마서 서두에서 소개하는 바울의 복음은 "하나님이 선지자들을 통하여 그의 아들에 관하여 성경에 미리 약속하신 것"이다. 이 설명은 바울이 새로운 복음을 갑작스럽게 만들어 전하는 자가 아니라는 사실을 밝혀 주는 변증적 기능을 한다. 바울이 전하는 복음은 구약에서 약속된 복음이라는 점에서 역사적 정통성을 가지고 있고 구약의 빛 아래 해석되어야 한다. 로마서 서두에서 바울의 복음을 "성경에 미리 약속하신 것"이라고 정의하고 있는 것은 이후에 로마서 본문에서 바울이 구약을 통해 그의 복음을 설명할 것임을 예감하게 하는 기능이 있다. 마크 사이프리드Mark A. Seifrid의 연구에 의하면 로마서는 대략 60회 구약을 인용하고 있다.[19] 로마서의 본문에서 바울이 이처럼 반복적으로 구약을 인용하며 그의 복음을 설명하고 있는 것은 우연이 아니다. 바울은 가말리엘의 문하에서 구약을 깊이 배웠고 다메섹으로 가는 길에서 부활하신 예수 그리스도를 만났는데 그때부터 구약을 새로운 관점에서 이해하게 되었음이 틀림없다. 바울 복음의 기

18 Weima, "Preaching the Gospel in Rome," 341.

19 하워드 마샬, 마크 A. 싸이프리드, 《사도행전.로마서》 신약의 구약 사용 주석 시리즈 3 (Acts and Romans in Commentary on the New Testament Use of the Old Testament), 김현광·배성진 역(서울: CLC, 2012), 297.

원에 대한 여러 가지 논의가 있지만, 바울 복음의 기원으로서의 구약을 간과해서는 안 된다. 바울 스스로 그의 복음은 "하나님이 선지자들로 말미암아 그의 아들에 관하여 성경에 미리 약속하신 것이라"고 주장하기 때문이다.

로마서 서두가 소개하는 바울의 복음은 하나님의 복음이며 예수 그리스도 중심적 복음이다. 1:1에서 바울은 "하나님의 복음 εὐαγγέλιον θεοῦ"을 위해 택정함을 입었다고 했다. 바울이 선포하는 복음은 "하나님의 복음"이다. 슈라이너는 복음이라는 말에 떼우 θεοῦ를 덧붙인 것을 중요하게 보았다. 그는 이 소유격θεοῦ을 근원의 소유격genitive of source과 목적격적 소유격objective genitive으로 해석함으로써 바울이 선포한 하나님의 복음은 하나님으로부터 나온 복음이고 동시에 하나님에 대한 복음이라고 설명한다.[20] 복음은 또한 "그의 아들에 관하여περὶ τοῦ υἱοῦ αὐτοῦ"(1:2, 한글; 1:3, 헬라어) 약속된 것이다.

서두에 나타난 복음에 대한 설명은 바울이 전파하는 복음이 무엇인가를 로마의 성도들에게 간단명료하게 제시해 줌으로써 바울이 전파하는 복음에 대해 그들이 가지고 있을지도 모르는 잘못된 선입관이나 비판을 제거하는 기능을 한다. 제임스 던은 바울이 자신의 복음과 사도성에 대한 긴 삽입구를 서두에 포

---

20 Schreiner, *Romans*, 41. 벤 위더링턴은 εὐαγγέλιον θεοῦ가 objective genitive인가 subjective genitive인가 질문하며 "하나님으로부터 나온 복음(comes from God)"으로 해석한다. Ben Witherington, *Paul's Letter to the Romans: A Socio-Rhetorical Commentary* (Grand Rapids: Eerdmans, 2004), 31-32.

함하는 것이 바울의 의도적인 전략이었을 것이라고 말한다.[21] 바울은 자신이 올바른 복음을 전파하고 있다는 것을 제시하여 잘못된 비판이나 오해를 불식시키고 이후에 그가 자세히 설명하는 복음에 대한 이야기를 잘 들을 수 있도록 수신자들의 마음을 준비시키고 싶었을 것이다.[22] 로마서의 서두는 먼저 복음전파자인 바울을 소개하고 곧 이어 그가 전파하는 복음에 대해 정의함으로써 전파자와 그의 메시지를 모두 안심하고 받아들이도록 준비시키는 기능을 하고 있다.

초기 교회의 전통적 신앙고백 자료 사용

1:3-4에 전통적 신앙고백 문구가 삽입되었다는 것도 로마서 서두의 특징이다. 1:3-4이 초기 교회의 신앙고백 자료인지 입증하기란 쉽지 않다. 그러나 학자들 대부분은 1:3-4에서 바울이 초기 교회의 신앙고백 자료를 이용하는 듯하다는 입장이다.[23] 이유는 분사적 구문, 3절과 4절 사이의 병렬구조, 바울이 다른 곳에서 사용하지 않는 어휘(ὁρίζειν, πνεῦμα ἁγιωσύνης)와 신학적 주제(다윗의 혈통)가 나타난다는 것 등이다.[24]

---

21 Dunn, *Romans1-8*, 5.

22 와이마는 로마 교회 내에 바울의 복음에 대해 혼란스러워하는 사람들이 있었을 것으로 보며 3:8을 지적한다. Weima, "Preaching the Gospel in Rome," 341.

23 F. F. Bruce, *Romans*, TNTC (Downers Grove: IVP Academic, 1985), 68; Robert Jewett, *Romans*, Hermeneia (Minneapolis: Fortress, 2007), 103-08; Joseph A. Fitzmyer, *Romans*, AB, vol.33 (New York: Doubleday, 1993), 229-30; Schreiner, *Romans*, 42-43. Weima, "Preaching the Gospel in Rome," 341.

24 Schreiner, *Romans*, 43-44; Fitzmyer, *Romans*, 230; Dunn, *Romans* 1-8, 5.

바울이 이전의 전통적 고백문을 사용한다는 것은 성경의 영감성을 훼손하는가? 바울이 초기 교회의 전통적 신앙고백 자료를 자신의 서신에 포함하는 것은 바울이 전적으로 그 내용에 동의하고 있다는 증거이며, 이런 점에서 그것은 바울 자신의 고백이 된 것이다. 그러므로 1:3-4이 이전의 전통적 고백에 기인한 것이라고 해도 성경의 영감성과 권위를 훼손하지 않는다. 바울은 전통적 신앙고백 자료를 자신의 것으로 받아들여 사용하기 때문이다.

로마 교회의 성도들에게도 이미 알려져 있는 초기 교회의 전통적 신앙고백문을 서두에 이용하여 자신의 복음을 설명하는 것은 바울의 복음이 로마의 성도들이 이미 받은 복음과 일치된다는 것을 증거하는 기능을 한다. 로마에 복음이 전파된 것은 아마도 오순절에 예루살렘에 방문했던 "로마로부터 온 나그네"(행 2:10)들이 예루살렘 사도들에게서 복음을 받아 로마로 돌아오면서부터였을 것이다.[25] 전통적 신앙고백문을 이용함으로써 로마서의 서두는 수신자들에게 바울의 복음이 그들이 받은 복음 즉 예루살렘 교회가 가진 복음과 다르지 않다는 것을 보여 준다. 바울의 복음은 구약과의 관계 속에서 정통성을 가지고 있을 뿐 아니라 보편 교회와의 관계 속에서도 정통성을 가지고 있다는 점을 로마서 서두가 교회의 전통적 신앙고백 자료를 사용함으로써 증거하고 있다. 바울의 복음이 로마 교회 및 보편 교회의 복음과

25 더글라스 J. 무, 《로마서의 신학적 강해》, 이경석 역(서울: 크리스찬출판사, 2007), 49.

연대성을 가지고 있다는 것을 로마서 서두가 증거한 것은 바울이 이후에 설명할 복음을 수신자들이 신뢰감을 가지고 듣게 만든다.

사도성과 이방인의 사도임을 강조

로마서 서두는 바울의 사도성apostleship을 매우 강조한다. 로마서를 제외하고 바울을 사도로 소개하는 여덟 서신(고린도전서, 고린도후서, 갈라디아서, 에베소서, 골로새서, 디모데전서, 디모데후서, 디도서)의 서두에서 사도라는 말은 단 한 번 쓰였는데, 로마서에서는 바울이 사도임을 두 번 밝히고 있다.[26] 로마서 1:1에서 사도로 부르심을 받았다고 말하고 5절에서 또 다시 예수 그리스도로부터 사도의 직분을 받았다고 말한다. 두 번 사도성에 대해 언급하면서 로마서의 서두는 바울의 사도적 권위를 강조하며 특히 4절과 5절에서는 그의 사도직이 예수 그리스도로 말미암았다는 점을 부각한다. "예수 그리스도의 것으로 부르심을 받은 자"(6절)들인 로마의 성도들은 바울의 권위를 인정해야만 한다. 왜냐하면 바울은 그들을 불러 소유 삼으신 예수 그리스도께서 세운 사도이기 때문이다.

바울의 사도성과 그 기원에 대한 이와 같은 반복적 강조와 너불어 로마서 서두는 바울을 이방인의 사도로 소개한다는 점에서 특징이 있다. 바울의 사도성을 밝히고 있는 다른 여덟 서신의

26 한글성경 디도서 1:1에는 사도라는 말이 두 번 나오지만 헬라어 본문에는 단 한 번 사도(ἀπόστολος)라는 말이 나온다.

서두에는 바울을 이방인의 사도로 소개하고 있지 않다. 단지 사도라고 말하고 있을 뿐이다. 로마서의 경우 1:5에서 "모든 이방인 중에서 믿어 순종하게 한다"는 언급을 통해 그의 사역의 대상이 이방인임을 밝히고 있다. 바울은 이방인의 사도이며 그 사역의 범위는 "모든πᾶσιν 이방인"이다. 로마서 서두는 바울 복음의 보편적 성격을 드러내며 로마서 본론에서 전개될 복음의 보편적 성격을 예견한다. 바울은 로마서 본론에서 유대인뿐 아니라 모든 이방인에게 미치는 하나님의 구원을 말한다. 하나님의 관심은 유대인에게만 있는 것이 아니라 이방인에게도 있고 이방인 중 일부가 아닌 모든 이방인에게 있다. 복음은 소수의 특수한 집단, 인종에 국한되지 않는다. 2절에서 언급했듯이 복음은 "그의 아들에 관하여 성경에 미리 약속하신 것"인데 이 아들에 관한 복음은 소수에게 국한된 것이 아니라는 것이 창세기의 기록을 통해 나타난다. 창세기 22:18에서 하나님은 아브라함에게 "네 씨로 말미암아 천하 만민이 복을" 받으리라고 하신다. 로마서 서두는 바울이 이방인의 사도이며 그의 사역의 범위는 모든 이방인이라는 것을 분명하게 제시한다.

바울의 사역권 안에 속한 수신자

로마서 1장 1절과 5절에서 바울이 자신을 사도로, 그의 사역의 영역을 "모든 이방인"이라고 명시한 것은 로마 성도들이 자신의 사역권 안에 있다는 사실을 강조하기 위한 전 단계로서의 역할을 한다. 바울의 사역 영역이 "모든 이방인"이라고 말한

직후 6절에서 "너희도 그들 중에서 예수 그리스도의 것으로 부르심을 받은 자니라"라고 선언한다. 모든 이방인이 바울의 사역 대상이고 로마 성도들도 그 이방인에 포함된다고 선언하는 것은 결국 로마 성도들 역시 바울의 관할 내에 있다는 것을 주장하는 기능을 한다. 더글라스 무는 6절이 로마의 그리스도인들도 바울의 사도적 위임명령의 영역에 속한다는 것을 보여주려는 목적을 가지고 있다고 옳게 지적했다.[27] 와이마는 바울의 논증의 구조를 다음과 같이 설명했다.[28]

> 첫째 전제: "나는 모든 이방인에게 복음을 전파하기 위해 예수 그리스도로부터 사도직을 받았다."
> 둘째 전제: "로마에 있는 너희 신자들은 그 이방인 그룹에 속한다."
> 결론: "그러므로 나는 복음을 너희들과 나눌 신적 책임을 가지고 있다."

바울은 로마의 성도들을 자신의 사역권 안에 둠으로써 그들과의 특별한 관계를 구축하려 한다. 비록 바울은 로마 교회를 설립하지 않았고 방문한 적도 없지만 그들과 특별한 관계를 맺고 있다. 바울은 그들에게 편지하고 방문하여 교제하고 스페인 선교여행에 그들의 후원을 요청할 자격이 있다. 왜냐하면 바울

---

27 Douglas Moo, *The Letter to the Romans*, 52.

28 Weima, "Preaching the Gospel in Rome," 343.

은 이방인의 사도이며 로마 성도들은 이방인으로서 바울의 사역권 안에 있기 때문이다. 로마서 서론은 로마의 성도들을 바울의 사도적 권위와 사역권 영역 아래 두어 바울이 뒤이어 전할 복음의 메시지에 귀 기울일 수 있게 한다.

* * *

바울서신의 서두는 일관성 있는 형식을 가지고 있다. 발신자와 수신자와 문안인사로 구성된다. 당시의 일반적인 서신보다 바울서신의 서두는 대체로 길다. 그 가운데 로마서의 서두는 바울의 다른 서신들의 서두와 다른 몇 가지 특징을 가지고 있다. 로마서의 서두는 특별히 길어져서 총 일곱 절에 이른다. 이유는 발신자 양식이 매우 확장되어 있기 때문이다. 다른 서신들과 달리 로마서 서두에는 공동 발신자가 없다. 바울을 소개하는 세 가지의 칭호가 등장한다. 복음에 대한 긴 설명이 발신자와 수신자 사이에 삽입되었다. 초기 교회의 전통적 신앙고백 자료를 바울이 사용하는 듯하다. 바울은 반복해서 그의 사도성을 강조하는데, 특히 이방인의 사도임을 강조한다. 그의 사역의 범위는 모든 이방인이며 대다수가 이방인으로 구성된 로마 교회는 결국 바울의 사역권 안에 있다는 사실을 주지시킨다.

이와 같은 특징들은 바울과 로마 교회 사이의 특수한 관계 때문에 생겨난 것으로 보인다. 로마 교회는 바울이 설립하지 않았고 방문한 적이 없는 교회이다. 로마서 서두는 서신의 발신자인 바울을 잘 소개하고 수신자인 로마의 성도들이 바울을 신뢰하고 그의 권위를 인정하며 그의 복음을 안심하고 받아들일 수 있는 토대를 마련하는 기능을 조심스럽고도 치밀하게 감당하고 있다. 로마의 성도들은 바울과 직접적인 관련이 없지만 이방인의 사도로서 모든 이방인을 믿어 순종하게 하는 바울의 사역권 안에 있다. 로마서 서두는 발신자와 수신자의 관계를 친밀하게 형성하고 수신자들을 바울의 사역 범위 안에 두어 그의 사역 대상이 되게 하고 더 나아가 동역자가 되도록 하는 기능을 하고 있다.

로마서 서두 연구를 통해 알 수 있는 것은 바울이 그의 복음을 담고 있는 서신을 교회에 보내면서 그 복음이 효과적으로 전달되도록 세심한 노력을 기울이고 있다는 것이다. 복음의 전달자인 자신을 어떤 모습으로 로마 성도들에게 소개할 것인지, 그의 메시지를 그들이 거부감 없이 받아들이도록 하기 위해서는 먼저 제거해야 할 걸림돌은 없는지 그가 고심하고 있는 흔적이 발신자 양식에 드러난다. 오늘날 말씀의 청지기인 신학 교수나 목회자는 말씀의 전달자로서 자신의 모습이 어떻게 비치고 있는지 살펴보고, 부지런히 자신을 가꾸어 나가며, 지혜롭게 자신을 표현할 필요가 있다.

바울의 서신은 바울과 특수한 관계와 상황 속에 있는 교회에 보낸 개인적 서신이다. 그러므로 서신을 해석하기 위해서는 내용에 대한 신학적 연구와 더불어 그 내용이 특수한 상황 속에 어떻게 전달되고 있는지 상황에 따른 형식이나 서술 방식의 변화에 대한 고찰도 필요하다. 바울은 내용을 잘 전달하여 그가 의도한 목적을 이루기 위해 서신의 형식과 표현을 효과적으로 사용하고 있는데, 로마서 서두가 그 한 예이다.

Q
03

Q 03 바울은 왜 로마에서도 복음 전하기를 원하는가?

로마서 1:14-17

로마서 1:15에서 바울은 "나는 할 수 있는 대로 로마에 있는 너희에게도 복음 전하기를 원하노라"라고 말한다. 복음 전파에 대한 그의 간절한 소원을 잘 드러내고 있다. 왜 바울은 이토록 간절히 복음 전하기를 원했을까? 온갖 고난과 시련 속에서도 바울은 담대히 복음을 전했고 식지 않는 열정으로 전도자의 길을 끝까지 달려갔다(딤후 4:7). 그 비결은 무엇이었을까? 바울은 심지어 에베소 장로들에게 "내가 달려갈 길과 주 예수께 받은 사명 곧 하나님의 은혜의 복음을 증언하는 일을 마치려 함에는 나의 생명조차 조금도 귀한 것으로 여기지 아니하노라"(행 20:24)라고 말한다. 생명마저도 복음을 증언하기 위해서는 아낌없이 바치겠다는 고백이다. 이유가 무엇이었을까? 바울처럼 '복음 전하기 원하는' 열망이 있는 한국의 복음주의자들은 바울에게서 무엇을 배우고 무엇을 본받아야 할 것인가?

바울은 로마서 1:14-17에서 복음을 전하려는 열정을 드러내며 그 이유를 논리적으로 제시하고 있다. 따라서 이 글에서는 로마서 1:14-17을 연구 대상으로 삼아 본문의 논리적 구조를 분석하고 바울이 그토록 복음을 전하고자 했던 이유를 본문에 대한 주석 작업을 통해 드러내려 한다. 토마스 슈라이너는 주해의 목적은 본문에서 저자가 의미한 것을 드러내는 것이라고 강조한다.[1] 이 글을 통해 복음을 전하고자 했던 바울의 열망과 이유가 충실히 드러날 수 있기를 기대한다.

복음의 내용과 복음 전파의 대상

로마서 서두는 다른 바울서신의 서두와 다른 몇 가지 특징이 있다.[2] 그 가운데 하나는 바울이 '복음'이 무엇인지 서두에서 설명하고 있다는 것이다. 자신이 세우지 않은 로마 교회에 편지하면서 바울은 서신 서두에서 그가 전파하는 복음이 무엇인지 간략히 밝히고 난 후에 1:15에서 이 복음을 전하기 원한다고 말한다. 바울은 자신이 전파하는 복음이 "하나님의 복음"이며 예수 그리스도 중심의 복음이라고 강조한다. 1:1에서 바울은 복음을 "하나

1 Thomas R. Schreiner, *Interpreting the Pauline Epistles* (Grand Rapids: Baker, 1990), 20.

2 로마서 서두(1:1-7)의 특징은 1) 발신자 양식의 확장, 2) 공동 발신자 이름 생략, 3) 바울을 소개하는 세 개의 칭호 사용, 4) 복음에 대한 긴 설명, 5) 초기 교회의 전통적 신앙고백 자료 사용, 6) 바울의 사도성과 이방인 사도직 강조, 7) 로마인을 바울의 사역권 안에 두는 것이다. 자세한 내용은 본서의 이전 장을 참고하라.

님의 복음εὐαγγέλιον θεοῦ"이라고 말하며, 하나님의 복음을 위해 자신이 택정함을 입었다고 밝히고 있고, 1:2에서는 복음을 "그의 아들에 관한περὶ τοῦ υἱοῦ αὐτοῦ"(한글 1:2; 헬라어 1:3) 것이라고 말한다.

특히 바울은 자신이 전하는 복음은 하나님이 미리 약속하신 것이라고 주장한다. 바울이 전하는 복음은 "하나님이 선지자들을 통하여 그의 아들에 관하여 성경에 미리 약속하신 것"이라는 점에서 바울이 고안해 낸 것이 아니라 역사적 정통성을 가지고 있는 것이며 구약과의 연관성 속에서 해석될 수 있는 것임을 시사한다. 로마서에서 바울은 구약을 약 60회 인용하고 있는데, 이것은 그가 전하는 복음이 구약에 약속된 것임을 구약을 통해 변증하고 있는 것으로 볼 수 있다.[3] 바울은 자신의 복음에 대해 로마의 성도들이 가지고 있을지 모르는 오해를 불식하기 위해 서두에서 복음에 대하여 설명할 필요를 느꼈던 듯하다.[4] 바울이 로마에 전파하려는 복음은 예수 그리스도에 관해 구약에 미리 약속된 하나님의 복음이었다.

바울이 1:15에서 "로마에 있는 너희에게도 복음 전하기를 원하노라" 했을 때 "로마에 있는 너희"는 로마에 있는 성도들이다. 1:15에 의하면 바울이 복음 전하려는 대상은 이미 그리스도

---

3 사이프리드는 로마서가 구약을 대략 60회 인용하고 있는데 이것은 바울의 다른 서신보다 수적으로 많고 집중되어 있는 것이라고 평가했다. Mark A. Seifrid, "Romans" in *Commentary on the New Testament Use of the Old Testament* (Grand Rapids: Baker, 2007), 607.

4 로버트 마운스가 지적하듯이 바울의 대적자들은 바울의 메시지를 잘못 전달했고 그의 성품에 대해서도 비난했을 것이다(행 15:1-2; 고후 10:10; 갈 4:17). 따라서 바울은 로마 교회 앞에 그가 선포하는 복음에 대해 설명할 필요를 느꼈을 것이다. Robert H. Mounce, *Romans*, NAC (Nashville: Broadman & Holman, 1995), 26-27.

를 믿는 사람들이다. 바울의 '복음 전파'는 믿지 않는 사람들에게 그리스도를 전하여 믿게 하는 초기 전도사역과 이미 믿은 사람들에게 복음의 메시지를 다시 들려줌으로써 그들을 견고하게 하는 사역을 포괄하는 개념임을 알 수 있다.[5] 마크 사이프리드는 복음 전파란 단지 최초의 전도initial evangelization만을 의미하는 것이 아니라 교회에 대한 바울의 지속적인 사역을 의미하며, 바울은 그의 사역 전체를 복음 전파로 간주했다고 설명한다.[6] 바울은 불신자에게 전도하는 교회 외적 활동뿐 아니라 믿는 성도들을 교회 안에서 훈련하고 성장시키는 모든 노력이 복음 전파라는 관점을 가지고서 총체적 복음 전파 사역을 감당했다고 볼 수 있다. 그러므로 더글라스 무가 1:15의 "복음 전한다"는 것은 최초의 전도사역의 토대 위에 지속해서 이루어지는 교육과 제자화 사역을 뜻하는 것이라고 보는 것은 정당하다.[7]

사도 바울은 그리스도의 이름을 부르지 않는 곳에 복음을 전하는(롬 15:20) 개척 사역에 헌신했을 뿐 아니라, 그가 세운 교회에 편지를 보내거나 대리인을 파송하거나 직접 방문하여 그들을 견고하게 하기 위한 수고를 아끼지 않았다. 갈라디아서 4:19

---

5 오성종은 로마서의 저술 목적에 대해 논하면서 로마서를 바울의 변증서 또는 자기소개서로 이해하기보다는 목회적, 교육적 목적으로 저술한 바울의 '사도적 목회서신'으로 이해해야 한다고 주장하였다. 바울은 목회적, 교육적 목적으로 "좀 더 깊고 바른 복음의 진리를 가르쳐 주어" 로마 성도들을 견고하게 하려 했다는 것이다. 오성종, "로마서의 저술 목적-로마서는 바울의 변증서 또는 자기 소개서?," 《신약연구》 10(2011): 113-63.

6 Mark Seifrid, *Justification by Faith: The Origin and Development of a Central Pauline Theme* (Leiden: E. J. Brill, 1992), 189.

7 Douglas Moo, *The Epistle to the Romans*, NICNT (Grand Rapids: Eerdmans, 2018), 66: "'preach the gospel' will refer to the ongoing work of teaching and discipleship that builds on initial evangelization."

에서 말하는 "해산하는 수고"는 이미 믿음을 가진 사람들을 견고하게 세우기 위한 그의 수고를 의미한다. 바울이 복음을 전하기 원했던 대상은 믿지 않는 자와 더불어 이미 믿는 자이다. 바울의 관점에서 볼 때 이미 복음을 믿는 사람들도 복음을 다시 들어야 할 사람인 것이다.

바울은 복음 전하기를 간절히 열망한다. 복음 전파에 대한 열정은 1:15뿐 아니라 1:13에도 드러난다. 바울은 1:13에서 여러 번 로마에 가려 했던 자신의 노력을 밝히며 지금까지 길이 막혔다고 진술한다. 바울은 간절한 소원만 품은 것이 아니라 실제로 가려고 여러 번 시도했다. 그런데 번번이 길이 막혔던 것이다. 바울은 이제 "하나님의 뜻 안에서ἐν τῷ θελήματι τοῦ θεοῦ" 그들에게 나아갈 수 있는 길이 열리기를 기도하고 있다(1:10).

복음 전파에 대한 바울의 간절한 열망은 1:15의 토 카트 에메τὸ κατ' ἐμὲ에서도 발견된다. 개역개정 한글성경에 "할 수 있는 대로"로 번역된 이 표현은 단순히 "나의"라는 의미로서 부정사 유앙겔리사스따이εὐαγγελίσασθαι를 수식하여 "나의 열망은"이라고 해석될 수도 있고[8] "나로서는" 또는 "나에게 달려 있는 한"의 의미로 볼 수도 있다.[9] 바울은 이 표현을 통해 복음 전파에 대한 자신의 열망을 드러내며 하나님의 뜻 안에서 자신이 할 수 있는 한

8 이한수, 《복음은 구원을 주시는 하나님의 능력》(서울: 이레서원, 2008), 135; 조셉 피츠마이어도 이 입장을 취한다. Joseph A. Fitzmyer, *Romans*, The Anchor Bible vol 33 (New York: Doubleday, 1993), 251-52.

9 핫지와 쥬엣은 이 입장을 선호한다. Charles Hodge, *A Commentary on Romans* (Edinburgh: The Banner of Truth Trust, 1983), 27; Robert Jewett, Romans (Minneapolis: Fortress, 2007), 133.

복음 전파를 위해 최선을 다할 준비가 되어 있음을 보여 준다.

복음 전하기를 원하고 전할 준비가 되어 있는 바울은 자신이 왜 복음 전하기를 원하는지 그 이유를 1장에서 논리적 진술을 통해 표현한다. 본서의 이 장에서 주목하는 부분은 특히 1:14-17이다. "복음 전하기를 원하노라"라는 1:15의 진술을 이 절 초두의 후토스οὕτως(그러므로)가 바로 앞 절인 14절과 연결하여 복음 전하려는 이유를 제시하고 있고, 16절 초두의 가르γάρ(왜냐하면) 역시 복음 전하기를 원하는 이유를 논리적으로 설명하는 구조를 보여주고 있기 때문이다. 1:16에 나오는 '왜냐하면γάρ'으로 인해 이어지는 논리적 연관에 대해서는 이미 여러 주석자가 지적하고 있다. 그러나 15절 초두의 '그러므로οὕτως'를 통해 14절까지 16-17절과 연결하여 논리적 일체성을 고찰하며, 복음 전하기 원하는 바울의 이유를 포괄적으로 제시하지는 못한다.[10]

로마서 1:14-17의 논리적 구조 및 의미

15절을 중심으로 앞 절인 14절과 다음 절인 16-17절이 복음을 전하기 위해 로마에 가려는 바울의 이유를, 특히 로마에서 복

10 폴 악트마이어는 14절과 15절의 논리적 관계에 대해서는 설명하지 않고 15-17절에 나타난 바울의 논리적 사고에 대해서는 주목하고 있다. 그는 15-17절에서 앞의 진술은 각각 뒤따르는 종속절에 의해 지지되고 있다는 점을 옳게 관찰했다. Paul Achtemeier, *Romans*, Interpretation: A Bible Commentary for Teaching and Preaching (Atlanta: John Knox Press, 1985), 35.

음을 전하려는 이유를 강하게 부각하는 역할을 한다. 15절에서 바울은 복음 전하기를 원한다고 진술하는데, 14절과 16-17절이 샌드위치 모양으로 15절의 의미를 강조하는 구조를 보여주고 있다.

전도에 대한 거룩한 의무감: "내가 빚진 자라"(1:14)

14절에서 바울은 "헬라인이나 야만이나 지혜 있는 자나 어리석은 자에게 다 내가 빚진 자ὀφειλέτης"라고 고백한다. 그리고 바로 이어지는 15절 초두의 후토스οὕτως(그러므로)가 이 고백의 결과에 대한 바울의 진술을 이끈다. 그러므로 후토스οὕτως는 14절과 15절이 논리적으로 연결되어 있음을 나타내는 표지로서 14절이 15절의 이유 또는 원인을 설명하고, 15절은 14절의 결과를 나타낸다는 것을 보여 준다. 후토스οὕτως를 중심으로 14절과 15절의 논리적 관계를 단순화시키면 다음과 같다:

내가 빚진 자라ὀφειλέτης εἰμί(14절)

그러므로οὕτως[11]…나는 복음 전하기를 원하노라(15절)

14-15절에서 바울은 자신이 빚진 자이기 때문에 복음 전하기를 원한다고 진술한다. 바울은 여기에서 빚의 개념을 사용하는데, 빚진 자라는 표현을 통해 자신은 의무가 있는 자라고

---

11 더글라스 무는 BAGD 1b를 언급하며 후토스(οὕτως)가 앞 절의 결론을 도출해 내고 있다고 설명한다. 그는 οὕτως를 "and so"로 해석한다. Moo, *The Letter to the Romans*, 65.n.175.

서술한다. 빚진 자에 대한 바울의 언급은 로마서 8:12ὀφειλέται, 15:27ὀφειλέται, 갈라디아서 5:3ὀφειλέτης에서도 발견할 수 있다. 흥미롭게도 개역 한글성경과 개역개정 한글성경은 로마서 1:14, 8:12, 15:27에서는 오페이레태스ὀφειλέτης를 "빚진 자"로, 갈라디아서 5:3에서는 (율법 전체를 행할) "의무를 가진 자"로 번역하고 있다. BDAG(바우어 헬라어 사전 영역판)는 오페이레태스ὀφειλέτης에 "빚진 자debtor"와 함께 "의무를 가진 자one under obligation/one who is obligated"의 의미가 있음을 밝히고 있다.[12]

바울은 이방인에게 복음을 전할 의무가 있다는 점에서 빚진 자이다. 바울이 빚진 자 즉 의무를 가진 자가 된 것은 하나님의 부르심과 관련된다. 토마스 슈라이너를 비롯한 많은 학자가 바울이 오페이레태스ὀφειλέτης(빚진 자)라는 표현을 통해 이방인의 사도로 부르심을 받은 자신의 소명을 말하고 있다고 본다.[13] 로마서 1:1에서 바울은 자신이 사도로 부르심을 받아 하나님의 복음을 위해 택정함을 입었다고 밝혔고, 갈라디아서 1:15에서는 하나님이 어머니의 태로부터 자신을 택정하시고 은혜로 부르셨다고 말한다. 바울의 복음 전파에 대한 열망은 그의 사명 인식과 긴밀히 연결하고 있음을 알 수 있다.

---

12 존 스토트는 1:14에 대해 NIV가 "나는 매인 자라"로 번역한 것과 RSV가 "나는 의무 아래 있다"로 번역한 것은 "나는 빚진 자라"로 번역해야 옳다고 말하며 번역자들이 복음이 어떻게 빚이 될 수 있는지에 대해 이해하지 못해서 막연하게 "매인" 또는 "의무"라는 말로 번역했을 것이라고 추측한다. 존 스토트, 《로마서 강해》, BST 시리즈(서울: 한국기독학생회출판부, 1996), 66.

13 Thomas R. Schreiner, *Romans*, BECNT (Grand Rapids: Baker, 2018), 60; Leon Morris, *The Epistle to the Romans* (Grand Rapids: Eerdmans, 1988), 63.

바울은 부르심의 목적 역시 분명히 자각하고 있다. 갈라디아서 1:16에서 "그의 아들을 이방에 전하기 위하여" 하나님이 그의 아들을 내게 보이셨다고 진술하고 있고, 로마서 1:5에서는 그리스도의 "이름을 위하여 모든 이방인 중에서 믿어 순종하게"하기 위해 사도 직분을 받았음을 말한다. 그러므로 바울에게 있어서 복음 진파는 하나님의 아들이신 예수 그리스도를 이방인에게 전하는 것이며, 이것은 그의 거룩한 의무였다. 바울은 이방인에게 복음을 전할 의무가 있는 자이기 때문에(롬 1:14) 로마에 있는 사람들에게도 복음 전하기를 원한다고 말한다(롬 1:15). "헬라인이나 야만인이나 지혜 있는 자나 어리석은 자"는 유대 세계 밖 즉 이방 세계 전체를 아우르는 표현이다.[14] 바울은 모든 이방 세계에 빚진 자로서 복음을 전해야 할 의무가 있으며 "그의 이름을 위하여 모든 이방인 중에서 믿어 순종하게" 한다(1:5).

바울은 1:6에서 "너희도 그들 중에서"라는 표현을 사용한다. 바울은 왜 로마 성도들이 모든 이방인에 포함된다고 강조하는가? 와이마는 바울이 제시하는 논증의 수사적 구조를 다음과 같이 잘 설명하고 있다.

> 첫째 전제: "나는 모든 이방인에게 복음을 전파하기 위해 예수 그리스도로부터 사도직을 받았다."
>
> 둘째 전제: "로마에 있는 너희 신자들은 그 이방인 그룹에 속

---

14 Brendan Byrne, *Romans*, Sacra Pagina 6 (Collegeville: Liturgical Press, 2007), 56.

한다."

결론: "그러므로 나는 복음을 너희들과 나눌 신적 책임을 가지고 있다."[15]

바울은 로마 성도들을 자신의 사역 영역인 이방인 그룹에 포함함으로써 자신이 로마 성도들에게 복음을 전해야 할 의무가 있는 자 즉 빚진 자임을 부각한다. 또한 로마 교회는 바울이 세운 교회가 아니며 방문한 적도 없는 교회이지만 바울의 사도적 위임명령의 영역 안에 속하기 때문에 바울이 전하는 복음을 들어야 할 사람들이라는 사실을 암시하기도 한다. 바울은 자신이 하나님의 부르심을 받았다는 것, 즉 소명 의식 속에서 빚진 자라는 거룩한 의무감을 가졌고 로마의 성도들도 그의 사역권 안에 있는 사람들이므로 그들에게도 복음 전하기를 원한다고 말한다.

복음 전하는 이유: "복음을 부끄러워하지 않기 때문이다"

"나는 할 수 있는 대로 로마에 있는 너희에게도 복음 전하기를 원하노라"는 15절의 진술은 앞 절인 14절과 후토스οὕτως(그러므로)에 의해 논리적으로 연결된 구조를 보여 줄 뿐 아니라 16절의 가르γάρ(왜냐하면)에 의해 이후의 진술과도 논리적으로 연결된 구조를 보인다. 바울은 15절에서 복음 전하기를 원한다고 했

15 Jeffrey A. D. Weima, "Preaching the Gospel in Rome: A Study of the Epistolary Framework of Romans," in L. Ann Jervis and Peter Richardson, eds., *Gospel in Paul: Studies on Corinthians, Galatians and Romans for Richard N. Longenecker* (Sheffield: Sheffield Academic Press, 1994), 343. 참고, 본서 Q2.

다. 그렇다면 바울은 왜 복음 전하기를 원하는가? 접속사 가르γάρ는 그가 복음 전하기를 원하는 이유를 설명해 준다. 접속사 가르γάρ를 통한 15절과 16절의 논리적 관계는 다음과 같다.

> 나는 복음 전하기를 원하노라(15절).
> 왜냐하면 내가 복음을 부끄러워하지 않기 때문이다Οὐ γὰρ ἐπαισχύνομαι τὸ εὐαγγέλιον(16a절).

개역 한글성경과 개역개정 한글성경에는 나타나 있지 않지만, 위에서 제시한 대로 헬라어 원어 성경에는 16a절에 접속사 γάρ(왜냐하면, for)가 앞 절인 15절에서 바울이 진술한 말의 이유를 설명하고 있다. "나는 할 수 있는 대로 로마에 있는 너희에게도 복음 전하기를 원하노라. 왜냐하면…이기 때문이다"의 구조로 연결되어 있는 것이다. NASB와 NRSV 영어성경은 접속사 가르γάρ에 해당하는 for를 사용하여 16a절을 "for I am not ashamed of the gospel"로 번역했다. 레온 모리스Leon Morris는 NIV가 가르γάρ에 해당하는 for를 생략하고 있음을 지적하며, 가르γάρ가 앞의 내용과 뒤의 내용을 연결하고 앞 절의 이유를 제시한다는 면에서 중요성이 있다고 옳게 지적하고 있다.[16] 바울은 가르γάρ를 통해 자신이 복음을 전하기 원하는 이유를, 특히 로마 성도들에게도 복음을 전하려는 이유를 로마 성도들에게 강하

16 Morris, *The Epistle to the Romans*, 66.

게 변증하려는 의도가 있었던 것으로 여겨진다. 개역 한글성경과 개역개정 한글성경은 가르γάρ를 번역하지 않음으로써 15절과 16절의 논리적 관계를 충분히 드러내지 못하고 15절과 16절이 단절된 느낌마저 준다.

바울이 로마 성도들에게 복음 전하기를 원하는 이유로 제시한 것은 그가 복음을 부끄러워하지 않는다는 것이다. 십자가에 못 박힌 예수에 대한 복음은 바울에게 한때 부끄러운 것으로 여겨졌음이 분명하다. 바울은 십자가에 못 박혀 죽는 것은 하나님의 저주를 받는 것임을 잘 알고 있다(갈 3:13; 신 21:23). 나무에 달린 자는 하나님께 저주를 받은 자라고 말하는 신명기 21:23의 관점에서 볼 때, 예수는 하나님께 저주를 받은 자이다. 그런 예수를 하나님의 아들 그리스도로 믿고 고백하는 것은 바울의 바리새파 유대교 신앙으로 볼 때 용납할 수 없는 부끄러운 주장이었고 하나님의 뜻에 역행하는 것이었다. 따라서 바울은 회심 전에 "나사렛 예수의 이름을 대적하여 많은 일을 행하여야 될 줄 스스로 생각"했다(행 26:9). 십자가에 못 박힌 그리스도를 전하는 것은 미련한 것이었다(고전 1:18). 이런 바울의 바리새파 유대교 신앙은 그를 "주의 제자들"에 대한 위협과 살기가 등등한 기독교 박해자로 만들었다(행 9:1-2).[17] 그러나 바울은 다메섹으로 가는 길에

17 누가가 저술한 누가복음과 사도행전에 "제자"라는 단어가 73회 등장하는데 "주의 제자"라는 표현은 사도행전 9:1에만 사용되고 있다. 유상섭의 설명대로 누가는 "주의 제자"라는 표현을 사용함으로써 주의 제자를 핍박하는 사울을 주님이 내버려 두시지 않고 그의 계획을 좌절시킬 것이라는 예감을 주고 나서 9:3-19에서 사울의 다메섹 체험을 기술하고 있다고 볼 수 있을 것이다. 유상섭, 《분석 사도행전 I: 1-14장》(서울: 생명의 말씀사, 2002), 314-15.

서 부활하신 그리스도를 만난 후에 즉시로 다메섹의 각 회당에서 예수가 하나님의 아들이심을 부끄러움 없이 전파했다(행 9:20).

더글라스 무는 복음을 "부끄러워하지 않는다"는 바울의 말을 좀 더 적극적으로 해석해서 바울이 복음을 자랑스러워한다"Paul's pride in the gospel"는 말로 바꾸어 설명한다.[18] 이것은 바울의 다른 서신들을 참고할 때 지나친 해석이라고 볼 수 없다. 바울에게 있어서 복음은 부끄러움의 대상이 아니라 자랑의 대상이었다. 그는 갈라디아서 6:14에서 십자가 외에 결코 자랑καυχᾶσθαι할 것이 없다고 말함으로써 예수 그리스도의 십자가가 자신의 자랑임을 드러낸다.

더글라스 무는 "부끄러워하지 않는다"는 표현은 부정적 표현을 통해 직접적인 긍정적 진술을 의미하는 문학적 관습이라고 본다.[19] 그러나 이에 더하여 바울은 단순히 예수님의 가르침을 염두에 두고 "부끄러워하지 않는다"는 부정적 표현을 사용했을 가능성도 있다. 마가는 "누구든지 이 음란하고 죄 많은 세대에서 나와 내 말을 부끄러워하면 인자도 아버지의 영광으로 거룩한 천사들과 함께 올 때에 그 사람을 부끄러워하리라"(막 8:38) 하신 예수님의 말씀을 기록하고 있다. 누가도 "누구든지 나와 내 말을 부끄러워하면 인자도 자기와 아버지의 거룩한 천사들의 영광으로 올 때에 그 사람을 부끄러워하리라"(눅 9:26) 하신 예수님의 말

---

18 Moo, *Romans*, 67-68.

19 Moo, *Romans*, 68; Ben Witherington with Darlene Hyatt, *Paul's Letter to the Romans: A Socio-Rhetorical Commentary* (Grand Rapids: Eerdmans, 2004), 50을 참고하라.

씀을 남기고 있다. 바울이 이 말씀을 알고 있었다면, 그가 복음을 "부끄러워하지 않는다"라고 한 것은 예수의 참된 제자로서의 그의 삶을 드러내는 것이라고 볼 수 있을 것이다.[20] 바울은 복음을 부끄러워하지 않았다. 그래서 로마에 있는 성도들에게도 복음 전하기를 원했다.

복음을 부끄러워하지 않는 이유: 복음은 구원에 이르게 하는 능력

복음을 부끄러워하지 않기 때문에 복음 전하기를 원한다고 진술한 바울은 곧이어 복음을 부끄러워하지 않는 이유를 또다시 접속사 가르γάρ를 사용하여 설명한다. 개정개역 한글성경에는 역시 나타나 있지 않지만, 원어 성경에는 가르γάρ라는 단어가 사용되어 다음과 같은 논리적 구조를 보여 준다.

> 나는 복음을 부끄러워하지 않는다(16a).
> 왜냐하면 [복음은] 모든 믿는 자에게 구원을 주시는 하나님의 능력이기 때문이다δύναμις γὰρ θεοῦ ἐστιν εἰς σωτηρίαν παντὶ τῷ πιστεύοντι(16b).

복음은 구원을 주시는 하나님의 능력이기 때문에 바울은

20 피터 슈툴마허는 "(복음을) 부끄러워 하지 않는다"는 표현이 예수와 초대 교회와 관련 있는 고백적 언어라고 밝히면서 디모데후서 1:8과 마가복음 8:38을 언급한다. Peter Stuhlmacher, *Paul's Letter to the Romans* (Louisville: Westminster/John Knox Press, 1994), 28.

복음을 부끄러워하지 않고 있으며, 복음을 부끄러워하지 않기 때문에 로마에 있는 성도들에게도 전하기를 원한다. 바울에게 있어 복음은 능력이다. 바울은 특히 에이스 소테리안εἰς σωτηρίαν 이라는 표현을 통해 복음이 "구원에 이르게 하는results in" 능력임을 나타낸다.[21]

바울은 복음을 능력이라고 말하면서 그 복음을 "하나님의 능력δύναμις θεοῦ"이라고 강조적으로 표현한다. 이 표현은 고린도전서 1:18에서도 발견할 수 있다. 바울은 고린도 교회의 성도들을 향해 "십자가의 도가 멸망하는 자들에게는 미련한 것이요 구원을 받는 우리에게는 하나님의 능력이라"(고전 1:18)고 말한다.

복음은 하나님에 의해 주권적으로 시작되었고, 하나님이 약속하셨으며(1:2) 하나님이 아들을 보내어 이루시고(갈 4:4) 선포하신 것이며(히 2:2), 그 결과 의롭다 하시는 이는 하나님이시다(롬 3:26; 8:30, 33). 그러므로 바울에게 있어 구원의 능력인 복음은 어떤 흉악한 죄인이라도 구원할 수 있는 강력한 능력, "하나님의" 능력인 것이다. 슈라이너는 복음에 있는 하나님의 능력은 복음을 선포할 때 나타나는 효과적이며 변화를 일으키는 능력the effective and transforming power을 의미한다고 보고 있다.[22] 벤 위더링턴Ben Witherington도 이와 비슷하게 복음의 말씀 그 자체에 어떤 마술과 같은 능력이 있는 것이 아니라 성령께서 그 말씀을 적용

21 Schreiner, *Romans*, 64; Schreiner, Thomas R. *Paul: Apostle of God's Glory in Christ* (Downers Grove: InterVarsity Press, 2001), 189.

22 Schreiner, *Romans*, 64; 레온 모리스는 바울이 "복음은 능력을 가져 온다고 말하지 않고 복음이 능력이다"라고 말한다는 것을 지적한다. Morris, *The Epistle to the Romans*, 67.

하실 때 나타나는 "강력한 효과the powerful effect"에 대해 바울이 말하고 있는 것이라고 보고 있다.[23]

바울이 복음을 부끄러워하지 않는 이유, 그래서 복음 전하기를 원하는 이유는 너무나 분명하다. 이 복음은 세상을 구원할 수 있는 유일한 방법이며 하나님의 능력이기 때문이다.[24] 복음을 가진 사람은 구원을 받을 수 있지만 그렇지 않은 사람은 멸망할 수밖에 없다. 이 복음의 사도가 된 바울이 복음을 부끄러워할 이유가 없었다. 이 복음의 능력을 알고 경험한 사람은 누구든지 바울처럼 담대하게 복음을 선포하게 된다. 복음은 구원을 주시는 하나님의 능력이기 때문이다.

구원의 능력: 모든 믿는 자에게

복음은 구원에 이르게 하는εἰς σωτηρίαν 능력δύναμις인데, 그 구원의 능력이 모든 사람에게 적용되는 것은 아니라는 바울의 주장에 주목할 필요가 있다. 바울은 복음의 능력을 믿는 자에게τῷ πιστεύοντι 제한하고 있다. 믿음은 로마서의 핵심 어휘이며, 로마서의 주제라고 여겨지는 1:16-17에도 반복해서 등장한다.[25] 16절에 "모든 믿는 자에게"라는 표현이 사용되었고 17절에는 "믿음으로 믿음

---

23 Ben Witherington with Darlene Hyatt, *Paul's Letter to the Romans*, 50.

24 베드로는 "다른 이로서는 구원을 얻을 수가 없나니 천하 인간에 구원을 얻을 만한 다른 이름을 우리에게 주신 일이 없음이니라"(행 4:12)라고 선언했다. 복음이 구원에 이르게 하는 유일한 길, 유일한 능력이라면 복음은 결코 부끄러움의 대상이 될 수 없다. 사망의 그늘에 앉은 자들에게 구원의 능력인 복음을 전하지 않는 것이 부끄러운 것이며 구원을 주시는 하나님의 능력인 복음을 받아들이지 않는 것이 부끄러운 일이다.

25 그랜트 오스본을 비롯한 많은 학자가 로마서 1:16-17을 로마서의 주제 구절로 간주한다. Grant R. Osborne, *Romans*, INTC (Downers Grove: InterVarsity Press, 2004), 39.

에"와 "믿음으로 말미암아"라는 표현이 나타난다. 복음이 능력이 되기 위해서는 믿음이 함께해야 한다.

로마서에서 믿음은 행함과 대조적으로 나타나고 있다. 로마서 3장에서 바울은 사람이 의롭다 하심을 얻는 것은 율법의 행위에 있지 않고 믿음에 있다고 주장한다(3:20, 27-30). 4장에서 바울은 아브라함이 의롭다 하심을 얻은 것은 행위에 의해서가 아니라 믿음에 의한 것이라는 점을 논증한다(4:2-12). 1:16-17에서 바울은 행함에 대해서는 언급하지 않고 믿음만 언급하고 있지만, 로마서의 다른 부분의 논증을 볼 때 바울은 행함과 대조되는 믿음의 중요성을 강조하고 있음을 알 수 있다. 믿지 않는 사람에게 복음은 구원에 이르게 하는 능력이 될 수 없다.[26] 행함이 아닌 믿음이 구원의 방법이다.

바울이 전파하는 복음은 믿는 자 "모두παντὶ τῷ πιστεύοντι" 에게 구원을 준다는 점에서 보편성을 갖는다. 누구든지 믿는 자에게 복음은 구원을 주시는 하나님의 능력이 된다.[27] 바울은 모든 믿는 자를 유대인과 헬라인으로 구체화하여 언급한다. "먼저는 유대인에게요 그리고 헬라인에게로다Ἰουδαίῳ τε πρῶτον καὶ

26 바울은 데살로니가 성도들에게 편지할 때 "우리 복음이 너희에게 말로만 이른 것이 아니라 또한 능력과 성령과 큰 확신(πληροφορίᾳ πολλῇ)으로 된 것임이라"(살전 1:5)라고 했다. 하나님의 말씀에 대해 지식으로 많이 아는 것으로는 충분하지 않다. 그 말씀을 믿어야 한다. 선포된 말씀을 확신할 때 구원의 능력이 나타나고, 삶에 능력이 나타난다; 피터 오브라이언(Peter O'Brien)의 다음과 같은 진술은 이러한 사실을 잘 표현하고 있다: "The powerful salvation of which Paul writes is not the possession of any unbeliever." Morris, *The Epistle to the Romans*, 68.

27 구원에 있어서 하나님의 공평하심에 대해서는 다음을 참고하라. Jouette M. Bassler, *Divine Impartiality: Paul and a Theological Axiom*, SBL Dissertation Series 59 (Chico, CA: Scholars Press, 1979).

"Ελληνι"(롬 1:16)라고 말한다. 바울이 자주 '모든 사람'을 의미할 때 대조적으로 사용하는 말은 '유대인과 이방인'(예, 갈 2:14-15)인데, 바울은 여기에서 '유대인과 헬라인'을 사용한다. '유대인과 헬라인'이 사용된 것은 로마서 1:16 외에도 로마서 2:9-10, 3:9, 10:12에서 발견할 수 있다. 로버트 쥬엣Robert Jewett은 바울이 수사적 이유 때문에 이방인 대신 헬라인이라는 단어를 사용했다고 제안한다. 쥬엣에 의하면, 이방인이라는 단어에는 경멸적 의미가 있기 때문에 로마의 기독교 운동을 지배하고 있는 그룹을 지칭하는 말로서 적합하지 않았다. 따라서 바울은 이방인보다는 헬라인을 사용하는 것이 정치적으로 지혜롭다고 여겼을 것이라고 쥬엣은 설명한다.[28] 쥬엣이 다소 정치적인 측면에서 해석한다면, 이한수는 다소 문화적인 측면에서 이 단어의 사용을 설명한다. 헬라 문화가 바울 당시에 모든 세계에 편만하게 퍼져 있었기 때문에 헬라 문화를 보편적으로 받아들인 이방 세계의 사람들을 헬라인으로 범주화했다는 것이다.[29] '유대인과 헬라인'이라는 대조가 로마서에만 나타나는 것이 아니라 고린도전서 1:22-24, 11:32, 12:13, 갈라디아서 3:28, 골로새서 3:11 등에서도 사용되는 것을 볼 때 로마 교회의 특수한 상황 때문에 '헬라인'이라는 단어를 사용한 것으로 보기는 어렵다. 바울은 로마서 1:5-6에서는 로마 성도들도 '이방인'의 범주에 넣기도 한다. 바울이 이방인과 헬라인을 상호 교호적으로 사용하는 것을 볼 때 헬라인이라

---

28 Robert Jewett, *Romans*, 140.

29 이한수, 《복음은 구원을 주시는 하나님의 능력》, 144.

는 말에 지나친 의미를 부여하기보다는 '유대인'과 짝을 이루어 전체 인류를 지칭하기 위해 문화적 측면에서 이방인과 비슷한 의미로 사용하고 있는 것으로 보는 것이 무리가 없을 것이다.

이보다 더 중요한 것은 문맥 속에서 바울이 '유대인과 헬라인'을 사용한 의도이다. 첫째는 바울이 유대인과 헬라인으로 지칭되는 모든 믿는 자에게 구원이 주어진다는 구원의 보편성을 강조하고 있는 것이고, 둘째는 유대인에게 구속사적 우선순위가 주어졌다는 것을 강조하는 것이다.[30] 하나님은 복음을 유대 선지자들을 통해 약속하셨고 유대인에게 복음이 먼저 전파되었다.[31] 바울이 유대인을 먼저 언급했다고 해서 이것이 유대인에게는 이방인과 다른 구원 방법이 있다는 의미는 아니다.[32] 바울이 유대인과 헬라인을 언급한 것은 "모든 믿는 자"에게 주어지는 구원을 구체적으로 설명하기 위한 것이다. 바울은 갈라디아서 3:28에서도 "너희는 유대인이나 헬라인이나 종이나 자유인이나 남자나 여자나 다 그리스도 예수 안에서 하나이니라"라고 밝힘으로써 유대인을 포함한 모든 믿는 자에게 차별 없이 그리스도 안에서 구원이 주어짐을 말한다.

바울의 논리를 다시 정리하자면, 바울이 복음을 담대히 전했고 여전히 복음 전하기 원하는 이유는 그가 복음을 부끄러워

---

30 Joseph Fitzmyer, *Romans*, 256-57.

31 이한수, 《복음은 구원을 주시는 하나님의 능력》, 146-47.

32 이중언약주의(bi-covenantalism) 옹호자들은 이방인의 구원을 위해서는 예수를 믿는 믿음이 필요하고 유대인의 구원을 위해서는 토라 언약을 유지할 필요가 있다고 잘못 주장한다. 더글라스 무, 《로마서의 신학적 강해》, 이경석 역(경기: 크리스찬출판사, 2007), 239.

하지 않기 때문이다. 그가 복음을 부끄러워하지 않는 이유는 복음은 모든 믿는 자에게 구원을 주시는 하나님의 능력이기 때문이다. 유대인이나 헬라인에게 차별이 없다. 복음이 구원을 주시는 하나님의 능력이라는 것을 확신하는 바울은 유대인이든 헬라인이든 그가 만나는 모든 사람에게 믿고 구원받도록 이 복음을 전하려 힘쓴 것이다.

복음이 구원을 주시는 능력인 이유: 복음 안에 나타나는 하나님의 의

바울은 로마서 1:16b에서 복음이 구원을 주시는 하나님의 능력이라고 말한 후에 왜 복음이 구원을 주시는 하나님의 능력인지를 설명한다. 개역 한글성경이나 개역개정 한글성경에는 역시 나타나지 않지만, 바울은 17절에서 다시 한번 접속사 가르 γάρ(왜냐하면)를 사용하여 그 이유를 밝힌다. 이 부분의 논리적 구조는 다음과 같다.

> 복음은 모든 믿는 자에게 구원을 주시는 하나님의 능력이다 (16b).
> 왜냐하면 그 안에[복음 안에] 하나님의 의가 나타나기 때문이다 δικαιοσύνη γὰρ θεοῦ ἐν αὐτῷ ἀποκαλύπτεται(17a).

복음이 구원을 주시는 능력인 이유는 그 안에 하나님의 의가 나타나기 때문이라고 바울은 주장한다. "그 안에 ἐν αὐτῷ"는 최갑종이 지적하듯 "복음 안에"를 가리킨다.[33] 즉 복음 안에 하나님의 의가 나타나기 때문에 복음은 구원을 주시는 하나님의 능력이 된다. 데이비드 도커리David S. Dockery는 17절에서 현재동사인 아포칼륍테타이ἀποκαλύπτεται가 사용된 것은 복음에 계시된 하나님의 의가 설교자들의 쉼 없는 복음 전파에 의해 계속해서 나타나기 때문이며 "설교에서 하나님은 그의 의를 계시하신다"고 설명한다.[34] 복음에 하나님의 의가 나타나 있기 때문에 복음에 대한 설교와 가르침을 통해 하나님의 의는 지금도 계속해서 계시되고 있다. 그러므로 복음은 믿는 자에게 구원을 주시는 현재적인 하나님의 능력이다.

복음 안에 드러난 하나님의 의

17절에서 언급하고 있는 의는 특별히 하나님과 관련된 의, 즉 "하나님의 의"이다. "하나님의 의"가 무엇인가에 대해 학자들의 의견은 다양하다. 위더링턴은 하나님의 약속에 대한 하나님 자신의 신실함을 하나님의 의로 보고, 이것이 그의 구원행위를 촉발시킨다고 했다.[35] 톰 라이트N. T. Wright 역시 하나님의 의를 창조주 하나님의 언약적 신실함으로 이해했고, 법정적 이미지를 갖는다고

33 최갑종은 박익수에 반대하여 엔 아우토(ἐν αὐτῷ)가 "하나님 안에"가 아니라 "복음 안에"를 가리킨다는 것을 옳게 지적했다. 최갑종, 《로마서 듣기: 온 세상을 향한 기독교 복음의 진수》(서울: 도서출판 대서, 2009), 139.

34 David S. Dockery, "Romans 1:16-17," *Review and Expositor* 86(1989), 89.

35 Ben Witherington, *Paul's Letter to the Romans*, 52.

했다.[36] 슈라이너는 하나님의 의의 법정적 이미지는 인정하지만, 하나님의 의를 하나님의 언약적 신실함과 동일시하는 것은 반대한다. 하나님은 언약에 신실하시므로 구약의 구원 약속을 성취하시는 분인 것은 사실이지만, 구약의 약속을 하나님이 성취하는 것과 바울이 말하는 하나님의 의는 다르다고 본 것이다.[37] 이한수는 신적인 의 즉 하나님의 의를 구원의 능력을 담지한 선물이면서 사람들을 구원하시는 하나님의 행위를 가리킬 수 있다고 보고, 하나님의 의를 '언약적 성실성'으로 보기도 한다.[38] 최갑종은 하나님의 의를 "하나님께로부터 나오는 하나님 자신의 거룩한 인격의 표현"이라고 보고, 의롭다고 선언된 우리의 법적 상태와 언약에 근거한 하나님의 창조적 구원행위를 동시에 의미한다고 본다.[39] 루터는 복음만이 하나님의 의를 드러낸다고 말하며, 복음은 누가 의로운지 또는 어떻게 사람이 하나님 앞에 의롭게 되는지를 보여 준다고 말한다.[40]

이상에서 보듯이 "하나님의 의"에 대한 정의가 학자마다 차이가 있다는 것을 알 수 있다. 학자들의 이러한 다양한 정의가 "하나님의 의"에 대한 이해를 돕는 데 각각 기여하는 것이 사실이지만 로마서의 문맥과 구조를 통해 1:17에 나오는 "하나님

---

36 N. T. Wright, *The Letter to the Romans: Introduction, Commentary, and Reflections* in The New Interpreter's Bible, vol 10 (Nashville: Abingdon Press, 2002), 398-402.

37 Schreiner, *Romans*, 75-76.

38 이한수, 《복음은 구원을 주시는 하나님의 능력》, 146-49.

39 최갑종, 《로마서 듣기: 온 세상을 향한 기독교 복음의 진수》, 138-43.

40 Martin Luther, *Commentary on Romans* (Grand Rapids: Kregel, 1976), 41.

의 의"를 설명하는 것에는 충분한 관심을 기울이지 못한 감이 있다.[41] 로마서의 주제 구절에서 바울이 언급하는 복음에 나타나는 하나님의 의에 대해 알기 위해서는 바울이 1:16-17에 이어 1:18부터 하나님의 의가 나타나는 복음에 대해 무엇이라고 말하고 있는지 관찰하는 것이 중요하다.

하나님의 심판과 구원의 의

슈라이너는 로마서 1:18-4:25을 두 부분으로 나누어 1:18-3:20은 "죄인들을 향한 진노에 나타난 하나님의 의"라는 관점에서, 3:21-4:25은 "하나님의 구원의 의"라는 관점에서 주석한다.[42] 이것은 바울의 복음을 하나님의 심판의 의와 구원의 의로 나누어 주석한 것인데, 로마서 1:17에서 바울이 언급하고 있는 "하나님의 의"를 해석하는 데 상당한 통찰력을 제공한다. 복음에 나타나는 하나님의 의는 로마서의 문맥 속에서 첫째는 하나님의 공의(심판의 의)로, 둘째는 하나님의 구원의 의로 설명이 가능하다는 것이다.

---

41 "하나님의 의"에 대한 학자들의 다양한 견해를 상세히 설명하고 비판하는 것은 본 글의 목적이 아니며 지면의 제약상 불가능한 일이기도 하다. "하나님의 의"에 대한 논의를 좀 더 참고 하려면 다음을 보라. 배재욱, "바울의 '하나님의 의' 개념,"《로마서 어떻게 설교할 것인가》(서울: 두란노 아카데미), 211-25. 본 글에서는 17절에서 바울이 언급하는 복음에 나타난 "하나님의 의"의 의미를 바울이 1:18부터 설명하는 그의 복음의 내용을 고찰하며 간략히 제시하려 한다.

42 Schreiner, *Romans*, 83-86, 184-85.

하나님의 심판의 의

바울은 복음을 설명하면서 먼저 인간이 하나님 앞에 죄인인 것을 논증한다. 이방인이 하나님 앞에서 죄인이라는 것을 1:18-32에서 논한 후에 2장에서는 유대인도 죄인이라는 것을 드러낸다. 로마서 3:9-19은 유대인이나 헬라인 할 것 없이 모든 인간은 죄 아래 있고 율법에 의해 하나님의 심판 아래 있다는 것을 선언한다. 바울이 선포하는 복음은 이처럼 죄를 지적하며 모든 인간이 하나님의 심판 아래 있는 절망적 존재인 것을 드러내면서 시작된다. 왜 바울은 로마서에서 복음 이야기를 시작하면서 죄와 심판에 대해 먼저 논하는 것일까? 죄의 노예가 되어 아무 소망도 없는 절망적 존재임을 스스로 인식하며 두려워 떠는 사람에게 예수 그리스도로 인한 구원은 진정한 복음good news이 될 수 있기 때문이다. 칼뱅은 로마서를 해석하면서 인간은 자만심이 깨어져 철저히 낭패하기 전까지는 거짓된 의 개념으로 자신을 속이며 안일한 생활에 빠져 있게 마련이므로 사람들에게 필요한 것은 자신이 죄인이라는 것을 먼저 철저히 자각하며 하나님의 심판의 두려움을 느끼는 것이라고 본다.[43]

하나님은 죄에 대해 진노하시며(1:18) 죄를 짓는 자들을 사형에 처하신다(1:32). 이것은 하나님의 심판의 의이다. 하나님이 만일 죄를 벌하시지 않고 내버려두신다면 하나님의 공의는 무너지고 만다. 또한 바울은 하나님의 진노와 심판이 하나님의 "의로

---

43 이에 관하여는 본서 "Q01. 칼뱅은 로마서를 어떻게 해석하는가?"를 참고하라.

우신 판단δικαιοκρισίας"에 따라 이루어진다고 말한다(2:5). 바울이 전하는 복음에는 하나님의 공의의 심판이 분명하게 드러난다. "죄의 삯은 사망"이라는 것은 공의에 따른 선언이다(6:23). 죄인을 벌하시는 것은 하나님의 의로우심의 증거이며 복음은 하나님의 심판 선언을 통해 하나님의 의로우심을 드러낸다.

하나님의 구원의 의

죄인을 벌하지 않고 의롭다 하신다면 하나님의 심판의 의 즉 공의는 무너지고 만다. 인간이 지은 죄를 하나님이 간과하신다면 하나님은 불의한 분이라는 결론에 이르지 않을 수 없다. 그렇다면 죄인인 인간을 의롭다 하면서도 어떻게 하나님의 의가 드러날 수 있는가? 바울은 하나님이 예수 그리스도를 보내어 그를 믿는 자에게 구원을 주시는 것에서 "하나님의 의"가 나타난다고 주장한다(3:21).

로마서 3:25은 하나님이 예수를 그의 피로써 믿음으로 말미암는 화목제물로 세우셨기 때문에 죄를 간과하심에도 불구하고 하나님의 의로우심이 나타난다고 말한다. 예수 그리스도의 대속적 죽음은 하나님의 구원의 의를 드러내는 수단이다.[44] 예수 그리스도의 대속적 죽음은 죄인을 의롭다 하시는 하나님이 의로우심을 나타낼 뿐 아니라 예수 믿는 자들을 또한 의롭게 하는 근

44 바울의 복음에는 역설이 존재한다. 즉, 죄인을 심판하시는 하나님도 의로우시고 구원하시는 하나님도 의로우시다. 이 역설은 예수 그리스도의 대속적 죽음을 선포하는 복음 안에 충돌 없이 나타나 있다.

거가 된다(3:26). 예수 그리스도 안에 나타난 하나님의 의는 믿는 모든 자를 의롭게 한다(3:28).

바울이 전파한 복음에는 죄에 대해 진노하시고 죄인을 벌하시는 하나님의 심판의 의와 죄인을 여전히 사랑하시며 구원하시는 하나님의 구원의 의가 동시에 계시되어 있다. 하나님의 진노에 대해 두려워 떨며 절망 가운데 하나님의 구원의 의가 나타난 십자가를 바라보며 믿음으로 하나님께 나아가는 자에게는 구원이 있다는 것을 바울은 가르치고 있다. 믿는 자는 하나님의 법정에서 의롭다는 선언을 받게 되고 하나님과의 화목을 누리며 완전한 구원이 이루어질 그날을 바라보고 성화의 길을 걷게 된다. 하나님의 심판의 의와 구원의 의가 나타나 있는 복음은 구원에 이르게 하는 하나님의 능력이다.

오직 믿음, 오직 하나님

로마서에서 바울은 의롭다 함을 얻는 것과 믿음을 연결한다. 예수는 믿음으로 말미암는 화목제물이며(3:25) 의롭다 함은 믿음으로 얻게 된다(3:28). 예수 그리스도를 믿음으로 하나님의 의가 모든 사람에게 미친다(3:22). 이와 같은 믿음과 의의 연관성은 1:17에서도 분명히 드러난다. 바울은 17절에서 "믿음으로 믿음에"라는 표현을 사용한다. 복음에는 하나님의 의가 드러났고 그 복음은 구원을 주시는 능력이 되는데, 그것은 "믿음으로 믿음에ἐκ πίστεως εἰς πίστιν"에 의해 가능하게 된다. "믿음으로 믿음에"는 믿음을 강조적으로 표현한 것으로 이해할 수 있다.[45] 다시 말하면, 믿음의 중심성과 배타성을 강조하는 것이다.[46] 바울은 17b절에서 믿음의 중요성을 강조하기 위해 하박국 2:4을 인용한다. 로마서 1:16-17에서 언급하는 믿음은 하나님의 신실성이나 하나님의 믿음이 아닌 인간의 믿음을 의미한다. 16절에서 믿음은 인간의 믿음을 의미하고 있으며 "믿음으로 믿음에"를 언급하는 17절은 "왜냐하면 γάρ"에 의해 인간의 믿음을 의미하는 16절과 긴밀히 연결되고 있기 때문이다.

바울이 말하고 있는 의, 즉 복음에 나타나 있고 믿는 자를 구원에 이르게 하는 의는 인간에게서 기원한 것이 아니다. 따라서 바울은 복음에 나타난 의를 "하나님의 의"라고 부른다. 로마서 3:21도 인간이 율법의 행위로 의롭다 하심을 얻지 못할 때 "하나님의 의"가 나타났다고 말한다. 구원은 인간의 행위로 말미암은 의에 의한 것이 아니라 하나님의 주권적 계획과 은혜, 그리고 예수 그리스도의 대속적 죽음에 의해 이루어지는 것이다. 바울은 그가 전파하는 복음이 이러한 진리를 드러내고 있기 때문에 이 진리를 믿는 자에게 복음은 구원을 주는 능력이 된다고 확신한다. 그러므로 그는 복음을 부끄러워하지 않고 복음을 담대

---

45 더글라스 무는 그의 로마서 주석 1판에서 역시 이와 같은 입장을 취한다. 그는 이 표현이 하나님의 의와 우리를 연결하는 것은 믿음, "오직 믿음"이라는 것을 강조하기 위해 사용된 수사적 표현이라고 보며 비슷한 수사적 표현으로 고린도후서 2:16을 제시한다(Moo, *Romans*, 1996, 76). 그러나 그는 로마서 주석 2판에서는 "믿음으로 믿음에"를 유대인의 믿음에서(from) 이방인의 믿음으로(to)의 변화를 가리킨다는 견해로 입장을 바꾼다(Moo, *Romans*, 2018, 80); 학자들의 다른 다양한 견해에 대해서는 이한수, 《복음은 구원을 주시는 하나님의 능력》, 152-53을 참고하라.

46 Schreiner, *Romans*, 79. 슈라이너는 비슷한 용례로 시편 84:7[83:8 LXX]의 "from strength to strength (ἐκ δυνάμεως εἰς δύναμιν)"를 제시한다.

히 전했으며 로마에 있는 성도들에게도 복음을 전하여 그들을 견고하게 하기를 원한다.

* * *

바울은 왜 이토록 로마에서도 복음 전하기를 원하는가? 지금까지 로마서 1:14-17의 논리적 구조를 밝히며 바울이 복음 전하기를 원하는 이유를 고찰해 보았다. 바울은 후토스οὕτως(그러므로)와 가르γάρ(왜냐하면)를 통해 1:14-17의 논리적 구조를 형성하며 복음 전하기 원하는 이유를 설명한다. 15절에서 바울은 "나는 할 수 있는 대로 로마에 있는 너희에게도 복음 전하기를 원하노라"라고 말하고 14절과 16절에서 그 이유를 제시한다. 먼저 14절과 15절의 논리적 관계는 다음과 같다.

> 나는 빚진 자이다(14절).
> 그러므로οὕτως 나는 할 수 있는 대로 복음 전하기를 원한다(15절).

14절은 이유를 제시하고 15절은 그 결과를 제시한다. 빚진 자이기 때문에 바울은 복음 전하기를 원한다. 빚진 자라는 것은 의무가 있는 자를 뜻하는데, 바울은 다메섹으로 가는 길에서 부르심 받아 이방에 복음을 전하는 사도의 사명을 갖게 되었다. 바울은 소명 의식 속에서 빚진 자라는 거룩한 의무감을 가지고 복음 전하기를 간절히 원했다.

16절은 "왜냐하면γάρ"에 의해 15절과 논리적으로 연결되며 바울이 복음 전하기 원하는 이유를 드러낸다. 그리고 계속되는 "왜냐하면γάρ" 구조가 바울의 이전 진술의 이유를 제시하며 궁극적으로 바울이 복음 전하기를 원하는 이유를 강조한다. 1:15-17의 논리적 구조는 다음과 같다.

> 나는 할 수 있는 대로 복음 전하기를 원한다(15절).
>
> (왜 복음 전하기를 원하는가?)
>
> 왜냐하면γάρ 나는 복음을 부끄러워하지 않기 때문이다(16a절).
>
> (왜 복음을 부끄러워하지 않는가?)
>
> 왜냐하면γάρ [복음은] 모든 믿는 자에게 구원을 주시는 하나님의 능력이기 때문이다(16b절).
>
> (왜 복음은 구원을 주시는 능력인가?)
>
> 왜냐하면γάρ 그 [복음] 안에 하나님의 의가 나타나기 때문이다(17절).

바울은 복음을 부끄러워하지 않는다고 고백한다. 바울에게 있어서 복음은 부끄러움의 대상이 아니라 오히려 자랑거리였다. 바울이 복음을 부끄러워하지 않는 것은 복음은 모든 믿는 자에게 구원을 주시는 하나님의 능력이라는 확신이 그에게 있기 때문이다. 복음이 없이는 아무도 구원에 이를 수 없고 하나님의 진노와 심판을 피할 수 없다.

왜 복음은 구원을 주시는 하나님의 능력인가? 복음 안에 하나님의 의가 나타나 있기 때문이다. 바울이 선포하는 복음에는 하나님의 심판의 의와 구원의 의가 분명히 계시되어 있다. 복음은 하나님 앞에 인간이 죄인이라는 것을 드러내어 인간을 절망 속에 빠뜨린다. 하나님의 진노 앞에 놓인 절망적 인간, 하나님의 심판 앞에 핑계할 수 없는 인간을 보여 준다. 죄인을 벌하시는 것은 하나님의 공의시며 하나님의 심판은 의로우신 판단에 의해 이루어진다.

복음은 절망적인 인간에게 구원의 길이 있음을 보여주기 때문에 복된 소식이다. 하나님은 예수 그리스도를 보내셔서 죄인을 대신하여 십자가에 죽게 하셨고 예수 안에서 죄인을 용서하시는 하나님의 구원의 의를 드러내셨다. 복음의 메시지를 듣고 믿는 자는 누구든지 구원을 얻게 된다. 구속사에서 유대인은 우선권이 있었지만, 복음은 바울을 통해 온 세상에 전파되었다. 이제는 누구든지 믿음으로 의롭게 되어 차별 없이 구원에 이른다. 오직 믿음으로 의롭게 되며 의롭게 된 자는 누구든지 믿음으로 산다(1:17). 바울은 로마서 1:14-17에서 복음 전하기를 원하는 그의 간절한 소원과 이유를 드러냈다.

이 땅의 복음주의자들 모두가 바울과 같은 복음의 열정을 가지고 사명의 길을 다 달려갈 때까지 그와 동일하게 고백할 수 있기를 소망한다. "나는 복음 전하기를 원하노라."

Q 04

Q 04 로마서는 하나님의 진노에 대해 무엇을 말하는가?

로마서 1:18-32

로마서의 주제 구절인 로마서 1:16-17에서 복음과 하나님의 의에 대해 언급한 바울은 1:18부터 복음에 나타난 하나님의 의에 대해 설명하기 시작하는데, 먼저 인간의 비참(한 상태), 즉 인간이 죄인이며 하나님의 진노 아래 있음을 진술한다. 바울이 전하는 복음은 인간이 하나님의 진노 아래 있는 절망적 존재이기 때문에 구원이 필요하다는 토대 위에 전개된다. 로마서 5:9을 통해 볼 때 바울이 이해하는 구원은 하나님의 진노로부터의 구원이다.[1] 그러므로 바울이 하나님의 진노에 대해 진술하는 내용을 이해하는 것은 그가 말하는 구원을 이해하기 위한 필수불가결한 단계이다.

따라서 이 장에서는 로마서 1:18-32을 중심으로 바울이 하

1 "그러면 이제 우리가 그의 피로 말미암아 의롭다 하심을 받았으면 더욱 그로 말미암아 진노하심에서 구원을 받을 것이니"(롬 5:9).

나님의 진노에 대해 무엇을 말하는지 탐구하려 한다. 이를 위해 먼저 로마서 1:18-32의 문맥을 파악하고, '진노' 관련 용어를 검토하고, 그다음에 1:18-32에 집중하여 바울이 제시하는 하나님의 진노의 성격을 고찰할 것이다.

현대인은 죄에 대해 언급하는 것이나 듣는 것을 주저하고 복과 성공에 대해 듣기를 선호한다. 그러나 바울은 그의 복음을 설명하면서 먼저 인간의 죄와 하나님의 진노를 직설적으로 선포함으로써 [우선은 그의 편지의 수신자들이, 그리고 그의 로마서를 읽는 모든 독자가] 진노하시는 하나님을 직면하게 한다. 인간의 죄성과 진노하시는 하나님을 자각하며 절망하는 자에게 그리스도의 십자가는 진노에서 구원을 주는 복된 소식이 될 수 있을 것이다.

로마서 1:18-32의 문맥

로마서 1:18-3:20은 구원에 대해 설명하기 전에 먼저 인간은 왜 구원받아야 할 존재인가를 바울이 논증하는 부분이다. 이 부분에서 바울은 모든 인간이 죄인이며 죄의 지배 아래 있음을 드러낸다.[2] 따라서 더글라스 무는 1:18-3:20을 "죄의 보편적 통치"를 다루는 부분으로 파악하고,[3] 조셉 피츠마이어Joseph A. Fitzmyer

---

2 Richard H. Bell, *No One Seeks for God: An Exegetical and Theological Study of Romans 1.18-3:20*, WUNT 106 (Tübingen: J. C. B. Mohr, 1998), 11.

3 Douglas J. Moo, *The Letter to the Romans*, 2nd ed, NICNT (Grand Rapids: Eerdmans, 2018), 102-106.

는 진노에 초점을 두어 1:18-3:20이 모든 인간에게 하나님의 진노가 나타남을 보여 준다고 밝힌다.[4] 토마스 슈라이너는 진노 역시 하나님의 의의 한 측면이라고 보고 1:18-3:20을 "죄인에 대한 하나님의 진노에 나타난 하나님의 의"로 해석한다.[5] 바울은 1:18-3:20에서 모든 인간은 죄인이며 하나님의 진노 아래 있다고 제시한다. 그리고 그 후에 3:21-26에서 그는 그 해결책으로서 화목제물ἱλαστήριον(3:25)되신 예수 그리스도를 믿음으로 말미암아 모든 믿는 자에게 미치는 하나님의 의에 대해 선포한다.

죄와 하나님의 진노에 대해 다루는 1:18-3:20은 대상에 따라 이방인과 유대인에 대한 부분으로 나눌 수 있는데, 그 흐름은 다음과 같다. 1:18은 모든 인간에게 적용될 수 있는 요약 진술로서 모든 죄인에게 하나님의 진노가 임하고 있다는 것을 선언한다.[6] 이어 주로 이방인을 대상으로 하는 1:19-32, 주로 유대인을 대상으로 하는 2:1-16, 그리고 명백히 유대인을 대상으로 하는 2:17-3:8이 이어지고, 마지막으로 3:9-20에서 다시 모든 인간의 불의가 결론적으로 제시된다.[7]

이를 이방인과 유대인 중심으로 크게 나눈다면, 1:18-32은

---

4 피츠마이어는 1:18-3:20에 다음과 같은 제목을 붙이고 있다. "Theme Negatively Explained: Without the Gospel God's Wrath is Manifested against All Human Beings (1:18-3:20)," Joseph A. Fitzmyer, *Romans*, AB 33 (New York: Doubleday, 1993), 269; 제임스 던 역시 유사하게 1:18-3:20에 "The Wrath of God on Man's Unrighteousness (1:18-3:20)"라는 제목을 붙이고 있다. James D. G. Dunn, *Romans 1-8*, WBC 38a (Dallas: Word Books, 1988), 51.

5 Thomas R. Schreiner, *Romans*, 2nd ed, BECNT (Grand Rapids: Baker, 2018), 83-86.

6 Schreiner, *Romans*, 85.

7 Moo, *The Letter to the Romans,* 103; Schreiner, Romans, 168-183.

이방인의 죄와 하나님의 진노를 중점적으로 다루고 2:1-3:8은 유대인의 죄와 하나님의 진노를 자세히 언급한다. 로마서 1:18-3:20에서 진노ὀργή(오르개)라는 단어는 1:18, 2:5, 2:8, 3:5에 등장한다. 이방인의 죄를 지적하는 부분(1:18-32)과 유대인의 죄를 지적하는 부분(2:1-3:8)에 모두 하나님의 진노가 언급되고 있는데, 이것은 하나님의 진노가 이방인과 유대인 모두, 다시 말해 전 인류에게 공통으로 임하고 있음을 구조적으로 보여주고 있는 것이다. 이 장에서는 그중에서 진노에 대해 언급하는 첫 부분인 1:18-32을 중심으로 주로 이방인을 대상으로 하나님의 진노에 대해 언급하고 있는 바울의 논증을 고찰하려 한다.

로마서 1:18-3:20에 사용된 진노 관련 용어

로마서 1:18에서 바울은 하나님의 진노가 나타난다고 말한다. 진노로 번역된 헬라어 단어 오르개ὀργή는 1:18부터 3:20 사이에서 1:18을 포함하여 2:5(2회), 2:8, 3:5에 나타난다.[8] 로마서 1:18의 오르개ὀργή는 악행에 대한 강한 분개로서 보응에 초점을 두고 사용되는 어휘이다.[9] 로마서 2:8에는 진노와 분노ὀργὴ καὶ θυμός라는 단어가 함께 나타나는데. 신약에서 하나님의 진노를 명시적으로

---

8 로마서 전체에서 진노에 대해 언급하는 구절은 로마서 1:18, 2:5, 2:8(진노와 분노), 3:5, 4:15, 5:9, 9:22, 12:19, 13:4, 13:5이다.

9 *BDAG* 720.

표현할 때 헬라어 명사 오르개ὀργή와 뛰모스θυμός가 사용된다. 개역개정 한글성경은 로마서 2:8에서는 오르개ὀργή를 진노로, 뛰모스θυμός를 분노로 번역하였으나 요한계시록 14:19에서는 뛰모스를 진노로 번역하여 두 단어를 특별히 구분하지 않는 듯하다(ἔβαλεν εἰς τὴν ληνὸν τοῦ θυμοῦ τοῦ θεοῦ τὸν μέγαν, 하나님의 진노의 큰 포도주틀에 던지니). 고전 헬라어에서는 오르개ὀργή가 분노의 외적 표현을 나타내고 뛰모스θυμός가 분노의 내적 감정을 나타내지만, 70인경과 신약에서는 두 단어가 상호교환이 가능한 단어로 나타나며, 로마서 2:8이나 요한계시록 19:15에서는 두 단어가 함께 사용된다.[10] 로마서에서 바울은 2:8에서 뛰모스θυμός를 사용한 것 외에는 하나님의 진노를 모두 오르개ὀργή로 표현하고 있다.

하나님의 진노의 성격

이제 로마서 1:18-32을 중심으로 바울이 하나님의 진노에 대해 무엇을 말하는지 탐구하면서 바울이 제시하는 죄의 문제와 하나님의 진노의 성격을 고찰해 보자.

이방인도 피할 수 없는 공평한 하나님의 진노

로마서 1:18-32에는 명시적으로 이방인을 지칭하는 단어

10 Stephen Travis, "Wrath of God (NT)," *The Anchor Bible Dictionary*, vol.6 ed David Noel Freedman (New York: Doubleday, 1992), 996.

는 나타나지 않는다. 그러나 바울은 이 구절에서 이방인이 죄인이며 그들에게 하나님의 진노가 임하고 있음을 선언하는 것으로 보인다. 이것은 2장과의 대조를 통해 파악할 수 있다. 바울은 2장에서 디아트리베diatribe/διατριβή 수사법을 사용하여 2인칭으로 대화 상대자의 죄를 지적하며 그들에 대한 하나님의 진노를 언급하는데, 2:17에서 2인칭 대화 상대자가 유대인임을 분명히 밝힌다("유대인이라 불리는 네가"). 반면 로마서 1:18-32에서는 3인칭을 사용하여("그들 속에" "그들이") 하나님의 진노가 임하는 대상을 밝히는데, 이들은 2장에서 언급하는 유대인과는 구별되고 있다. 그러므로 로마서 1:18-32에서 명시적으로 이방인이라는 단어를 사용하지는 않지만 2장과의 대조적 기술 방식을 볼 때 이 부분이 주로 이방인을 대상으로 하고 있음을 알 수 있다.

로마서 1:18-32이 주로 이방인을 대상으로 하고 있음은 바울의 논증에서도 드러난다. 톰 라이트에 의하면 바울은 이 단락에서 전통적으로 유대인이 이방인을 비판할 때 사용하는 언어를 통해 이방인의 죄와 그들에게 임하는 하나님의 진노를 설명하고 있다.[11] 우상숭배와 부도덕은 유대인이 이방인을 정죄할 때 전형적으로 사용하는 것이다. 물론 시편 106:20이나 예레미야 2:11이 보여주듯이,[12] 이 단락의 죄(특별히 1:23)가 유대인에게

---

11 N. T. Wright, *The Letter to the Romans: Introduction, Commentary, and Reflections in The New Interpreter's Bible*, vol 10 (Nashville: Abingdon Press, 2002), 428.

12 시편 106:19-20, "그들이 호렙에서 송아지를 만들고 부어 만든 우상을 경배하여 자기 영광을 풀 먹는 소의 형상으로 바꾸었도다"; 예레미야 2:11, "어느 나라가 그들의 신들을 신 아닌 것과 바꾼 일이 있느냐 그러나 나의 백성은 그의 영광을 무익한 것과 바꾸었도다."

도 적용되는 면이 없는 것은 아니지만 바울은 주로 이방인을 대상으로 이 단락을 기록하고 있는 듯하다. 피츠마이어는 바울이 시편 106:20과 예레미야 2:11을 암시하는 것은 이스라엘의 죄를 지적하려 하기보다는 이스라엘의 역사 속에 나타난 그러한 죄를 끌어내어 이방 세계에 적용하기 위한 것이라고 주석한다.[13] 레온 모리스 역시 바울이 우상숭배와 부도덕에 특별한 강조점을 두고 있다는 점을 지적하면서, 바울이 사용하는 언어가 특별히 이방인에게 적용될 수 있는 것으로서 이방인을 주로 염두에 두고 있음을 부인할 필요가 없다고 주장한다.[14]

로마서의 수신자인 로마 교회는 대다수 이방인으로 구성된 이방 교회이다.[15] 바울이 1:15에서 "로마에 있는 너희에게도 복음 전하기를 원하노라"라고 할 때 '너희'는 대다수 "이방인인 너희"(11:13)이다. 바울은 로마 교회의 성도들을 포함한 이방인이 하나님의 진노의 대상임을 분명히 밝힘으로써 이방인이 하나님의 구원이 필요한 존재임을 복음을 설명하는 로마서 첫 부분에서 제시한다.

1:18에 사용된 가르γάρ는 복음이 필요한 이유를 잘 드러낸다.[16] 1:16-17에서 선포한 바울의 복음이 필요한 이유는 1:18에

---

13 Fitzmyer, *Romans*, 271.

14 Leon Morris, *The Epistle to the Romans*, PNTC (Grand Rapids: Eerdmans, 1988), 74,

15 로마 교회 구성원의 대다수가 이방인인 것과 관련된 좀 더 자세한 논의는 본서 "Q09. 로마서는 다문화 시대의 한국 교회에게 무엇을 가르치는가?"를 참고하라.

16 로마서 1:18, "왜냐하면 하나님의 진노가 나타나고 있기 때문이다(Ἀποκαλύπτεται γὰρ ὀργὴ θεου)."

서 언급하는 하나님의 진노가 있기 때문이다. 1:18-32에서 이방인이, 그리고 2장에서 유대인이 하나님의 진노 아래 있는 죄인임을 드러낸 후에 바울은 3:21부터 예수 그리스도를 믿음으로 얻는 구원을 소개한다.

하나님의 은혜는 유대인뿐 아니라 이방인도 진노에서 구원하는 것이다. 이방인건 유대인이건 차별 없이 그리스도 예수를 믿는 사람은 누구든지 예수 그리스도의 피로 의롭다 함을 얻고 하나님과 화목하게 된다는 것이 바울이 선포하는 복음이다(3:22, 24, 25, 27-30). 유대인과 이방인 모두에게 복음이 필요한 이유는 그들 모두에게 하나님의 진노가 나타나고 있기 때문이다. 물론 로마서 1:18-32에서 바울의 논증이 초점을 맞추는 쪽은 이방인이다.

하나님의 진노는 유대인뿐 아니라 이방인에게도 내려지는 공정한 진노이다. 이방인은 하나님의 진노 아래 있고 예수 그리스도를 믿는 믿음을 통해서만 하나님과 화목하게 된다. 이것이 바울이 로마뿐 아니라 스페인에까지 이르러(롬 15:23-4) 이방인에게 예수 그리스도의 복음을 전하려 했던 이유이다. 하나님의 진노가 나타나고 있다는 인식은 개인의 구원뿐 아니라 선교를 위한 중요한 원동력이 된다.

현재 나타나고 있는 하나님의 진노

로마서 1:18에서 바울은 하나님의 진노를 선언한다. "하나님의 진노가…하늘로부터 나타나나니ἀποκαλύπτεται…ὀργὴ θεοῦ ἀπ' οὐρανοῦ." 진노의 나타남을 포현하기 위해 바울이 사용하는 단어는 아포칼립테타이ἀποκαλύπτεται인데, 이것은 아포칼립토 ἀποκαλύπτω의 현재 수동태 직설법 동사이다.

바울은 로마서 1:17에서 동일한 동사ἀποκαλύπτεται를 사용하여 복음이 선포될 때 복음에 담긴 하나님의 의가 현재적으로 계시됨을 명시한다.[17] 하나님의 의가 복음에 나타나므로 복음을 듣고 믿는 모든 자에게 복음은 구원을 주시는 하나님의 능력이 된다는 것을 바울은 1:16-17에서 논리적으로 설명한다.[18] 바울은 1:17에서 사용한 것과 같은 현재 수동태 동사ἀποκαλύπτεται를 1:18에서 다시 사용하여 하나님의 진노 역시 현재적으로 나타남을 제시한다.[19] 따라서 로마서 1:18은 하나님의 진노가 현재적으로 나타나고 있음을 드러내며 현재적으로 계시되고 있는 하나님의 의의 복음을 믿어 구원 얻어야 할 현재적 필요성을 암시한다.

그런데 1:18에 언급된 하나님의 진노가 현재적 하나님의 진노가 아니라는 견해도 있다. 톰 라이트는 1:18에서 바울이 언급하는 하나님의 진노는 미래적 사건이라고 해석한다.[20] 하나님의 진노는 현재 나타나는 것이 아니라 미래에 일어날 사건이

---

17 C. E. B. Cranfield, *A Critical and Exegetical Commentary on the Epistle to the Romans*, Vol.1: *Introduction and Commentary on Romans 1-8*, ICC (Edinburgh: T & T Clark, 1975), 109.

18 자세한 논의는 본서 "Q03. 바울은 왜 복음 전하기 원하는가?"를 참고하라.

19 Schreiner, *Romans*, 83, 90-91.

20 N. T. Wright, *Paul and the Faithfulness of God*, Christian Origins and the Question of God. vol. 4. (Minneapolis: Fortress, 2013), 751. "The first key point is to note that 'the wrath' is indeed a *future* event." 이탤릭체는 톰 라이트의 강조.

라고 주장하면서 데살로니가전서 1:10("장래의 노하심")과 로마서 2:5("그 날에 임할 진노")에서 하나님의 진노는 미래에 나타날 것으로 묘사되었음을 지적한다.[21]

한스-요아킴 엑슈타인Hans-Joachim Eckstein을 따라 권연경도 로마서 1:18의 하나님의 진노는 현재 이루어지고 있는 것이 아니라 미래 최후 심판 때에 나타날 것이라고 주장한다.[22] 라이트와 마찬가지로 엑슈타인과 권연경 역시 로마서 2:5, 데살로니가전서 1:10에 의존하여 로마서 1:18에 언급된 하나님의 진노는 현재가 아닌 미래에 종말적으로 나타날 진노라고 해석한다.[23] 이들의 해석은 로마서 2:5에서 진노는 미래종말론적으로 "하나님의 진노의 날, 곧 의로운 심판이 나타나는 날"과 관련하여 언급되고 있고, 데살로니가전서 1:10에서는 미래의 진노에서 건짐받는 것을 구원으로 묘사하고 있다는 것에 기반을 둔다("장래의 노하심에서 우리를 건지시는 예수", 살전 1:10).

하나님의 진노의 현재성을 인정하지 않는 학자들은 로마서 1:18의 현재 수동태 동사 아포칼립테타이ἀποκαλύπτεται에 대하여, '현재형은 과거나 미래의 일을 가리키는 데 사용될 수도 있으며 동사가 현재라는 사실만으로 그것이 현재적 사건을 가리키고

---

21 Wright, *Paul and the Faithfulness of God*, 750-752.

22 권연경은 로마서 1:18의 진노를 미래종말론적 의미로 해석해야 한다는 엑슈타인의 논증에 동의하면서 그의 논증의 토대 위에 현재적 해석의 문제점과 미래적 해석의 당위성을 구체적으로 제시하고 있다. 권연경, "하나님의 진노는 현재적인가?," 〈신약연구〉 12(2013): 273-301; 엑슈타인의 논증은 다음을 보라. Hans-Joachim Eckstein, "'Denn Gottes Zorn wird von Himmel her offenbar werden': Exegetische Erwägungen zu Röm 1:18," *ZNW* 78(1987): 74-89.

23 권연경, "하나님의 진노는 현재적인가?," 278-279.

있다고 볼 수 없다'는 의견을 제시한다.[24] 바울은 로마서 2:4-5에서 하나님의 진노를 미래의 최후 심판과 연결시키고 있고 현재는 심판이 유보된 상황으로 묘사하고 있기 때문에 로마서 1:18의 하나님의 진노를 현재적인 것으로 해석한다면 이 두 구절 사이에는 "현저한 긴장 내지는 모순"이 야기된다는 견해도 제시한다.[25]

그러나 로마서 1:18의 현재 수동태 직설법 동사 아포칼륍테타이ἀποκαλύπτεται는 하나님의 진노의 현재적 성격을 나타내고 있다고 보는 것이 적합하다. 대니얼 월리스Daniel B. Wallace가 밝힌 것처럼 현재 시제는 '진행되는progressive 행위'를 기본적으로 나타낸다.[26] 시간적 측면에서 현재 직설법이 어떤 경우에는 역사적 현재 또는 격언적 현재를 나타내기도 하지만 통상적으로는 현재 시간을 나타낸다는 점도 웰리스가 지적하는 바이다.[27] 따라서 로마서 1:18의 현재 수동태 직설법 동사 아포칼륍테타이ἀποκαλύπτεται는 현재 하나님의 진노가 나타나고 있으며 그 진노가 현재 진행되는 행위를 드러내고 있다고 보는 것은 헬라어 문법상 무리가 없다. 프랭크 틸만Frank Thielman은 1:18의 현

24 권연경, "하나님의 진노는 현재적인가?," 280. 이에 대한 근거로 권연경은 Daniel B. Wallace, *Greek Grammar Beyond the Basic: An Exegetical Syntax of the New Testament* (Grand Rapids: Zondervan, 1996), 513-39를 각주에 제시한다.

25 권연경, "하나님의 진노는 현재적인가?," 291.

26 "It basically represents an activity as in process (or in progress)." Wallace, *Greek Grammar Beyond the Basics*, 514.

27 "With reference to time, the present *indicative* is usually present time, but it my be other than or broader than the present time on occasion (e.g., with historical present and gnomic present respectively)." Wallace, *Greek Grammar Beyond the Basics*, 514.

재동사 아포칼립테타이ἀποκαλύπτεται와 함께 현재분사 카테콘톤 κατεχόντων(막고 있는) 역시 하나님의 진노의 현재성을 드러내는 중요한 증거로 본다.[28]

로마서 1:18의 아포칼립테타이ἀποκαλύπτεται는 영어성경에서 통상적으로 "is revealed"KJV, RSV, NRSV로 번역되고 있는데, 헐트그렌Aland J. Hultgren은 이 단어가 '현재' 수동태임에 주목하면서 "is revealed"보다는 NIV가 채택한 것처럼 "is being revealed"로 번역하는 쪽을 선호한다. 후자의 번역이 하나님의 진노는 현재 진행되고 있는 행위라는 바울의 뉘앙스를 더 잘 드러내고 있기 때문이라는 것인데, 그의 해석은 참고할 만하다.[29]

로마서 2:5과 데살로니가전서 1:10에서 언급된 하나님의 진노는 미래적 성격을 가진다. 미래적 시점을 드러내는 표현과 함께 하나님의 진노가 언급되고 있기 때문이다("하나님의 의로우신 심판이 나타나는 날의 진노ἐν ἡμέρᾳ ὀργῆς καὶ ἀποκαλύψεως δικαιοκρισίας τοῦ θεοῦ"(롬 2:5); "장래의 노하심에서ἐκ τῆς ὀργῆς τῆς ἐρχομένης"(살전 1:10)). 로마서 1:18의 경우 하나님의 진노가 미래의 종말적 사건임을 지시하기 위한 어떠한 수식어구도 등장하지 않는다. 미래적 시점을 드러내는 표현이 동반되지 않는다는 것과 현재 동사를 사용하여 하나님의 진노를 묘사한다는 것은 로마서 1:18에서 언급된 하나님의 진노가 현재적 성격임을 더욱 강화한다.

---

28 Frank Thielman, *Romans*, ZECNT (Grand Rapids: Zondervan, 2018), 103.

29 Aland J. Hultgren, *Paul's Letter to the Romans: A Commentary* (Grand Rapids: Eerdmans, 2011), 87.

로마서 2:5이 하나님의 진노를 미래의 최후 심판 상황과 연결하고 있고 현재는 심판이 유보된 상황으로 묘사하고 있다고 보더라도 2:5은 1:18이 묘사하고 있는 하나님의 진노의 현재적 성격과 모순되지 않는다. 현재적으로 나타나는 하나님의 진노(1:18)는 최후 심판의 날에 절정에 달할 것이다(2:5). 로마서 2:5, "진노를 네게 쌓는도다θησαυρίζεις"에 사용된 '쌓는다θησαυρίζεις σεαυτῷ ὀργὴν'는 표현은 하나님의 진노가 계속되어 절정에 달하게 될 것을 드러낸다.[30] 하나님의 오래 참으심 또는 심판의 지연(2:4-5)은 최종적 심판 또는 그날에 임한 종말적 진노를 유예하시는 하나님의 인자하심과 인내를 부각하며 회개를 촉구하는 메시지이지 현재 하나님이 진노하지 않는다는 의미는 아니다. 현재 진노하시는 하나님은 회개를 기대하며 최종적 심판을 참아내고 계신다. 진노하시는 하나님 앞에서 "고집과 회개하지 아니한 마음"(롬 2:5)은 더욱 하나님의 진노를 쌓고 진노의 날, 곧 의로우신 하나님의 종말적 심판이 임하는 날에 진노는 절정에 달하게 될 것을 바울은 경고하고 있다. 그러므로 로마서 2:5은 (회개하지 않을 때 임할) 하나님의 진노의 미래적 절정을 경고하고 있는 것으로 볼 수 있으며 하나님의 진노의 현재성을 배제하지 않는다.

그러므로 현재 나타나고 있는 하나님의 진노는 종말에 임하게 될 결정적, 최종적 진노를 예견한다고 볼 수 있다. 더글라스 무는 18절의 아포칼륍테타이ἀποκαλύπτεται를 하나님의 진노의 현

30 '쌓는도다'라고 번역된 단어 θησαυρίζω는 '쌓다' '저장하다' '모으다'의 의미를 가진다. *BDAG*, 456.

재적 상황을 묘사하는 것으로 해석하면서 종말의 때에 하나님의 진노는 최종적으로 나타나지만 역사적 사건 속에 최종적 진노에 대한 하나님의 예견적 진노가 나타난다고 주석한다.[31] 최종적 진노는 2:5에서 "진노의 날ἡμέρᾳ ὀργῆς"이라고 지칭한 심판의 날에 임하게 될 것이다. 더글라스 무는 로마서 3:5, 4:15, 9:22과 에베소서 2:3에서도 바울이 현재적 실체로서의 하나님의 진노에 대해 말하고 있음을 제시한다.[32]

최갑종 역시 로마서 1:17과 1:18에 사용된 현재 시제를 비교하면서 하나님의 진노가 '지금 여기에 계속적'으로 나타남을 다음과 같이 적절하게 설명한다. "마찬가지로 하나님의 진노가 불의로 진리를 막는 사람들의 모든 불경과 불의에 대하여, 지금 여기서 계속 나타나고 있음을 강조한다."[33] 바울은 18절에서 하나님의 진노가 지금 임하고 있음을 드러내어 믿음을 통한 구원의 시급성을 부각하는 듯하다. 현재 하나님의 진노가 임하고 있고 최종적 진노의 날은 아직 오지 않았기 때문에 구원의 날인 지금 복음을 전파해야 한다.

토마스 슈라이너는 현재동사 아포칼륍테타이ἀποκαλύπτεται가 로마서 1:17과 1:18에 동일하게 등장하는 것을 통해 하나님

---

31 Moo, *The Epistle to the Romans*, 112-113; 번 역시 현재 나타나고 있는 하나님의 진노(롬 1:18)는 종말적 하나님의 진노(end-time divine wrath)를 예견하는 것이며 이것은 장차 있을 하나님의 최종적 심판, 그러나 이미 진행 중인(is indeed already underway) 심판을 지적이며 경고하는 것이라고 분석한다. Brendan Byrne, *Paul and the Economy of Salvation* (Grand Rapids: Baker, 2021), 78.

32 Moo, *the Letter to the Romans*, 112.

33 최갑종,《로마서 듣기: 온 세상을 향한 기독교 복음의 진수》(서울: 대서, 2009), 152.

의 진노가 현재적 실체임을 지적할 뿐 아니라 더 나아가 1:24, 26, 29에 나타나는 과거형 동사 파레도켄παρέδωκεν(넘겨주셨다)에 근거해서 하나님의 진노가 과거에서부터 이미 시작되어 현재까지 계속되고 있음을 지적한다.[34] 슈라이너는 '넘겨주셨다'(한글성경에는 "내버려 두사")라는 과거형 동사를 통해 창세로부터(1:20) 현재까지 계속되는 인간 사회의 도덕적 황폐에 대해 하나님이 진노하고 있음을 바울이 묘사하고 있다고 본다.

하나님의 진노를 미래적 사건으로만 해석하려는 견해와 달리 슈라이너의 견해는 하나님의 진노가 현재적 실체일 뿐 아니라 과거에서부터 계속되어 온 것임을 지적한다는 점에서 하나님의 진노의 역사적 실재성과 구속사적 중요성을 강조하고 있다고 평가할 수 있다. 바울은 범죄한 인간에 대해 하나님은 과거에서부터 현재까지 진노하고 계셨고 지금도 진노하고 계시지만(1:18, 24, 26, 28) 최종적 심판의 날 즉 진노의 날을 하나님이 유보하고 계심을 동시에 보여주어 "하나님의 길이 참으심의 풍성함"을 효과적으로 증명하고 있다(롬 2:4-5). 이것은 복음에 대한 현재적 반응의 필요성을 강력하게 드러낸다. 하나님의 진노에서 구원받아 하나님과 화목을 누리는 것은 미래의 종말적 사건일 뿐 아니라 그리스도 안에서 이미 믿는 자에게 이루어진 현재적 구원 사건이기도 하다.

34 Schreiner, *Romans*, 92.

하나님의 진노의 '이미, 그러나 아직 아니' 성격

로마서 1:18에서 바울은 아포칼륍테타이ἀποκαλύπτεται를 통해 하나님의 진노의 현재적 측면을 보여줌으로써 하나님의 진노의 '이미already와 아직 아니not yet'의 특성을 드러내고 있다. 하나님의 진노는 이미 나타나고 있지만, 로마서 2:5의 '진노의 날' 즉 미래의 종말론적 심판의 날은 아직 오지 않았다. 데살로니가전서 1:10의 진노 역시 "장래의ἐρχομένης"라는 말이 암시하듯 아직 오지 않은 미래의 종말적 진노를 의미한다("장래의 노하심").

캐너데이Ardel B. Caneday는 로마서 1:18에서 바울이 하나님의 진노가 '하늘로부터ἀπ' οὐρανοῦ 나타나지고 있다'고 묘사하고 있다는 점에 주목한다. 그는 '나타나지고 있다'는 수동태 표현은 하나님의 징벌적 진노가 심판의 날에 능동적으로 부어지는 것actively pouring out his punitive wrath, as in the Day of Wrath과 다른 뉘앙스를 갖고 있음을 밝힌다. 이와 더불어 하나님의 진노가 '하늘로부터' 나타나지고 있다는 표현은 두 가지 점을 암시한다고 지적한다. 그에 의하면 바울이 하나님의 진노가 '하늘로부터' 나타나지고 있다고 표현한 것은 (1) 하나님의 심판의 날은 피할 수 없지만 아직not yet 오지 않았다는 점과 (2) 하나님의 심판의 날은 간접적으로 이미already 현시대에 침투해 왔다는 것이다.[35] 캐너

---

35 "(1) the Day of God's wrath will be inescapable, but it is not yet, (2) the Day of God's wrath *already* invades the present age obliquely"(이탤릭체는 캐너데이의 강조). 캐너데이는 하나님의 진노가 '하늘로부터(from heaven)' 나타나고 있다는 것이 어떤 점에서 'not yet'과 'already'를 의미하는지 설명을 제시하지는 않는다. 바울이 언급하는 하나님의 진노가 최후 심판 때 가시화할 진노의 심판이 아닌 현재는 '하늘로부터' 나타나고 있다는 간접적 측면에서 'not yet'과 'already'의 성격을 파악하고 있는 것으로 이해할 수 있을

데이 역시 로마서 1:18이 하나님의 진노의 '이미와 아직 아니 성격'을 드러내고 있다고 보는 것이다.

하나님의 진노는 회개하지 않는 모든 자에게 지금 임하고 있지만 '아직 아니'라는 측면에서 최후 심판이 임하기 전에 회개를 촉구하는 기능을 한다. 따라서 로마서 1:18과 2:5은 하나님의 진노에 관한 바울신학의 모순을 드러내는 것이 아니라 하나님의 진노에 대한 바울신학의 '이미, 아직 아니'의 성격을 보여주고 있는 것이다. 하나님의 진노의 완전한 모습은 최후 심판의 날 즉 바울이 진노의 날이라고 부르는 그날에 임할 것이며, 그때 하나님의 진노를 피할 죄인은 없다. 로마서 1:18은 지금이 바로 하나님의 진노가 나타나고 있는 긴박한 상황임을 암시한다. 하나님의 진노는 현재적 실체로서 즉각적 회개라는 현재적 반응을 촉구한다. 애쉬몬Scott A. Ashmon이 지적하듯이 하나님은 죄인의 죽음을 기뻐하시는 분이 아니다. 하나님은 모든 사람이 죄에서 돌이켜 살기를 원하신다.[36]

핑계 댈 수 없는 하나님의 진노의 정당성

바울이 제시하는 하나님의 진노의 성격은 정당성이라는 측면에서도 관찰할 수 있다. 아무도 핑계하며 하나님의 진노를 피

듯하다. Ardel B. Caneday, "Wrath and Justification: Proleptic Visitations of Last Day Judgment," 미국 Evangelical Theological Society 2021년 연례학술대회 발표원고(Fort Worth, TX, 2021년 11월): 1. 학회 후에 본 연구자에게 발표원고를 이메일로 보내 준 캐너데이 교수에게 감사한다.

36 애쉬몬은 애 3:33; 겔 18:23; 33:11; 롬 2:4; 벧후 3:9을 근거로 제시한다. Scott A. Ashmon, "The Wrath of God: A Biblical Overview," *Concordia Journal* 31(2005): 351.

할 수 없다. 이방인은 율법을 가지지 않았지만 불경건과 불의로 진리를 막는 행위에 대해 핑계할 수 없으며ἀναπολογήτους(1:20) 하나님의 정당한 진노 아래 있다. 바울은 자연계시와 자연법 개념을 통해 이 사실을 설명한다. 로마서 1:19에서 바울은 "하나님을 알만한 것이 그들 속에 보임이라"라고 말하며, 하나님이 이것을 이방인에게 보이셨음을 진술한다. 창세로부터ἀπὸ κτίσεως κόσμου(1:20) 하나님에 대한 지식은 모든 인간에게 주어졌다. 제임스 던이 인정하듯 "일종의 자연 신학"을 1:19-20에서 발견할 수 있다.[37]

로마서 1:20은 이방인이 하나님에 대한 지식을 자연 계시를 통해 얻을 수 있음을 드러낸다. 하나님이 만드신 만물을 볼 때 하나님의 보이지 아니하는 것들τὰ…ἀόρατα αὐτοῦ 곧 그의 영원하신 능력과 신성이 보이며καθορᾶται 이해된다. 그러므로 이방인은 하나님을 알지 못했기 때문에 하나님께 감사하지 않았고 영화롭게 하지 않았다고 주장할 수 없다. 20절은 "그들이 핑계하지 못할지니라"라는 말로 끝난다. 자연 계시를 통해 얻을 수 있는 하나님에 대한 지식은 하나님의 창조 때부터ἀπὸ κτίσεως κόσμου 모든 인간에게 주어졌다. 그러므로 이방인은 하나님을 영화롭게 하고 감사하며, 경배하고 섬겨야 한다(1:21-25).

그렇다면 이방인이 자연 계시를 통해 얻을 수 있는 하나님에 대한 지식은 무엇일까? 어떤 종류의 하나님에 대한 지식이 이

37 Dunn, *Romans* 1-8, 56.

방인을 핑계할 수 없게 만드는가? 어떤 종류의 진리를 이방인이 막기 때문에 그들은 하나님의 진노 아래 있는가(1:18)? 19절에 의하면 이방인이 얻을 수 있는 것은 "하나님에 대해 알 만한 것τὸ γνωστὸν τοῦ θεοῦ"이다. 또한 20절에 의하면 그것은 "하나님의 보이지 않는 것들" 다시 말해서 "그의 영원하신 능력과 신성"이다. 이어 21절에 따르면 이방인의 지식의 대상은 "하나님γνόντες τὸν θεὸν"이다. 이를 통해 볼 때 이방인이 자연 계시를 통해 얻는 하나님에 대한 지식은 하나님의 존재와 속성에 대한 지식일 것이다.[38]

그러나 바울이 염두에 두고 있는 이방인이 가진 지식은 하나님의 뜻에 대한 지식도 포함한다. 로마서 1:21-32에서 바울은 이방인이 하나님(21)과 하나님의 법령δικαίωμα(32)을 알면서도 하나님의 뜻을 거스르는 행동을 하기 때문에 하나님의 진노 아래 있다는 것을 드러낸다. 이 점을 마크 사이프리드 역시 이와 같이 잘 지적하고 있다. "바울의 이어지는 논증은 창조 질서는 창조주 하나님에 대한 지식뿐 아니라 하나님의 뜻에 대한 지식도 알려준다고 바울이 생각한다는 것을 보여 준다."[39] 이방인이 가진 하나님에 대한 지식은 그들이 하나님을 조물주로 경배하기에 "완전하고 충분한full and sufficient" 지식이다.[40] 이방인의 죄에 대해 21절부터 31절까지 나열한 후에 32절에서 바울은 대담한 선언을 한다. "이 같은 일을 행하는 자는 사형에 해당한다ἄξιοι θανάτου

38 Moo, *The Letter to the Romans*, 116.

39 Mark A. Seifrid, "Natural Revelation and the Purpose of the Law in Romans," *TynBul* 49(1998): 120.

40 Seifrid, "Natural Revelation and the Purpose of the Law in Romans," 119.

는 하나님의 법령τὸ δικαίωμα τοῦ θεοῦ을 그들이 안다."

로마서 1:26, 27에서 동성애는 하나님의 뜻에 반하는 이방인의 대표적 죄로 언급되고 있다. 이와 같은 행동을 바울이 비판하는 이유는 그것이 '순리φυσικὴν대로 쓸 것을 바꾸어 역리παρὰ φύσιν로 쓰는' 것(26)이고 '순리대로 쓰는 것을 버린 것'(27)이기 때문이다. 크랜필드C. E. B. Cranfield는 피쉬코스φυσικός(순리)는 "창조주의 의도와 일치하는 것"을 의미하고 파라 퓌신παρὰ φύσιν(역리)은 "창조주의 의도에 반하는 것"을 의미한다고 본다.[41] '순리'라는 단어를 써서 바울은 동성애는 하나님의 뜻 즉 창조주의 의도에 반하는 것임을 주장한다. 여기에서 '순리natural'라는 것은 개인적 특성이나 성향을 가리키는 것이 아니라 하나님의 창조 질서 또는 자연법 개념을 뜻한다.[42] 이방인은 본성으로 동성애가 하나님의 창조 의도를 거스르는 것임을 안다. 그들은 무지해서가 아니라 "부끄러운 욕심"(26) 때문에 하나님의 뜻을 거역한다. 26절과 27절은 이방인이 자연법에 의해 하나님의 뜻에 대한 지식을 가지고 있고 그것이 인간 안에 있음을 보여 준다.

그러므로 바울은 하나님의 진노가 정당하다는 것을 논증한다. 바울은 율법을 갖지 않은 이방인이라도 하나님의 진노를 일으키는 그들의 행동에 대해 핑계할 수 없다고 주장한다(20). 바울이 1:19-20, 32을 통해 하나님의 보편적 진노의 정당성을 입증

41 Cranfield, *Romans 1-8*, ICC. 125.

42 Richard B. Hays, "Relations Natural and Unnatural: A Response to John Boswell's Exegesis of Romans 1," *JRE* 14(1986): 194-97; Thomas R. Schreiner, "A New Testament Perspective on Homosexuality," *Themelios* 31(2006): 65-69.

하지 않았다면 복음은 율법을 가진 유대인에게만 해당하는, 유대인에 대한 하나님의 진노의 해결책이 되고 말았을 것이며 이방인 선교에 대한 바울의 당위성도 확립되지 못했을 것이다.

인간의 바꾸어버림과 하나님의 넘겨주심에 드러나는 하나님의 진노

로마서 1:18은 불의로 진리를 막는 사람들의 모든 불경건과 불의에 대해 하나님의 진노가 하늘로부터 나타나고 있음을 선포하는데, 이것은 1:18-32을 포괄하는 주제 진술이다.[43] 이어 1:19-20은 진리를 막는 악한 행위에 대해 사람은 핑계할 수 없다는 것, 다시 말해 하나님의 진노의 정당성을 밝힌다. 1:21-31은 주제 진술인 1:18을 3번에 걸친 '넘겨주심'(한글성경에 '내버려 두심'으로 번역됨, 24, 26, 28절) 구조를 통해 발전시킨다.[44] 이러한 바울의 전개 방식은 하나님의 넘겨주심이 하나님의 진노와 연관된 것임을 암시한다.

바울은 하나님의 진노를 초래하는 인간의 반역적 행위를 먼저 "바꾸었다ἀλλάσσω"는 말과 함께 고발한 후(23, 25, 26절) 이에 대한 하나님의 반응을 "넘겨주셨다παρέδωκεν"는 말과 함께 제시한다(24, 26, 28절). 인간의 바꾸어버림과 하나님의 넘겨주심은 다음과 같은 구조로 나타난다.[45]

---

43 Brendan Byrne, *Romans*, Sacra Pagina 6 (Collegeville: Liturgical Press, 2007), 64.

44 번은 21-31에서 '하나님이 그들을 넘겨주셨다'는 세 개의 진술이 주제 구절을 "파도"처럼 뒤따르고 있다고 지적한다. Brendan Byrne, *Romans*, 64.

45 헐트그렌도 이 구조를 제시하고 있다. Arland J. Hultgren, *Paul's Letter to the Romans*,

(1) 인간은 썩어지지 아니하는 하나님의 영광을 썩어질 사람과 새와 짐승과 기어다니는 동물 모양의 우상으로 바꾸었다 ἤλλαξαν(23);

그러므로διό 하나님께서 그들을 마음의 정욕대로 더러움에 넘겨주셨고παρέδωκεν 그들은 몸을 서로 욕되게 했다(24).

(2) 인간은 하나님의 진리를 거짓으로 바꾸어μετήλλαξαν 피조물을 조물주보다 더 경배하고 섬겼다(25);

이 때문에διὰ τοῦτο 하나님께서 그들을 부끄러운 욕망πάθη ἀτιμίας에 넘겨주셨다παρέδωκεν(26a).

(3) 여자들이 순리대로 쓸 것을 바꾸어μετήλλαξαν 역리로 썼다. 남자들도 순리대로 여자 쓰기를 버렸다(26b-27). 또한 그들이 마음에 하나님 두기를 싫어했기 때문에καθώς(28a); 하나님께서 그들을 상실한 마음ἀδόκιμον νοῦν으로 넘겨주셨고παρέδωκεν 그들은 합당하지 못한 일을 했다(28).

진노를 초래하는 인간의 바꾸어버림과 이에 대한 하나님의 반응인 넘겨주심의 첫 대조는 1:23-24에 나타난다. 하나님의 영광을 사람과 새와 짐승과 기어 다니는 동물 모양의 우상으로 바꾸어버린 인간의 행위(23)는 하나님의 진노를 초래한다. 23절은

93.

광야에서 이스라엘 백성이 금송아지를 만든 것을 언급하는 시편 106:20(105:20 LXX)을 반향한다.[46] 시편 106:23은 이것이 하나님의 진노를 초래했음을 기록한다(ὀργὴν αὐτοῦ, 105:23 LXX). 신명기 9:19(LXX)도 이 일에 대한 하나님의 반응을 하나님의 진노ὀργή로 기록한다.[47] 출애굽기 32:10, 11, 12도 금송아지 사건의 결과 하나님의 진노ὀργή가 뒤따랐음을 언급한다. 금송아지 사건을 반향하며 인간의 바꾸어버림에 대해 로마서 1:23이 고발한 후에 1:24에서 하나님의 반응을 기록하면서 바울은 하나님이 넘겨주었다고 하였는데, 이것은 하나님의 넘겨줌이 진노와 연관됨을 나타낸다.

이스라엘 백성이 하나님 대신 우상을 만들어 경배했을 때 하나님이 진노하셨다면 하나님을 영화롭게 하지 않고 도리어 우상을 경배하는 인간의 바꾸어버림에 대해 하나님이 진노하실 것은 틀림없다. 하나님을 우상으로 바꾸는 행위는 하나님의 진노 즉 넘겨주심을 초래한다는 점에서 결국 인간의 어리석음을 증명하는 것이다(22).

창조주 하나님의 영광을 우상으로 바꾼 인간의 어리석음과 불의에 대해 바울은 하나님이 넘겨주셨다고 묘사하는데, 24절의 디오διό("그러므로")는 하나님의 넘겨주심이 인간의 우상숭배

---

46 다음 두 구절을 줄친 부분을 중심으로 비교해 보라. 롬 1:23, "하나님의 영광을 … 동물 모양의 우상으로 바꾸었느니라(καὶ ἤλλαξαν τὴν δόξαν τοῦ ἀφθάρτου θεοῦ ἐν ὁμοιώματι εἰκόνος φθαρτοῦ ἀνθρώπου…)"; 시 106:20(105:20 LXX), "자기 영광을 풀 먹는 소의 형상으로 바꾸었도다(καὶ ἠλλάξαντο τὴν δόξαν αὐτῶν ἐν ὁμοιώματι μόσχου ἔσθοντος χόρτον)."

47 신 9:19, καὶ ἔκφοβός εἰμι διὰ τὴν ὀργὴν καὶ τὸν θυμόν…

가 초래한 결과임을 보여 준다. 하나님을 영화롭게 하지 않고 하나님의 영광을 우상으로 바꾼 반역 행위에 대해(21-23) 하나님은 그들을 마음의 정욕대로 더러움ἀκαθαρσίαν에 넘겨주셨고 그들은 몸을 서로 욕되게 했다(24). 개역개정 한글성경이 24절에서 '더러움'으로 번역한 아카따르시안ἀκαθαρσίαν은 성적 부도덕을 내포한다.[48] 이와 같은 사실은 바로 이어지는 '그들의 몸을 서로 욕되게 한다'는 어구가 지지해 준다.[49] 하나님을 영화롭게 하지 않고 우상을 숭배하는 인간에 대한 하나님의 진노는 계속되는 인간의 성적 부도덕에서 발견할 수 있다. 하나님의 넘겨주심으로 나타나는 첫 번째 결과로 바울이 언급하는 것은 성적 죄이다.[50] 인간의 성적 부도덕 속에서 하나님의 진노를 읽을 수 있어야 한다.

인간의 바꾸어버림과 하나님의 넘겨주심의 두 번째 결합은 1:25-26a에 나타난다. 25절은 21-23절의 내용을 반복하며 창조주이신 하나님보다 피조물을 더 경배하고 섬기는 인간의 죄를 부각한다. 인간은 하나님의 진리ἀλήθειαν τοῦ θεοῦ를 거짓으로 바꾸어μετήλλαξαν 피조물을 조물주보다 더 경배하고 섬겼다(25). 이와 같은 죄에 대한 하나님의 반응은 26a절에서 하나님의 두 번째 넘겨주심παρέδωκεν으로 묘사된다. 하나님은 그들을 파때 아티미아스πάθη ἀτιμίας에 넘겨주었다. 아티미아스ἀτιμία는 모욕dishonor,

48 Moo, *the Letter to the Romans*, 121, 각주 88; Murray, *The Epistle to the Romans* (1), 44. Murray는 고후 12:21, 갈 5:19, 엡 5:3, 골 3:5, 살전 4:7을 이와 같은 예로 제시한다.

49 Brendan Byrne, *Romans*, SP 6 (Collegeville: Liturgical Press, 2007), 68; 동일한 단어가 성적 부도덕을 의미하는 데 사용된 예는 고후 2:21, 갈 5:19, 엡 4:19, 5:3에서 볼 수 있다.

50 Schreiner, *Romans*, 101.

수치disgrace, 부끄러움shame을 뜻하며 하나님께 합당한 영광honor을 돌리지 않는 사람들은 모욕적인 부끄러운 욕망에 빠지게 된다.[51] '부끄러운 욕망πάθη ἀτιμίας'은 24절에서 사용된 '더러움'에 해당하며 역시 성적 부도덕을 내포한다.[52]

인간의 바꾸어버림과 하나님의 넘겨주심의 세 번째 결합은 26b절에서 시작된다. 그들의 여자들이 순리대로 쓸 것φυσικὴν χρῆσιν을 바꾸어μετήλλαξαν 역리로 썼고 남자들도 순리대로 여자 쓰기를 버렸다(26b-27). 헬라 문헌에서 종종 성적 관계를 나타낼 때 크래시스χρῆσις가 사용되었고 본문의 문맥상 남자와 여자를 창조하실 때 하나님이 의도하신 것을 가리키는 용어로 바울은 퓌시스φύσις를 사용하고 있다.[53] 하나님은 인간을 창조하실 때 이성과 성적 관계를 갖도록 만드셨기 때문에 이성 간의 성적 관계는 자연적 관계이다. 그러나 바울이 비판하는 여자들은 자연적 관계를 비자연적 관계로 바꾸었다.

바울이 동성애를 특별히 언급한 것은 동성애가 가진 비자연성unnatural 때문이었을 것이다. 슈라이너는 바울이 동성애를 언급한 것은 동성애가 비자연성을 잘 부각하는 예이기 때문이라고 보았다.[54] 그렇다면 바울은 왜 비자연적 관계인 동성애를 특별히 언급하는가? 동성애의 비자연성을 통해 우상숭배의 비자

---

51 Dunn, *Romans 1-8*, 64.

52 Moo, *The Letter to the Romans*, 124.

53 Schreiner, *Romans*, 103.

54 Schreiner, *Romans*, 102.

연성을 대조적으로 부각하려는 의도가 있어 보인다. 슈라이너가 지적하듯 우상숭배는 하나님께서 인간을 창조하실 때 의도하신 것, 곧 하나님을 경배하고 영화롭게 하는 것을 거스른다는 점에서 비자연적이며 비자연적 우상숭배를 선택한 인간은 성적 영역에서 비자연성을 반영하게 되는데 그것이 동성애이다.[55]

여자들이 하나님의 창조 질서를 바꾸어μετήλλαξαν 동성애를 행하고 남자들도 그와 같이 행하며(26b-27) 마음에 하나님 두기를 싫어한 것(28a)에 대한 하나님의 반응은 또 한 번의 넘겨주셨다는 표현으로 나타난다. 그러므로 하나님의 넘겨주심은 인간의 반역적 행위에 대한 하나님의 반응이며 진노의 나타남으로 볼 수 있다. 하나님이 의도하신 것을 저버리고 마음에 하나님 두기를 싫어했기 때문에καθώς(28a) 하나님은 그들을 상실한 마음ἀδόκιμον νοῦν으로 넘겨주셨고παρέδωκεν 그들은 합당하지 못한 일을 했다(28).

하나님의 진노를 초래하는 인간의 반역적 행위 즉 '피조물을 조물주보다 더 경배하고 섬기는 것'(1:25a)을 언급한 후 바울은 즉시 '주는 곧 영원히 찬송할 분'이라는 사실을 선언한다(1:25b). 그러므로 하나님의 진노를 가져오는 인간의 궁극적 죄는 하나님을 창조주로서 영화롭게 하지 않는 것, 또는 하나님을 경배하지 않는 것이다. 다시 말하면 하나님을 버리고 우상을 만들어 경배하며 하나님의 뜻(질서)을 버리고 자신의 욕망을 따라 살

---

55 Schreiner, *Romans*, 102.

아가는 것은 하나님의 진노를 초래하게 됨을 바울은 드러내고 있다.[56] 하나님은 영원히 찬송 받으실 창조주이시다. 모든 죄는 하나님을 창조주로 알고 영화롭게 하지 않으며 감사하지 않는 것(21)에서 파생한다.

하나님의 진노는 독단적이거나 충동적 성격이 아님도 바울의 논의에서 드러난다. 하나님의 진노에는 분명한 대상과 이유가 있다는 점에서 그리스 신화에 나오는 변덕스러운 신들의 독단적이거나 충동적인 분노와는 그 성격이 다르다. 하나님의 진노는 하나님을 창조주로서 합당하게 예배하지 않고 영광 돌리지 않는 사람들에 대한 창조주 하나님의 거룩하며 의로운 반응이다"[God's wrath] is his holy and righteous response to those who do not worship and esteem him as God".[57]

또한 하나님의 진노는 기계적인 진노도 아니다. 1:18-32에 드러난 하나님의 진노는 인격적 존재이신 하나님이 인간의 삶에 현재적으로 개입하시고 반응하시는 관계적 측면을 보여 준다. 바울은 만물을 창조하신 천지의 주재이신 하나님은 인간을 창조하신 후에 인간의 실존적 삶에는 무관심한 채 멀리 계시는 분이 아니라(οὐ μακρὰν ἀπὸ ἑνὸς ἑκάστου ἡμῶν ὑπάρχοντα, 행 17:27, 참조. 행 17:24-31)는 것[58]을 인간의 바꾸어버림과 그에 대한 하나님의 넘

---

56 슈라이너는 "창조주 대신 피조물을 경배하고 섬기는 것"이 근원적인 죄라고 지적한다. 토마스 R. 슈라이너, 《간추린 신약신학》, 김현광 역(서울: 기독교문서선교회, 2013), 82.

57 Schreiner, *Romans*, 101-102.

58 슈나벨은 사도행전 17:27["멀리 계시지(ὑπάρχοντα) 아니하도다"]에 사용된 현재 능동태 분사인 휘파르콘타(ὑπάρχοντα)는 하나님이 그의 창조세계, 특히 인간들 속에 계속해서 존재하고 계심을 표현한다고 주석한다. Eckhard J. Schnabel, *Acts*, ZECNT (Grand Rapids:

겨주심이라는 관계적 반응을 통해 잘 보여주고 있다.

* * *

바울은 로마서에서 예수 그리스도로 인한 구원을 선포하기 전에 인간이 얼마나 죄인인지를 먼저 제시한다. 인간이 죄인이며 구원이 필요한 존재임을 밝히기 위해 바울은 로마서 1:18-32에서 먼저 이방인이 죄인인 것을 드러낸다.

죄인에 대한 하나님의 진노는 지금 현재적으로 나타나고 있다. 하나님의 진노는 미래의 종말적 사건이며 동시에 현재적 실재이다. 바울이 제시하는 하나님의 진노 역시 바울신학의 '이미, 그러나 아직 아니'의 특성을 반영한다.

아무도 하나님의 진노에 대해 핑계하며 회피할 수 없다. 유대인이나 이방인이나 모두 하나님의 진노 아래 있다. 바울은 하나님께서 자신이 만드신 만물을 통해 자신의 존재와 성품을 계시하셨으며 그 뜻을 드러내셨다고 주장한다. 바울이 보기에 하나님의 진노를 일으키는 근본적 죄는 창조주 하나님을 영화롭게 하지 않고 감사하지 않으며 그를 경배하지 않는 것이다. 하나님 대신 피조물을 경배하고 섬기며 하나님의 뜻과 창조 질서에 반하는 인간의 바꾸어버림에 대해 하나님은 넘겨주심으로 반응한다. 바울은 하나님이 죄를 조장하시는 분은 아니나 하나님을 거

Zondervan, 2012), 736.

부하는 인간을 그들의 정욕과 더러움에 넘겨주셨음을 언급한다. 그렇다면 다양한 죄의 실체에서 하나님의 현재적 진노를 느끼며 두려워해야 할 것이다.

복음을 설명하며 바울이 제시하는 하나님은 진노하시는 하나님이다. 그러나 하나님의 진노는 충동적이거나 이유 없는 진노가 아니다. 하나님의 진노는 합당한 예배와 영광을 돌리지 않고 반역하는 죄인들에 대한 창조주 하나님의 거룩하며 의로운 반응이다.

바울은 하나님의 현재적 진노 속에서 구원의 희망을 본다. 그리고 지금 하나님의 진노가 임하고 있기 때문에 복음을 듣고 화목제물이 되신 예수 그리스도를 믿어 구원에 이르라고 촉구한다. 이를 위해 바울은 로마에도 복음 전하기를 원하며 로마 교회의 파송을 받아 스페인에까지 가기를 열망한다(롬 1:15, 15:28).

그러므로 바울이 말하는 하나님의 진노는 하나님의 사랑과 관련해서 이해해야 한다는 트라비스Stephen H. Travis의 설명은 시사하는 바가 크다.[59] 현재 하나님을 거부하고 그에게 영광을 돌리지 않는 죄인들을 향한 하나님의 진노는 회개하고 돌이키기를 원하시는 하나님의 사랑의 변형된 표현이다. 그러나 그 하나님의 진노는 최후의 '진노의 날'에는 사랑과 기다림의 모습보다는 심판과 멸망의 모습으로 나타날 것이다. 그래서 하나님의 진노를 선포하는 바울은 고린도후서 6:2에서 지금이 구원의 날이라

---

59 Travis, "Wrath of God (NT)," *The Anchor Bible Dictionary* 6:996-97.

고 외친다("보라 지금은 은혜 받을 만한 때요 보라 지금은 구원의 날이로다"). 바울이 로마서 1:18-32에서 보여주는 하나님의 진노는 진실로 의로우며 그 진노 앞에서 인간은 핑계할 수 없다. 하나님의 진노를 지금 보고 있는 모든 그리스도인은 하나님을 떠난 세상을 향해 구원의 복음, 하나님의 의가 나타난 복음을 전하지 않을 수 없다. 설교자들 역시 죄인에 대한 하나님의 사랑을 가슴에 품고 하나님의 무서운 진노에 대해 설교해야 한다.

Q
05

Q
05

이방인은 율법의 영역에서 제외되는가?

로마서 3:19

로마서 3:19에서 바울은 "우리가 알거니와 율법이 말하는 모든 것은 율법 안에 있는 자들에게ἐν τῷ νόμῳ 말하는 것이니 이는 모든 입πᾶν στόμα을 막고φραγῇ 온 세상으로πᾶς ὁ κόσμος 하나님의 심판 아래에ὑπόδικος 있게 하려 함이라"라고 말한다. 이 구절에 대해 캐너데이는 "주석가들이 다루는 여러 중요한 이슈 가운데 이 본문에서 거의 주목을 받지 못한 것은 19절의 내적 논리이다"라고 지적하면서[1] 통찰력 있는 질문을 제기한다. "율법의 유대인 정죄가 어떻게 '모든 입'을 막고 '온 세상으로 하나님의 심판 아래 있게'하는가?" 그는 계속해서 질문한다. "율법이 유대인을 정죄하는 것이 어떻게 이방인의 입도 막고 유대인과 이방인 모두를 하

1 A. B. Caneday, "'They Exchanged the Glory of God for the Likeness of an Image': Idolatrous Adam and Israel as Representatives in Paul's Letter to the Romans," *The Southern Baptist Journal of Theology* 11(2007): 34.

나님의 심판 아래 있게 하는가?"[2]

그런데 캐너데이가 제기한 이 질문이 정당한지 의문이다. 바울은 율법이 오직 유대인에게만 말한다고 생각하고 있는가? 그리고 로마서 3:19을 해석하는 사람이 이 본문의 내적 논리를 이해하기 위해 "유대인에게 말하고 있는 율법이 어떻게 모든 입을 막는가?"라고 질문하기를 기대하고 있는가?[3] 나는 캐너데이의 질문이 합당한지 의문을 제기하며, 로마서 3:19을 적절하게 이해하기 위해서는 다른 가능성을 고려하기 위해 다음과 같은 대안적 질문을 던져야 한다고 본다. "로마서 3:19은 바울이 유대인과 함께 이방인도 율법의 영역 안에 두어 율법이 유대인뿐 아니라 이방인의 입도 막고 있다는 것을 보여주는 본문이 아닌가?"

이와 같은 대안적 질문과 함께 내가 주장하려는 것은 바울이 이방인도 율법의 영역 아래 둠으로써 율법이 이방인의 입

---

2 A. B. Caneday, "'They Exchanged the Glory of God for the Likeness of an Image,'" 34.

3 율법은 오직 유대인에게만 말한다는 견해를 지지하는 학자들은 다음과 같다. C. K. Barrett, *A Commentary on the Epistle to the Romans* (New York: Harper & Brothers, 1957), 70; C. E. B. Cranfield, *Romans 1-8* (London: T & T Clark, 1975), 196; Ernest Käsemann, *Commentary on Romans* (Grand Rapids: Eerdmans, 1980), 87; James D. G. Dunn, *Romans 1-8* (Dallas: Word Books, 1988), 152; Leon Morris, *The Epistle to the Romans,* PNTC (Grand Rapids: Eerdmans, 1988), 170; Joseph A. Fitzmyer, *Romans: A New Translation with Introduction and Commentary* (New York: Doubleday, 1993), 336; Douglas J. Moo, *The Letter to the Romans,* NICNT (Grand Rapids: Eerdmans, 2018), 213-214; Thomas R. Schreiner, *Romans*, 1st ed. BECNT (Grand Rapids: Baker, 1998), 168; Robert Jewett, *Romans* (Minneapolis: Fortress, 2007), 264; A. B. Caneday, "'They Exchanged the Glory of God for the Likeness of an Image'," 34-45; Arland J. Hultgren, *Paul's Letter to the Romans: A Commentary* (Grand Rapids: Eerdmans, 2011), 145; Frank Thielman, *Romans*, ECNT (Grand Rapids: Zondervan, 2018), 188.

을 막고 이방인을 유대인과 함께 하나님의 심판 아래 둔다는 것을 로마서 3:19이 드러내고 있다는 것이다. 나는 이러한 주장을 2008년에 승인받은 박사 학위 논문의 한 부분에서 제시했다.[4] 상당한 시간이 지난 현재, 박사 논문에서 전개했던 이 논의를 다시 한번 고찰하면서 국내 학자들의 연구를 포함하여 박사 논문 이후에 출판된 연구를 반영하여 로마서 3:19에 관한 나의 견해를 이 장에서 제시하려 한다.

유대인만 율법의 영역 안에 있고 유대인의 율법 들음이 이방인의 입을 막는다는 견해

율법은 유대인에게만 말하고 유대인만 율법을 듣는다는 견해를 먼저 살펴보자. 바울이 유대인만 율법의 영역 안에 둔다고 생각하는 학자들은 여러 가지 제안을 통해 로마서 3:19의 내적 논리를 설명하려 한다. 이들 학자의 견해를 네 가지로 분류해 보았다. 첫 번째 견해는 '더한층' '더욱더'라는 의미를 가진 라틴어 아 포티오리a fortiori를 사용하여 '아 포티오리' 견해라고 이름 붙일 수

---

4 Hyun-Gwang Kim, *Redeemed from the Curse: Paul's Understanding of the Law and Gentiles in the Light of Hellenistic Judaism* (Ph.D.diss. The Southern Baptist Theological Seminary, Louisville, Ky, USA: 2008). 바울은 로마서 2:14에서 이방인은 율법을 가지고 있지 않다고 말한다("율법 없는 이방인"). 로마서 9:4에서는 이스라엘의 특권을 묘사하며 그들에게 '율법을 주심(ἡ νομοθεσία)'을 바울은 언급한다. 고린도전서 9:20-21에서 바울은 이방인을 율법 없는 자로, 유대인은 율법 아래 있는 자로 지칭한다. 그렇다면 바울의 신학에서 이방인은 율법 아래 있지 않다고 단정할 수 있는가? 본서의 이 장에서는 박사 논문에서 다룬 이 주제의 한 부분을 로마서 3:19을 통해 제시하려 한다.

있다.

아 포티오리 견해

이 견해는 바울이 유대인만 율법 안에 두고 유대인의 율법 들음이 이방인의 입을 막는다고 믿는 학자들 사이에서 가장 대중적인 견해이다. 이 견해의 강력한 지지자들 가운데는 바렛C. K. Barrett, 크랜필드, 무, 슈라이너 같은 저명한 학자들이 있다.[5] 더글라스 무는 바울이 아마도 '큰 것에서 작은 것으로'의 논쟁'from the greater to the lesser' argument을 은연중에 사용한 것으로 추론하며, 만일 하나님의 택한 백성인 유대인이 죄의 폭정의 영향에서 벗어나지 못한다면 하나님의 은혜 아래 있지 않은 이방인 역시 죄인일 것임이 틀림없다고 주장한다.[6]

토마스 슈라이너 역시 이와 비슷하게 아 포티오리 논증을 사용한다. 슈라이너는 이 구절을 유대인과 이방인의 율법 준수 능력의 관점에서 해석하여, "만약 하나님의 언약 백성이며 선택받은 백성의 특권을 가진 유대인이 율법을 지키지 못했다면 이방인을 포함해서 누구도 율법을 지킬 수 없을 것"이라고 말한다.[7] 나의 박사 논문 심사위원으로 참여한 슈라이너 교수는 구두

---

5 C. K. Barrett, *A Commentary on the Epistle to the Romans,* 70; C. E. B. Cranfield, *A Critical and Exegetical Commentary on the Epistle to the Romans* (Edinburgh: T & T Clark, 1975), 196; Moo, *The Letter to the Romans*, 214; Schreiner, *Romans*, 1st ed (1998), 168; 캐너데이 역시 이들을 이 견해의 대표적 지지자들로 언급하고 있다. Caneday, "'They Exchanged the Glory of God for the Likeness of an Image,'" 34.

6 Moo, *The Letter to the Romans*, 214.

7 Schreiner, *Romans*, 1st ed(1998), 168.

심사 중에 로마서 3:19에 대해 나의 논증과 관련하여 자신의 견해를 재검토해 보겠다고 하였으나 2018년에 출판된《로마서 주석》, 2판에서 기존의 견해를 그대로 밝히고 있음을 볼 때 여전히 아 포티오리 논증을 계속해서 사용하고 있는 것으로 보인다.[8]

이한수는 로마서 3:19의 의미를 해석하면서 "성경이 유대인도 죄 아래 있다는 것을 보여 준다면, 인류 중의 어떤 사람이 자신은 죄 아래 있지 않다고 변명할 수 있겠는가!" 또는 "율법의 엄정한 기준으로 판단한 율법을 소유한 유대인도 그 기준에 한참 미달하는 자들로 드러났다면 하물며 이방인은 무슨 변명거리를 내놓을 수 있겠는가!"라고 풀이하여, 역시 아 포티오리 논증에 의존하고 있음을 보여 준다.[9]

이 학자들의 견해는 근본적으로 옳다. 만일 하나님의 택한 백성이 죄의 폭정의 영향 안에 있고 율법을 지킬 수 없었다면 이방인이 율법을 지키고 죄의 폭정을 벗어날 가능성은 더욱 낮을 것이다. 그럼에도 이 견해에 동의하기 어려운 점은 이방인이 입을 닫은 채 하나님의 심판 아래 있음을 증명하기 위해 바울이 아 포티오리 논증에 의존하고 있다는 것을 로마서 3:19이 드러내지 않는다는 것이다. 아 포티오리 견해는 본문을 정당하게 다루기보다 학자들의 신학적 가정이나 전제에 맞추기 위해 로마서 3:19을 지나치게 압착하는 것처럼 보인다.

---

8 Thomas R. Schreiner, *Romans*, 2nd ed., BECNT (Grand Rapids: Baker, 2018), 175.

9 이한수,《로마서: 바울 사도가 로마인들을 위해 쓴 복음 해설서》(경기: 킹덤북스, 2016), 218-219.

로마서 3:19뿐 아니라 근접 문맥, 더 나아가 로마서 1:18-3:18 전체에서의 바울의 논증은 바울이 이방인의 불경건함과 입이 막힌 채 하나님의 심판 아래 있음을 증명하기 위해 아 포티오리 논증을 사용한다는 것을 나타내지 않는다. 아 포티오리 논증을 사용하기보다 바울은 도리어 하나님과 하나님의 뜻에 대한 이방인 자신들의 지식 즉 자연 계시를 통해 분명히 드러난 하나님에 대한 그들의 지식을 지적하면서 그들이 순종하는 삶을 통해 하나님을 영화롭게 할 의무 아래 있음을 증명한다. 더 나아가, 이방인은 시내산에서 모세의 율법을 받지 않았음이 분명함에도 바울은 로마서 2:14-16에서 이방인을 율법의 영역 안에 둔다. 슈라이너는 바울이 이 구절에서 이방인도 율법을 소유하고 있음을 논증하고 있다고 본다. 적어도 모세 율법의 도덕적 규범을 가지고 있다는 것이다.[10]

한층 더 나아가, 로마서 1:18-3:20에서 바울의 아 포티오리 논증을 찾으려고 한다면 우리는 도리어 유대인과 이방인 사이에 있는 반대 방향의 논증을 발견할 수 있다. 바울은 택한 백성이 아닌 이방인을 이용하여 유대인의 입을 막고(2:1) 유대인을 하나님의 심판 아래 둔다(2:3). 유대인과 이방인 사이에 바울이 사용하는 이와 같은 아 포티오리 논증은 다음과 같이 설명될 수 있다. "만일 기록된 모세의 율법을 가지고 있지 않은 이방인이 하나님과 그의 뜻을 알고 본성으로 율법의 일을 행하며 하나님의 심판

10 Schreiner, *Romans*(1998), 121-125.

아래 있다고 한다면, 모세의 율법을 가지고 있고 그것을 자랑하며 가르치는 유대인에게는 율법을 행해야 할 얼마나 더 큰 의무가 있으며, 결과적으로 율법을 지키지 않는 것에 대해 얼마나 더 큰 심판이 있겠는가?"

아 포티오리 견해는 하나님과 맺은 언약적 관계라는 측면에서 볼 때 이방인은 유대인보다 하나님의 은혜를 덜 받는 위치에 있었다는 것을 옳게 보여주고 있다. 그럼에도 바울은 로마서 3:19에서 이방인이 핑계할 수 없으며 하나님의 심판 아래 있다는 것을 이방인이 언약 밖에 있음을, 또는 기록된 모세의 율법을 가지고 있지 않음을 근거로 해서 논증하는 것 같지는 않다. 로마서 3:19의 해석을 위해 제안된 아 포티오리 견해는 로마서 1:18-3:18에서 제시되는 바울의 전체적인 논증과 맞지 않는 듯하며, 로마서 3:19 자체는 바울이 아 포티오리 논증을 사용하고 있음을 드러내지 않는다.

대표성의 견해

캐너데이는 대표성의 견해를 제안한다. 그는 이스라엘이 로마서 3:19에서 '인류의 부패와 곤경'에 대한 대표로 사용되었다고 믿는다.[11] 캐너데이는 아담과 마찬가지로 이스라엘도 모든 인류의 대표로서 사용되었다고 보며, 이런 점에서 바울은 '율법이 말하는 것은 무엇이든지 율법의 관할권 아래 있는 자들 즉 이

11 Caneday, "'They Exchanged the Glory of God for the Likeness of an Image,'" 35.

스라엘에게 말하는 것이니 이는 모든 입을 막고 하나님의 심판 아래 있게 함이라'라고 말했다고 이해한다.[12]

캐너데이의 이러한 해석은 로마서 1:21-25에 근거한 것이다. 그는 로마서 1:21-25은 예레미야 2:11과 시편 106:20에 나오는 아담과 이스라엘을 반향한다고 본다. 캐너데이에 의하면 바울은 이스라엘의 우상숭배를 암시한 로마서 1:23을 기반으로 로마서 3:19에서 인류에 대한 기소를 마감하면서 이스라엘을 '온 세상'의 대표로 제시하고 있다.[13] 결론적으로 캐너데이가 펼치는 주장을 정리하면 다음과 같다. 이스라엘이 하나님의 영광을 풀을 먹는 소의 형상으로 바꾸었을 때 이스라엘은 율법을 갖지 않은 이방인이 행한 일을 율법의 관할권 안에서 실행한 것이다. 그러므로 이스라엘이 하나님의 영광을 피조물과 같은 형상으로 바꾸었을 때 특권을 가진 이스라엘은 아담의 타락을 재연한 것이고 그들도 이방인과 같은 우상숭배자라는 것을 보여 준 것이다.

이스라엘의 대표적 또는 예표적 역할이 바울신학에 나타난다는 것은 일반적으로 동의를 얻을 수 있을 것이다. 케제만E. Käsemann 역시 세상에 대해 유대인이 모범적 양식exemplary fashion이나 전형적 대표성typical representative의 원리를 갖고 있음을 언급한다.[14] 하지만 로마서 3:19에서 바울이 이방인에 대한 이스라

12 Caneday, "'They Exchanged the Glory of God for the Likeness of an Image,'" 35.

13 Caneday, "'They Exchanged the Glory of God for the Likeness of an Image,'" 36.

14 Käsemann, *Commentary on Romans*, 87-88.

엘의 대표적 역할에 대해 암시하고 있는지는 의문스럽다. 우선, 많은 학자가 로마서 1장에서 바울이 이스라엘의 우상숭배의 죄를 지적하고 있다고 보지 않는다. 더글라스 무는 로마서 1:23에서 바울이 이스라엘의 타락이나 아담 안에서의 인간의 타락을 묘사하고 있지 않다고 주장한다.[15] 바울이 로마서 1장에서 이스라엘을 정죄하는 것이 아니라면 로마서 1장과 로마서 3:19에서 바울이 이스라엘의 대표적 역할을 언급하고 있다고 주장하기 어렵다. 바울은 로마서 1장에서 이스라엘을 통해 이방인의 죄를 지적하는 것 같지 않다.

로마서 1:21-25은 바울이 이방인의 죄를 증명하는 더 큰 문맥인 1:18-32에 속한다. 바울은 이방인의 죄를 증명하기 위해 자연 계시와 자연법 개념을 이용한다(참고, 1:19-20, 26-27). 그러므로 바울이 이스라엘의 대표성을 통해 로마서 1:18-32에서 이방인의 죄를 지적하는 것 같지 않다. 이스라엘이 이방인을 대표하는 역할을 한다는 것은 적어도 로마서의 처음 세 장에서는 발전되지 않았다. 따라서 제안된 대표성의 견해는 로마서 3:19의 내적 논리를 적절하게 설명하지 못하는 것으로 보인다.

선례적 사건이라는 견해

로마서 3:19에서 오직 유대인만 율법 아래 있다고 믿는 학자들이 로마서 3:19의 내적 논리를 설명하기 위해 제안하는 또

---

15 Moo, *The Letter to the Romans*, 119-120.

다른 견해가 있다. 에버렛 해리슨Everett F. Harrison은 두 가지 추가적인 가능성을 언급하는데, 그 첫 번째는 '선례적 사건test case'이라는 견해이다.[16]

이 견해는 로마서 3:19에서 유대인은 모든 민족을 위한 시험 케이스test case로 여겨지고 있기 때문에 이스라엘과 동일한 특권이 이방인에게 주어진다 해도 그들 역시 같은 죄를 짓게 될 것을 드러낸다고 본다. 선례적 사건 견해는 캐너데이의 대표성의 견해와 다소 유사하지만 본문의 지지가 좀 더 약하다는 점에서 가능성은 더 떨어진다. 인간적 특성으로 볼 때 이방인이 유대인과 다르지 않다는 것과 그렇기 때문에 이방인 역시 유대인과 같은 특권을 가진다 해도 죄를 지을 것이라는 점은 사실이겠지만, 의심스러운 것은 바울이 이 본문에서 참으로 유대인의 실패를 선례적 사건으로 언급하고 있는가 하는 것이다. 로마서 3:19은 바울이 유대인을 이방인을 위한 선례적 사건으로 간주하고 있다는 암시를 주지 않는다. 로마서 1:18-3:18 역시 바울이 이방인도 율법을 지키지 못할 가능성을 보여주기 위해 선례적 사건으로 유대인을 사용했다는 것을 지시하지 않는다.

'말할 것도 없다'는 견해

에버렛 해리슨이 언급하는 두 번째 가능성으로서 그가 선호하는 견해는 비유대인non-Jews이 실패할 가능성은 너무나 명

16 Everett F. Harrison, *Romans*, The Expositor's Bible Commentary 10 (Grand Rapids: Zondervan, 1976), 39-40.

백하기 때문에 토론할 주제가 아니라는 것이다. 유대인의 기록이 더 좋지 않다는 것이 일단 확인된다면 보편적 심판은 확실하다는 것이 해리슨의 견해이다.

이 견해는 아 포티오리a fortiori 견해와 다소 유사하다. 그러나 차이점은 이방인이 명백한 죄인이라는 것을 '논의의 여지가 없다'고 말할 정도까지 강조한다는 것이다. 이 견해에 따르면 이방인의 실패는 너무나 명백하고 당연하기 때문에 율법이 유대인에게 말하는 것으로 모든 민족이 입을 닫고 하나님의 심판 아래 있음을 지적하기에 충분하다는 것이다. 로마서 2:1부터 등장하는 바울의 가상 유대인 대화 상대자를 고려한다면 이 해석은 매력 있게 보일 수 있을 것이다. 유대인 대화 상대자는 유대인이 하나님과의 언약적 관계 아래 있고 모세의 율법을 소유하고 있기 때문에 의롭다고 생각할 것이다. 그리고 이방인은 태생적으로 이방인이기 때문에 명백한 죄인이라고 간주할 것이다.

그러나 바울은 유대인 대화 상대자의 견해에 동의하지 않을 것이 분명하다. 바울이 그의 논의 전체를 유대인 대화 상대자의 잘못된 이해에 근거해서 결론을 내릴 것 같지 않다. 바울은 모세의 율법을 가진 유대인이 율법을 지키지 못한다면 율법을 갖지 않은 이방인은 태생적으로 죄인임이 명백하며, 이방인은 특권적 지위를 갖지 않았기 때문에 당연히 할 말이 없다고 논증하지 않는다. 바울의 계속되는 논증은 이방인이나 유대인이나 기록된 모세의 율법을 가지고 있거나 가지고 있지 않음에 근거해서 하나님 앞에 다른 대우를 받지 않는다는 것이다. 바울은 하나님 앞에서 의롭다 함을 얻는 자는 율법을 소유한 자가 아니라 행하는 자라고 주장한다(롬 2:13). 로마서 1장과 2장에서 바울은 유대인과 이방인이 모두 율법의 소리를 들었고 그것에 순종하지 않으면 핑계할 것이 없이 하나님의 심판을 받게 될 위험에 직면한다는 것을 논증한다.

이상에서 살펴본 것처럼 많은 학자가 바울이 로마서 3:19에서 오직 유대인만 율법 안에 위치시키고 있다고 믿으며 로마서 3:19의 내적 논리를 설명하기 위해 아 포티오리 견해, 대표성의 견해, 선례적 사건 견해, 말할 것도 없다는 견해와 같은 몇 가지 견해를 제안한다. 그러나 그들의 제안은 로마서 1:18-3:18에 나타나는 바울의 논증이나 로마서 3:19의 증거를 통해 볼 때 만족스럽지 않아 보인다. 따라서 우리는 로마서 3:19의 내적 논리를 이해하기 위해 대안적 제안을 고려해 볼 필요가 있다.

로마서 3:19에서 이방인이 율법의 영역 안에 있다는 견해

로마서 3:19에서 바울이 오직 유대인만 율법 안에 위치시킨다고 믿는 학자들은 이 본문의 내적 논리를 설명하기 위해 "유대인에 대한 율법의 정죄가 어떻게 '모든 입'을 막고 '온 세상으로 하나님의 심판 아래' 있게 하는가?"라는 질문을 던진다. 마찬가지로 대안적 제안과 관련한 우리의 논의도 다음과 같은 질문으로 시작해 보자. "이 본문은 바울이 모든 입을 막기 위해 이방인을 유대인과 함께 율법의 영역 안에 위치시키는 것을 보여주는 것이 아닌가?" 만일 로마서 3:19에서 바울이 이방인도 율법 안에 있다는 것을 지시하고 있다는 데 우리가 동의할 수 있다면 이 본문의 내적 논리는 더 잘 이해될 수 있을 것이다.

로마서 3:19에서 바울이 이방인을 율법의 영역 안에 둔다는 견해를 지지하는 가장 잘 알려진 학자는 존 머리John Murray일 것이다.[17] 이 본문에서 이방인은 율법의 영역에서 제외된다고 주장하는 학자들의 거의 전부가 존 머리를 언급하고, 그중 대다수는 율법의 영역에 이방인이 포함된다는 견해를 배척하면서 오직 존 머리만을 언급한다. 예를 들어 크랜필드, 더글라스 무, 로버트 쥬엣은 존 머리만을 언급하고 있다.[18] 이러한 현상이 암시하는 것은 이 대안적 견해는 상대적으로 소수의 견해이며 학자들 사이에 심각히 고려되지 않았다는 것이다. 톰 라이트의 2002년 로마서 주석이나 리처드 롱게네커Richard N. Longenecker의 2016년 로마서 주석, 그리고 비교적 최근인 2018년에 출판된 프랭크 틸만의 로마서 주석은 대안적 견해를 언급하지 않는다.[19] 1998년

17 존 머리의 견해에 대해서는 John Murray, *The Epistle to the Romans: The English Text with Introduction, Exposition and Notes*, vol. 1: Chapters 1-8, NICNT (Grand Rapids: Eerdmans, 1959), 105-107을 보라.

18 Cranfield, *Romans 1-8*, 196; Moo, *The Letter to the Romans*, 214; Jewett, *Romans*(2007), 264.

19 N. T. Wright, *The Letter to the Romans: Introduction, Commentary, and Reflections in The New Interpreter's Bible*, vol.10 (Nashville: Abingdon Press, 2002); Richard N. Longenecker, *The Epistle to the Romans*, NIGTC (Grand Rapids: Eerdmans, 2016); Frank Thielman, *Romans*, ECNT (Grand Rapids: Zondervan, 2018).

로마서 주석에서 오직 존 머리만을 언급했던 슈라이너는 2018년 로마서 주석에서는 켁L. E. Keck을 추가하고 있을 뿐이다.[20]

더 나아가 머리의 견해에 대해 크랜필드는 오해하기까지 한다. "머리에게는 실례지만pace Murray"이라고 하면서 머리의 의견에 동의하지 않음을 피력하면서 크랜필드는 "강조적인 판πᾶν과 파스πᾶς…는 바울이 토이스 엔 토 노모τοῖς ἐν τῷ νόμῳ("율법 안에 있는 자들")를 통해 유대인을 의미하지 않았다고 생각할 이유가 전혀 없다"라고 말한다.[21] 그러나 머리는 바울이 τοῖς ἐν τῷ νόμῳ("율법 안에 있는 자들")를 통해 유대인을 의미하지 않았다고 말한 적이 없다. 머리가 던지는 질문은 τοῖς ἐν τῷ νόμῳ("율법 안에 자들")를 통해 바울이 오직 유대인만 의도하고 있는가 하는 것이다. 로마서 3:19에서 이방인도 율법 안에 있다는 견해의 또 다른 지지자들은 마틴Brice L. Martin, 엘리옷Neil Elliott, 슈툴마허, 벨Richard H. Bell, 보우셔Herbert Bowsher를 들 수 있다.[22] 아래에서 나는 "이 본문은 바울이 모든 입을 막기 위해 이방인을 유대인과 함께 율법의 영역 안에 위치시키는 것을 보여주는 것이 아닌가?"라는 나

---

20 Schreiner, *Romans*(2018), 175; L. E. Keck, *Romans*. ANTC (Nashville: Abingdon, 2005), 99.

21 Cranfield, *Romans 1-8*, 196. "The emphatic pa/n and pa/j … are no reason at all for thinking that by toi/j evn tw/| no,mw| Paul did not mean the Jews."

22 Brice L. Martin, *Christ and the Law in Paul*(1989), 103; Neil Elliott, *The Rhetoric of Romans: Argumentative Constraint and Strategy and Paul's Dialogue with Judaism* (Sheffield: Sheffield Academic Press, 1990), 142-146; Peter Stuhlmacher, *Paul's Letter to the Romans* (Louisville: Westminster/John Knox, 1994), 55; Richard H. Bell, *No One Seeks for God*(1998), 223; Herbert Bowsher, "To whom does the Law Speak?: Romans 3:19 and the Works of the Law Debate" *WTJ* 68(2006): 295-303.

의 대안적 질문을 검토해 보려 한다.[23]

"모든 입"과 "온 세상"

케제만은 로마서 3:19에서 "모든 입"과 "온 세상"은 유대인을 가리킨다고 주장한다.[24] 그러나 피츠마이어는 "모든 입"과 "온 세상"이라는 표현은 모든 인류 즉 유대인과 이방인을 가리키기 위해 사용되었다고 옳게 지적한다.[25] 바울이 로마서 3:19에서 사용하고 있는 "모든 입"과 "온 세상"은 바울이 이방인을 포함한 모든 인류가 율법 아래 있다고 생각하고 있음을 암시한다. 비록 많은 학자가 율법이 유대인을 정죄하는 것이 어떻게 모든 사람의 입을 막고 온 세상을 하나님의 심판 아래 두는가를 설명하려 시도하지만, 그러한 시도가 성공적인 것 같지 않다. 그들은 이방인은 모세의 율법을 받지 않았기 때문에 바울이 이방인이 율법 안에 있다고 말할 수 없었을 것이라는 전제를 가지고 이 본문을 해석하려 한다.

그러나 이 본문은 바울이 모든 인간이 율법 안에 있다고 생

23 이방인과 유대인의 동등성의 관점에서 로마서를 연구한 최종상의 저서에서도 로마서 3:19에 대한 논의를 발견할 수 없는 것은 아쉬운 점이다. 최종상, 《로마서: 이방인의 사도가 전한 복음》(서울: 이레서원, 2012).

24 케제만은 이렇게 쓰고 있다: "'World' here is not just defined by the totality of mankind, but concretely by the contrast between Jew and Gentile. The 'every' and 'all' have the Jew specifically in mind." Käsemann, *Commentary on Romans*, 87.

25 Fitzmyer, *Romans*, 337; 학자들 대다수는 이 점에서 동의하고 있다. Dunn, *Romans 1-8*(1988), 152; Morris, *The Epistle to the Romans*(1988), 170-171; Matthew Black, *Romans*, 56; Moo, *The Letter to the Romans*(1996), 214; Schreiner, *Romans*(1998), 168-169; Jewett, *Romans*(2007), 264; A. B. Caneday, "'They Exchanged the Glory of God for the Likeness of an Image'," 34.

각했음을 드러낸다. 바울은 율법은 "율법 안에 있는 자들"에게 말한다고 하면서, 곧이어 모든 입이 막히고 온 세상이 하나님의 심판 아래 있는 상태를 묘사한다. "율법 안에 있는 자들"과 "모든 입" "온 세상"을 병렬적으로 배치하는 것은 바울이 온 인류를 율법 안에 있는 자로 제시하고 있음을 보여 준다. 다시 말해서 모든 인간을 가리키는 "모든 입"과 "온 세상"을 통해 직전에 언급한 "율법 안에 있는 자들"이 유대인뿐 아니라 모든 인간임을 바울은 암시하고 있다. 모든 인간이 핑계하지 못하고 하나님의 심판 아래 있는 것은 그들 모두가 율법의 영역 안에서 율법이 말하는 것을 들었기 때문이다. 바울의 신학에서 율법이 말하는 것을 들은 것은 유대인만이 아니다. 머리 역시 "모든 입"과 "온 세상"은 바울이 이방인을 율법 안에 두고 있음을 나타내는 어휘들이라고 본다.[26]

로마서 3:9-18

근접 문맥 즉 로마서 3:9-18은 바울이 이방인을 로마서 3:19에서 율법 안에 포함하고 있다는 견해를 지지한다. 로마서 3:9에서 바울은 "유대인이나 헬라인이나 다 죄 아래 있다 Ἰουδαίους τε καὶ Ἕλληνας πάντας ὑφ' ἁμαρτίαν εἶναι"고 선언한다. 그 후 3:10-18에서 바울은 유대인과 헬라인 즉 모든 인간이 죄인이라는 그의 주장에 대한 증거를 제시하기 위해 구약을 연쇄적으로

26 Murray, *The Epistle to the Romans*, 106.

인용한다.[27] 이 구절에서 바울이 제시하는 연속적 구약 인용은 닐 엘리옷Neil Elliott이 관찰한 대로 유대인만을 가리키는 것이 아니다.[28] 비록 이 구절에서 유대인은 바울이 비판하는 표적이 아니라는 엘리옷의 주장은 옳은 것 같지 않지만[29] 적어도 구약 연쇄 인용이 유대인과 이방인 모두를 언급한다는 그의 주장은 옳다. 로마서 3:19에 이르러 바울은 지금까지의 그의 구약 연쇄 인용을 "율법 안에 있는 자들"에게 적용하고 "율법 안에 있는 자들"을 "모든 입"과 "온 세상"과 연결한다. 모든 인간에 대해 언급하는 바울의 구약 연쇄 인용과 "모든 입" "온 세상"이라는 표현 사이에 "율법 안에 있는 자들"이라는 바울의 표현이 샌드위치처럼 놓여 있다. 로마서 3:10-18에 나타나는 바울의 구약 연쇄 인용이 유대인과 이방인을 가리키는 것을 볼 때 "율법 안에 있는 자들"이라는 표현을 통해서도 바울은 유대인과 이방인을 가리키는 것으로 보인다.

"율법νόμος(노모스)이 말하는 모든 것"(3:19)에서 노모스νόμος는 앞 구절들에 나타나는 구약 연쇄 인용을 가리킨다는 것은 학

---

27 마크 사이프리드와 마찬가지로 김경식은 바울이 '유대인이나 헬라인이나 다 죄 아래 있다'는 3:9의 주장을 뒷받침하기 위해 3:10-18에서 시편과 이사야를 인용하고 있다고 옳게 주장한다. 그는 바울이 인용한 구약 본문들이 로마서 3:9의 주장과 모순됨이 없이 잘 연결되고 있으며 구약 본문들은 하나님이 온 세상의 심판자이시며 유대인이나 이방인이 다 죄 아래 있음을 나타낸다고 논증한다(943-944, 947). 그러나 김경식은 "3:10-18에서의 긴 구약 인용이 끝나고 바울의 해설이 부연되는 19절의 내용"에 대해서는 "율법이 말하는 바는 '율법 아래에 있는 자들' 즉 유대인들에게 말하는 것이다"라고 본다(974). 김경식, "구약은 유대인이나 헬라인이나 다 죄 아래 있다고 말하는가?-로마서 3:9-18에서 바울의 이사야 59장 해석," 〈신약논단〉 19(2012): 937-979; Mark A. Seifrid, "Romans," in *Commentary on the New Testament Use of the Old Testament* (Grand Rapids: Baker Academic, 2007), 615-616.

28 Neil Elliott, *The Rhetoric of Romans*, 142.

29 Neil Elliott, *The Rhetoric of Romans*, 141-146을 보라.

자들 사이에 폭넓은 동의를 얻고 있다. 이런 점에서 3:19의 율법은 토라 또는 모세오경뿐 아니라 구약 전반을 지칭하는 용어로 볼 수 있다.[30] 이 점에 근거해서 이방인이 "율법 안에 있는 자들"에 포함되지 않는다는 견해가 있다. 예를 들면 무Moo는 '노모스'가 이 문맥에서 기록된 성경written Scripture과 동일시되고 있다(참고 10-11절)는 점을 지적하며 이방인이 율법 안에 있다는 견해를 배격한다.[31] 바울의 연쇄 인용은 모세오경보다는 시편과 이사야에서 온 것이다. 그러나 바울이 노모스라는 단어를 모세 율법뿐 아니라 구약성경까지 포괄하는 폭넓은 개념으로 사용한다는 것이 바울이 로마서 3:19에서 사용한 율법에 이방인을 포함하지 않는다는 것을 보장하지 않는다.

구약성경을 가리키는 '노모스'를 사용하여 바울은 이방인이 모세 율법과 함께 구약성경의 영역 안에 있다는 것을 지시하는 듯하다. 바울이 구약성경을 이방인에게 적용하는 것은 그의 서신에서 흔한 일이다. 예를 들어 로마서 15:4에서 바울은 이방인을 구약성경의 권위 아래 둔다. 로마서 15:3에서 시편 69:9(68:10 LXX)을 인용한 후에 바울은 로마서 15:4에서 구약성경은 유대인과 이방인을 위한 교훈으로 기록되었다고 말한다.[32] "무엇이든지 전에 기록된 바는 우리의 교훈을 위하여 기록된 것이니 우리로 하여금 인내로 또는 성경의 위로로 소망을 가지게

---

30 N. T. Wright, *The Letter to the Romans*, 458.

31 Moo, *The Letter to the Romans*, 214.

32 로마서 15:4과 관련하여 슈라이너 역시 이점을 분명히 밝히고 있다. "구약성경은 '우리의 교훈'을 위해 기록되었다, 즉 유대인과 이방인을 위하여." Schreiner, *Romans*(1998), 748.

함이니라"(롬 15:4).[33]

로마서 14장과 15장의 문맥에서 볼 때 바울은 시편 69:9이 특별히 로마에 있는 이방인 신자들에게 말하는 것으로 간주한다. 바울은 구약성경이 이방인 신자들 즉 "강한 자들"에게 그들의 "약한" 유대 그리스도인들을 받으라고 말하고 있는 것으로 이해한다.[34] 마크 사이프리드에 의하면 "다윗의 시의 말씀조차도 **이방인 독자들**을 포함한 지금의 신자들에게 말"하고 있는 것이다."[35] 바울은 유대인의 성경은 유대인만을 위해 기록된 것이 아니라고 생각한다. 그것은 유대인과 이방인을 위해 기록되었고 계속해서 모든 인간에게 말한다. 바울이 율법 즉 노모스를 구약성경까지 포괄하는 단어로 사용하고 있기 때문에 오직 유대인만 율법 안에 있다는 생각은 구약성경과 이방인의 관계에 대한 바울의 이해를 정당하게 제시하지 못하고 있는 것으로 보인다. 이러한 견해는 바울이 자주 구약성경을 이방인에게 해당하는 권위 있는 말씀으로 인용하는 것과도 맞지 않는다.[36] 바울은 유대인과

---

33 로마서 15:4의 '우리'는 문맥상 15:1이 언급하고 있는 "믿음이 강한 우리"와 같은 자들이다. 필자는 다른 논문에서 바울이 강한 자라고 지칭하는 자들은 구약의 정결법에 매이지 않고 무슨 고기든 먹을 수 있고 어느 특정한 날을 더 거룩하게 여기지 않는(롬 14:5) 대다수의 이방 그리스도인들이라고 밝힌 바 있다. 따라서 15:4의 '우리'는 유대인 바울과 로마에 있는 대다수의 이방 그리스도인을 가리키는 것으로 볼 수 있다. 김현광, "로마서를 통해서 본 다문화와 한국 교회: 로마서 14:1-15:13을 중심으로," 〈성경과 신학〉 87(2018): 6, 20.

34 Mark A. Seifrid, "Romans," in *Commentary on the New Testament Use of the Old Testament*, 686; 로마 교회는 대다수 이방인 성도와 소수의 유대인 성도로 구성되었다. 이들 사이에 발생한 문제의 원인과 바울의 해결책에 대한 자세한 논의는 본서 "Q9. 로마서는 다문화 시대의 한국 교회에게 무엇을 가르치는가?"를 참고하라.

35 Mark A. Seifrid, "Romans," 687. 이탤릭체는 본 저자의 강조.

36 슈라이너는 바울이 구약성경을 이방인 교회에게 권위 있는 말씀으로 인용한다고 지적한다. Thomas R. Schreiner, *The Law and Its Fulfillment: A Pauline Theology of Law* (Grand Rapids: Baker, 1993), 38.

이방인이 모두 율법 아래 있다고 본다. 율법은 모세 율법과 구약 성경을 가리킬 수 있다. 따라서 유대인과 이방인은 모두 율법의 정죄 아래 놓여 있다. 로마서 3:19은 바울의 이와 같은 신학을 보여 준다.

로마서 1:18-3:8

좀 더 넓은 문맥인 로마서 1:18-3:8은 바울이 로마서 3:19에서 이방인을 율법 안에 포함한다는 견해를 지지한다. 로마서 3:19-20은 1:18-3:18의 결론 역할을 한다.[37] 그러므로 1:18-3:8에서 선행된 바울의 논의는 결론적 언급인 3:19을 이해하는 데 도움을 줄 수 있다. 슈툴마허Peter Stuhlmacher는 3:19을 주석하면서 비록 1:18-3:8을 자세히 설명하지는 않지만 3:19에서 바울이 이방인을 율법 안에 포함한다는 견해를 지지하기 위해 1:18-3:8을 적절히 언급한다. "율법 안에 있는 자들those who are in the law"에 대해서 슈툴마허는 "2:17-24에 의하면 이것은 우선 유대인이다. 그러나 1:20이하, 32; 2:14이하, 26에 의하면 이것은 또한 헬라 이방인도 포함한다"라고 말한다.[38]

바울은 로마서 1:18-3:8에서 모든 사람 즉 유대인과 이방인이 하나님 앞에 죄인이며 하나님의 진노 아래 있다고 주장한다. 로마서 1장에서 바울은 자연법 개념을 사용하여 이방인이 죄

---

37 Schreiner, *Romans*(1998), 161, 168, 172; 최갑종 역시 3:19-20은 1:18-3:18에 나타난 바울의 주장을 요약하여 내린 결론이라고 본다. 최갑종,《로마서 듣기: 온 세상을 향한 기독교 복음의 진수》(서울: 대서, 2009), 203, 206.

38 Peter Stuhlmacher, *Paul's Letter to the Romans*, 55.

인인 것을 고발한다. 그들은 자연 계시를 통해 하나님을 알고 하나님의 뜻을 안다. 이방인은 죄인에게 사형을 선언하는 '하나님의 규례δικαίωμα τοῦ θεου'(1:32)를 알고 있다. 틸만은 로마서 1:32의 '하나님의 규례'는 모세의 율법을 가리킨다고 주장하며 슈라이너는 이방인이 모세의 율법을 특별히 가지지는 않았지만 그 율법에 포함된 도덕적 요구를 알고 있다고 주석한다.[39] 바울은 자연법과 자연 계시의 방식을 통해 이방인을 모세 율법의 영역 안에 위치시키고 그들을 모세 율법의 심판 아래 두는 것으로 보인다.

로마서 2장에서 바울은 유대인이 죄인임을 다룬다. 하나님은 율법을 유대인에게 주었고 그들은 율법을 지키면 하나님 앞에 의롭다 함을 얻을 수 있다. 그러나 그들은 율법에 순종하지 못했고 결과적으로 율법에 의해 심판을 받게 될 것이다(롬 2:12). 바울은 단지 모세의 율법을 소유하는 것이 유대인을 의롭게 하지 못한다고 주장한다. 율법을 행하는 자라야 의롭다 하심을 얻기 때문이다(롬 2:13). 율법을 가지고 있음에 근거해서 자신들을 하나님 앞에서 의로운 자라고 생각하는 유대인을 향해 바울은 이방인도 율법을 가지고 있고 율법을 때때로 행한다는 것을 보여 준다(롬 2:14-16).

이방인은 기록된 모세의 율법을 가지고 있지 않지만, 바울의 관점에서 볼 때 그들도 사실상 율법을 가지고 있다. 이방인은

---

39 Frank Thielman, *Paul and the Law: A Contextual Approach* (Downers Grove: InterVarsity, 1994), 169. Schreiner, *Romans*(1998), 99; 정연락 역시 "바울은 행위 심판의 기준을 제시하면서, 율법을 갖고 있지 않다고 생각되는 이방인조차도 사실은 율법을 갖고 있다고 주장한다"라고 밝힌다. 정연락, "이방인에게 주어진 율법," 〈신학지평〉 15(2002): 196.

마음에 쓰인 모세의 율법을 가지고 있다. 그들은 하나님의 뜻을 알고 그들의 행동을 통해 때로는 그것을 따르거나 거부한다(롬 1:16, 27; 2:14). 이방인의 양심은 그들이 율법을 가진 것을 증언하며 이 율법은 이방인 심판의 기준으로 사용될 것이다(2:15, 16). 이방인이 율법을 가지고 있다는 것과 관련된 바울의 가장 강력한 주장은 "자기가 자기에게 율법이 된다"(2:14)는 것이다. 모세의 율법을 소유한 것이 '구원의 표'라고 믿는 유대인을 대항하는 논증에서 바울은 이방인을 율법 안에 위치시키고 있다.[40]

1:18-3:8의 논증에서 유대인과 이방인이 모두 율법 안에 있다는 주장을 통해 바울은 두 가지 결론을 도출한다. (1) 이방인은 핑계할 수 없으며ἀναπολογήτους(1:20), 우상을 경배하고 하나님의 뜻을 거역할 때(1:18-32) 하나님의 심판 아래 있다(2:16, 참고 1:32). 이방인은 하나님의 율법을 들었다. 행하는 자만이 의롭다 함을 받는다; (2) 유대인은 핑계할 수 없으며ἀναπολόγητος(2:1) 하나님의 심판 아래 있다(2:2, 3). 비록 그들이 이방인을 정죄하고 율법을 가진 것을 자랑하지만 율법을 지키지 않으면 그들도 이방인과 마찬가지로 하나님의 진노 아래 있다. 하나님은 공평한 기준을 유대인과 이방인에게 제공한다. 즉 "율법을 행함"이 기준이다. 오직 행하는 자만이 의롭다 함을 받는다.

---

40 로마서 2:14-15과 관련하여 슈라이너는 다음과 같이 말한다. "바울이 여기서 증명하려 하는 것은 유대인들은 모세의 율법을 가지고 있는 것을 구원의 표로 간주하지 말아야 한다는 것이다. 왜냐하면 모세의 율법을 가지고 있지 않은 이방인들도 그 율법을 들었기 때문이다." Thomas R. Schreiner, "Did Paul Believe in Justification by Works?: Another Look at Romans 2," *Bulletin for Biblical Research* 3(1993): 145.

기록된 모세의 율법이든 기록되지 않은 모세의 율법이든 하나님의 율법의 빛 아래에서 모든 사람이 죄인이라는 것을 로마서 1:18-3:8에서 논증한 후 바울은 로마서 3:19에서 결론적 진술을 한다. 결론적 언급에서 바울은 유대인과 이방인 즉 모든 죄인에게 해당하는 두 가지 결론을 요약한다. (1) 모든 입은 닫힌다[참고, 핑계하지 못한다(1:20, 2:1)]; (2) 온 세상은 하나님의 심판 아래 있다[참고, 하나님의 심판(1:32; 2:2, 3, 16)]. 이 두 가지 결론은 로마서 1-2장에서 율법 안에 있는 유대인이나 이방인이 동일하게 경험하는 것으로 바울이 이미 진술한 내용이다.

로마서 3:19에서 바울은 무엇을 근거로 모든 사람 즉 유대인과 이방인이 핑계할 수 없고(즉, 입을 막고) 하나님의 심판 아래 있다고 결론 내리는가? 그것은 바로 율법이다. 율법 안에ἐν τῷ νόμῳ 있는 자들에게 말하는 율법이 그 근거이다. 그렇다면 율법은 누구에게 말하는가? 바울은 로마서 1:18-3:18까지 긴 논의 끝에 로마서 3:19에서 율법이 오직 유대인에게만 말하고 있다고 암시하는가? 바울은 참으로 로마서의 독자들이 로마서 3:19에서 유대인에게 말하는 율법이 모든 인간의 책임과 어떤 관계가 있는지 추론하기를 기대하고 있는가? 그렇지 않다면 이 장에서 내가 제안하듯, 바울은 로마서 3:19에서 유대인과 이방인이 모두 율법을 어떤 형식으로든 들었고 그들 모두가 율법의 빛 아래에서 핑계할 수 없이 하나님의 심판 아래 있다는 것을 다시 한번 결론적으로 강조하기를 원했는가? 로마서 1-2장의 논증과 로마서 3:19의 결론적 성격을 고려해 볼 때, 로마서 3:19에서 바울은 이방인을 유대인과 함께 율법의 영역 안에 두어 율법이 그들 모두의 입을 막고 그들 모두를 하나님의 공평한 심판 아래 둔다는 것을 드러내는 것으로 보인다. 하나님의 심판은 유대인과 이방인 모두에게 율법을 행함에 따라 이루어지는 공평한 심판이다.[41]

"우리가 알거니와"(3:19a): 율법과 이방인의 관계에 대한 헬라 유대교의 이해

바울은 "우리가 알거니와"라는 말로 로마서 3:19을 시작한다. "우리가 알거니와οἴδαμεν 율법이 말하는 모든 것은 율법 안에 있는 자들ἐν τῷ νόμῳ에게 말하는 것이다." "우리가 알거니와"에 내포되어 있는 바울을 포함한 헬라 유대인은 이방인도 율법 안에 있다고 이해했을까? 지면의 제약으로 제2성전기 유대 문헌에 대한 상세한 언급을 하기는 어렵지만, 이방인 역시 율법 안에 있음을 드러내는 제2성전기 유대인의 인식을 발견할 수 있다.[42]

에스라4서 7:37에 의하면 이방인은 하나님의 계명을 멸시했기 때문에 심판을 받는다: "그리고 지극히 높으신 분the Most High이 죽음에서 일어난 나라들the nations에게 말할 것이다. '이제

---

41 이 장에서는 3:19 이후의 본문은 고려하지 않았다. 김상훈은 로마서 3:19-31의 역교차구조를 분석하고 19-20절과 21-31절의 관계를 고찰하였다. 그는 19-20절을 앞 단락의 결론으로 보기보다 21-31의 서론으로 보고 19-20절을 A로 31절을 A′로 분석하였다. 율법은 죄에 대한 지식을 제공하는 긍정적 역할을 한다는 점(19-20)을 주목하고 그러므로 율법을 굳게 세운다는 31절과 연결하고 있다. 김상훈의 논문은 본 논문이 다루는 주제와 관련하여 19절을 다루지는 않으나 율법은 모든 인간에게 죄에 대한 지식을 제공하고 율법의 행위로는 그의 앞에 의롭다 함을 받을 자가 없다(20절)는 율법의 일반적인 한계를 언급함으로써 율법이 모든 인간과 관련되어 있음을 은연중에 드러내고 있다. Sang-Hoon Kim, "A Pauline Chiastic Structure in Romans 3:19-31," 〈신약연구〉 12(2013): 66, 69, 70, 77.

42 Hyun-Gwang Kim, *Redeemed from the Curse*, 14-60.

보라, 그리고 이해하라, 네가 누구를 부인했는지, 누구를 섬기지 않았는지, 누구의 계명들commandments을 멸시했는지를!'" 폴 브룩스 더프Paul Brooks Duff는 이 구절에 관하여 통찰력 있는 해석을 제공한다. 우선, 그는 "나라들the nations"이 이방인을 가리키는 것으로 이해한다. 그러고 나서 그는 "이방인은 하나님의 율법을 접할 수 있었다. 그렇지 않다면 '누구의 계명들을 멸시했는지'라는 구절은 의미를 상실한다"라고 주장한다.[43] 더프에 의하면 이 본문은 이방인이 토라를 접할 수 있었지만 거부했기 때문에 하나님 앞에서 정죄를 받을 것을 진술한다.

에스라4서 13:37-38은 이방인이 율법에 의해 심판을 받을 것을 지시한다: "그리고 내 아들my Son인 그가 모인 나라들을 그들의 불경건으로 인해 질책할 것이며(이것은 폭풍으로 상징되었다), 그들의 면전에서 그들의 악한 생각들로 인해, 그들이 고문당할 그 고통으로(이것은 불꽃으로 상징되었다) 책망할 것이다. 그리고 그는 수고로움이 없이 율법the law으로 그들을 멸망시킬 것이다(이것은 불로 상징되었다)."[44]

에스라4서 13:37의 '내 아들'은 메시아를 가리킨다.[45] 이 본

---

43 Paul Brooks Duff, "Glory in the Ministry of Death: Gentile Condemnation and Letters of Recommendation in 2 Cor 3:6-18," *NovT* 46(2004): 324.

44 Bruce M. Metzger의 영어번역과 괄호 내용을 한글로 번역한 것이다. Metzger, "The Fourth Book of Ezra," *OTP* 1:552.

45 '나의 아들(my Son)'이 메시아를 가리킨다는 것은 에스라4서 7:28-29에 명쾌하게 드러낸다: "나의 아들 메시아가 그와 함께 있는 자들과 함께 드러날 것이기 때문이다. 나의 아들 메시아는 죽을 것이다." 메시아를 뜻하는 "나의 아들"이라는 표현은 13:32, 13:52, 14:9에서도 발견된다. 마이클 스톤(Michael Edward Stone)은 13:37을 번역할 때 "나의 아들"보다는 "나의 종"을 사용하지만 B. M. Metzger와 Jacob M. Myers는 "나의 아들"을 선호한다. Metzger, "The Fourth Book of Ezra," 552; Jacob M. Myers, *I and II Esdras*, The

문에서 메시아는 심판자로 묘사된다. 닙M. A. Knibb이 말하듯이 메시아가 심판을 실행하는 기준은 율법이다.[46] 더 나아가 이 본문은 로마서 2:15-16을 연상시킨다. 로마서 2:15-16에서 그리스도는 하나님과 함께 이방인을 그들의 마음에 쓰인 율법으로 심판하시는 심판자로 나타난다. 데스야르딘스Michel Desjardins에 따르면 바룩4서에서 율법은 이방인을 심판하고 멸망시키기 위한 측정 막대이다.[47]

에스라4서 7:22도 땅에 거하는 자들은 율법으로 심판을 받을 것을 확증한다: "그러므로 이런 이유로 땅에 거하는 자들은 고통을 받을 것이다. 그들은 이해력을 가지고 있음에도 부정을 저질렀으며, 계명commandments을 받았음에도 그것들을 지키지 않았으며, 율법the Law을 얻었음에도 그들이 받은 것을 불성실하게 다루었기 때문이다."

이방인들이 심판을 받는 이유는 그들에게 주어진 계명들과 율법을 지키지 않았기 때문이다. 비록 이해력을 가지고 있지만, 그들은 부정을 저질렀다. 이것 때문에 에스라4서 7:73(참고, 롬 1:20)이 말하듯 이방인은 핑계하지 못한다: "그렇다면 그들은 심판 때에 무슨 말을 할 것인가? 또는 마지막 때에 어떻게 대답할 것인가?" 에스라4서는 이방인이 율법 아래 있다는 것을 보여 준

Anchor Bible 42 (Garden City, NY: Doubleday, 1974), 305.

46 R. J. Coggins and M. A. Knibb, *The First and Second Books of Esdras*, The Cambridge Bible Commentary on the New English Bible (Cambridge: Cambridge University Press, 1979), 267.

47 Desjardins, "Law in 2 Baruch and 4 Ezra," *Studies in Religion* 14(1985): 35.

다. 결과적으로 그들은 율법에 순종하지 않음으로 율법에 의해 정죄를 받는다.

Pseudo-Philo의 Biblical Antiquities는 이방인도 율법 아래 있다는 개념이 나타나는 또 다른 자료이다. Pseudo-Philo의 Biblical Antiquities는 기원후 1세기, 어쩌면 예수님 당시에 팔레스타인에서 기록되었다.[48] Biblical Antiquities 11:2에서 하나님은 율법의 기능에 대해 모세에게 다음과 같이 말한다. "내가 내 말을 너의 입에 둘 것이니 너는 내 백성을 계몽할 것이다. 왜냐하면 내가 영원한 율법an everlasting Law을 네 손에 주었고 내가 이것으로 온 세상the whole world을 심판할 것이기 때문이다. 이것이 증거가 될 것이기 때문이다. 사람들이 '우리는 당신을 알지 못했습니다. 그래서 당신을 섬기지 않았습니다'라고 할지라도 나는 그들에게 책임을 요구할 것이다. 왜냐하면 그들이 내 율법을 배우지 않았기 때문이다."[49]

이 본문에 따르면 모세에게 주어진 율법은 주님이 온 세상을 심판할 때 사용할 기준으로 주어진 것이다. 유대인뿐 아니라 이방인도 모세의 율법에 따라 이루어질 하나님의 심판을 받는다. 이 본문과 관련하여 폴 더프는 "율법은 이스라엘뿐 아니라 모든 사람을 위한 것임을 하나님이 지적했다"라고 옳게 설명하

48 D. J. Harrington, "Pseudo-Philo: A New Translation and Introduction," in *Expansions of the "Old Testament" and Legends, Wisdom, and Philosophical Literature, Prayers, Psalms, and Odes, Fragments of Lost Judeo-Hellenistic Works*, vol. 2 of *The Old Testament Pseudepigrapha*, ed. James H. Charlesworth (New York: Doubleday, 1985), 299-300.

49 Harrington, "Pseudo-Philo: A New Translation and Introduction," 318.

고 있다.[50]

* * *

많은 학자가 로마서 3:19에서 바울은 오직 유대인만을 율법 안에 포함한다고 믿는다. 따라서 "율법이 유대인에게 말하는 것이 어떻게 모든 입을 막으며 온 세상으로 하나님의 심판 아래 있게 하는가?"라는 질문에 직면한다. 비록 그들이 이 질문에 대답하기 위해 아 포티오리 견해, 대표성의 견해, 선례적 사건 견해, 말할 것도 없다는 견해와 같은 몇몇 제안을 하지만 그러한 답변은 로마서 3:19의 내적 논리를 설명하는 데 성공적으로 보이지 않는다.

로마서 3:19의 내적 논리는 바울이 이방인도 유대인과 같이 율법 안에 두고 있을 가능성을 고려할 때 더 잘 이해할 수 있다. 이러한 해석을 지지하기 위해 나는 근거로서 (1) 3:19에 사용된 '모든 입'과 '온 세상'이라는 표현; (2) 3:9-18에서 바울의 논증; (3) 1:18-3:8에서 바울의 논증; (4) 헬라 유대교가 이방인을 율법의 영역 안에 두는 예를 제시하였다. 바울은 로마서 3:19에서 모든 인간 즉 유대인과 이방인이 율법의 영역 안에 있음을 주장함으로써 모든 인간이 하나님의 진노 아래 있다는 그의 논증에 결론을 내린다. 모든 인간은 율법이 말하는 것을 들었다.

50 Duff, "Glory in the Ministry of Death: Gentile Condemnation and Letters of Recommendation in 2 Cor. 3:6-18," 324.

그러므로 그들의 불경건에 대해 핑계할 수 없다. 그들 모두 하나님의 심판을 받고 그 심판은 율법에 따라 이루어진다. 유대인이든 이방인이든 오직 율법을 행하는 자라야 의롭다 함을 받기 때문이다.

Q
06

Q 06 그리스도와 연합한 죽음과 삶은 어떤 의미가 있는가?

로마서 6:1-14

로마서 6:1-14에서 바울은 복음을 그리스도와 연합한 죽음과 삶을 통해 설명한다.[1] 신자는 그리스도의 죽음과 부활에 참여함으로써 의롭게 될 뿐 아니라 죄의 지배로부터 해방되어 하나님을 향한 새로운 삶을 살아가게 된다. 로마서 6:1-14에서 바울은 그리스도와의 연합 사상을 통해 신자를 그리스도의 죽음과 부활에 직접 연결하고 그리스도와 연합된 신자들이 어떤 자화상을 가지고 어떻게 살아야 할 것인지를 가르친다. 이 장에서는 로마서 6:1-14에서 바울이 밝히고 있는 그리스도와 연합된 신자의 죽음과 부활의 의미를 살펴보고 바울의 윤리의 근거를 고찰해 보려고 한다.

1 Mark A. Seifrid, "Romans," in *Commentary on the New Testament Use of the Old Testament*, ed. G. K. Beale and D. A. Carson (Grand Rapids: Baker, 2007), 631.

죄에 거할 수 없는 그리스도인

로마서 6:1-2에서 바울은 질문과 대답 형식을 통해 그리스도인은 죄에 거할 수 없다고 단언한다. 6:1에서 바울은 "은혜를 더하게 하려고 죄에 거하겠느냐?"라고 질문한다.[2] 이것은 5:20b을 염두에 둔 질문이다. 바울은 5:20b에서 "죄가 더한 곳에 은혜가 더욱 넘쳤나니"라고 했다. 하나님은 예수 그리스도를 보내어 십자가에 죽게 하심으로 모든 죄를 용서해 주셨다. 믿는 자는 어떤 죄를 지었어도 용서받고 하나님의 자녀가 된다. 죄가 크면 클수록 용서하시는 하나님의 은혜는 더욱 크다. 더 많은 빚을 탕감받은 종이 더욱 큰 은혜를 입은 것처럼 용서받은 죄가 큰 죄인일수록 받은 은혜가 더욱 크다.

그렇다면 더 큰 은혜를 경험하기 위해 죄에 거하는 것이 유익한가? 크랜필드는 복음의 참된 교훈을 이해하지 못하는 자들이 '죄가 더한 곳에 은혜가 더욱 넘쳤다'는 5:20b의 말씀을 계속 죄를 지어도 좋다는 뜻으로 쉽게 왜곡할 수 있었을 것이라고 본다.[3] 하나님께서는 모든 죄를 용서하실 것이므로 무슨 죄를 지어도 상관없다는 논리는 복음의 참된 의미를 이해하지 못한 것을 드러내는 것이다. 하나님의 은혜는 죄를 짓는 구실이 될 수 없다. 진정으로 하나님의 은혜를 경험한 사람은 죄에서 떠나게 된다. 6:2에서 바울은 은혜를 더하게 하려고 죄에 거하겠느냐는 질문

2 유사한 질문은 3:8에도 나타난다.

3 C. E. B. Cranfield, *Romans 1-8*, ICC (London: T&T Clark, 1975), 297.

에 대해 "그럴 수 없다μὴ γένοιτο"라고 강하게 부정한다.

죄에 거할 수 없는 이유

은혜를 더하게 하려고 죄에 거하겠느냐는 질문에 대해 바울이 강조하여 그럴 수 없다고 대답하는 것이 로마서 6:2의 내용이다. 바울의 대답은 수사적 의문문의 형태를 띤다. '죄에 대하여 죽은 우리가 어찌 그 가운데 더 살겠느냐'(롬 6:2)라고 질문한다. 질문의 형식을 통해 독자의 공감을 불러일으키려는 것이다. 바울이 주장하는 것이 너무나 당연한 사실임을 질문법을 통해 강조하고 있다고 볼 수 있다. 그리스도인이 죄 가운데 살 수 없는 이유는 분명하다. 바울에 의하면 그리스도인은 죄에 대해 죽었다 ἀπεθάνομεν τῇ ἁμαρτίᾳ. 죄에 대해 죽었다는 것은 죄와의 결정적인 결별을 의미하고 죄의 영역 또는 지배로부터 분리되는 것을 뜻한다.[4] 죄에 대해 죽었다는 것은 또한 죄의 권세로부터 해방되었다는 것을 의미한다. 바울은 로마서 7:1-3에서도 죽음으로 인해 율법의 영향력, 권세로부터 자유로워지는 것에 대해 말하는데, 6장에서도 같은 원리를 도입하고 있다. 그리스도인은 죄에 대해 죽었으므로 죄와 상관이 없다. 죄에 거한다는 것은 있을 수 없는 일이다. 죽은 자는 어떤 일에도 관심을 가질 수 없고 참여할 수

4 Douglas Moo, *The Letter to the Romans*, NICNT (Grand Rapids: Eerdmans, 2018), 382; 더글라스 J. 무, 《로마서의 신학적 강해》(서울: 크리스찬출판사, 2007), 175.

없다. 따라서 죄에 대해 죽은 신자는 죄에 관심을 가질 수 없고 참여할 수 없다. 바울이 죄에 대해 우리가 "죽었다"는 극단적 표현을 쓰는 것을 주목해 보라. 결정적이며 항구적인 결별을 강조하고 있는 것이다.[5]

죄에 대한 죽음과 그리스도인의 윤리

죄에 대해 죽었다는 것은 소극적 의미에서 그리스도인의 윤리적 삶의 근거가 된다. 죄에 대해 죽었으므로 죄에 거할 수 없다. 다시 말하면 죄에 대해 죽은 신자는 죄의 지배를 받아 죄를 지으며 살 수 없는 것이다. 신자라고 하면서 여전히 죄 가운데 산다면 그것은 그가 죄에 대해 죽은 그리스도인의 진정한 모습을 드러내지 못하고 있는 것이다. 존 머리는 "신자는 죄 가운데 살 수가 없다. 만약 죄 가운데 산다면 그는 신자가 아니다"라고 말하기까지 한다.[6] 신자가 죄에 대해 죽은 자라면 그가 때때로 죄를 지을 때 우리는 그가 신자가 아니라고 단언할 수 있는가? 존 머리는 원리적인 면에서 신자는 죄에 대해 죽은 자임을 강조하기 위해 죄 가운데 사는 자는 신자가 아니라고 말하는 듯하다. 죄에 대해 죽은 자이지만 신자도 죄를 지을 수 있다. 바울은 이 같은 사실을 외면

---

5 존 머리는 바울이 여기서 그리스도인이 죄와 영단번 결정적으로 결별(the once-for-all definitive breach)하게 된 것을 말한다고 본다. John Murray, *The Epistle to the Romans, vol.1* (Grand Rapids: Eerdmans,1959), 213.

6 John Murray, *The Epistle to the Romans*, vol.1, 213.

하거나 부정하지 않는다. 바울은 죄에 대해 죽었다는 사실을 상기시킴으로써 그리스도인의 자기 인식을 새롭게 하고 이를 근거로 윤리적 삶을 살아가도록 촉구하고 있다. 그리스도인이 죄에 대해 죽었다는 사실을 분명히 이해할 때 죄에 거하는 것이 얼마나 불합리한 일인지 자각하게 되고 죄로부터 떠나게 될 것이다.

죄에 대해 죽었다는 바울의 말은 '이미 그러나 아직 아니'라는 바울의 신학적 구도 속에서 이해할 수 있다. 신자는 이미 죄에 대해 죽은 자이다. 그러나 삶의 현장에서는 아직 죄로부터 완전히 자유롭지 못하다. 따라서 성령의 도우심 가운데 영으로써 몸의 행실을 죽이는 삶을 신자는 계속해야 한다(롬 8:13). '이미 그러나 아직 아니'의 긴장 속에서 그리스도인은 윤리적 책임과 과제를 안게 된다. 죄에 대해 죽은 자라는 자기 인식을 가지고 아직 완성되지 못한 죽은 자의 삶을 살기 위해 힘쓰는 것이다.

죄에 대해 죽었다고 할 때 죄는 개별적인 죄보다는 죄의 지배와 주권 또는 세력으로 이해해야 한다고 주장하는 학자들이 많다.[7] 개별적 죄를 범하지 말아야 한다는 의미도 있겠지만 죄의 지배와 주권으로부터 해방되었다는 의미에 초점이 있다는 것이다. 바울은 죄에 대해 말하면서 죄를 세력이나 지배의 개념으로 사용하는 것을 볼 수 있다. 로마서 5:21에서는 죄를 사망 안에서 왕노릇하는 자로 묘사한다. 6:14에서는 "죄가 너희를 주장하지 못할 것"이라고 말한다. 죄에 대해 죽었다는 것은 죄의 세력이

---

7 Thomas R. Schreiner, *Romans*, BECNT (Grand Rapids: Baker, 2018), 307; 더글라스 무, 《로마서의 신학적 강해》(서울: 크리스찬출판사, 2007), 175.

나 지배로부터 해방된 것을 의미한다. 그러나 신자는 여전히 죄의 영향력을 완전히 벗어나 있지 않다. 죄로부터의 완전한 자유와 해방은 종말적 구원의 완성과 함께 이르게 될 미래적 축복이다. '이미와 아직 아니' 사이의 긴장 관계 속에 있는 이 땅의 그리스도인은 로마서 6:12의 말씀처럼 죄가 왕노릇하지 못하도록 윤리적 결단을 가지고 실제로 죄를 범하지 않도록 영적 싸움을 계속해야 한다. 왜냐하면 그리스도인은 이미 죄에 대해 죽은 자이기 때문이다.

예수와 함께 죽음에 참여함

그리스도인이 죄에 대해 죽었음을 설명하기 위해 바울은 그리스도께서 십자가에서 죽으신 것을 언급한다. 그리스도가 십자가에서 죽을 때 신자도 그와 연합하여 함께 십자가에서 죄에 대해 죽었다고 말한다. "우리의 옛 사람이 예수와 함께 십자가에 못 박힌 것은"(6:6). 이것은 갈라디아서 2:20을 연상케 한다. "내가 그리스도와 함께 십자가에 못 박혔나니." 바울은 자신이 그리스도와 함께 십자가에 못 박힌 사실을 인식하고 있고, 다른 그리스도인에게도 이 사실을 동일하게 적용한다.

로마서 6:10에서 바울은 그리스도의 죽음은 죄에 대한 죽음이라고 말한다("그가 죽으심은 죄에 대하여 단번에 죽으심이요", 6:10). 그러므로 그리스도와 연합하여 죽은 그리스도인도 6:2에서 말한 것처럼 죄에 대하여 죽은 자가 되는 것이다("죄에 대하여 죽은 우리", 6:2). 그리스도와 함께 십자가에 못 박혀 죄에 대해 죽었다는 자의식을 갖는 것이 신자의 새로운 삶의 기초가 된다.

그리스도가 죄에 대하여 죽으신 것은 그에게 죄가 있었기 때문이 아니다. 그리스도는 죄가 없으신 분이다. 그와 연합한 신자들이 죄에 대해 죽고 죄의 권세로부터 자유하게 하기 위해 그는 죄에 대해 죽으셨다. 아담 이래 죄의 권세는 온 인류를 지배해 왔다. 죄는 사망 안에서 왕노릇했다(5:21). 예수 그리스도는 죄에 대해 죽음으로써 죄의 권세를 극복하셨다. 그리스도와 함께 죄에 대해 죽은 신자는 그리스도와 함께 죄의 지배에서 벗어난다. 그러므로 그리스도의 십자가는 신자의 윤리의 근거가 된다. 십자가를 바라볼 때 신자는 그리스도와 함께 죄에 대해 죽은 자로서 죄의 지배를 벗어나 죄와 상관없는 삶을 살아가야 할 것을 다짐하게 된다.

바울은 그리스도와 연합한 성도의 죽음의 두 가지 의미를 제시한다. 첫째는 칭의에 관한 것이다. 예수 그리스도의 죽음은 죄의 대가를 치른 것이다. 그러므로 그와 연합하여 죽은 자는 죄에서 벗어나 의롭다 함을 얻는다고 바울은 설명한다(6:7). 그리스도와 함께 십자가에서 죽은 성도는 그리스도로 인해 의롭다 함을 받는다. 죄의 대가는 치러졌고 결코 정죄함이 없다. 따라서 바울은 로마서 8:1에서 "그리스도 예수 안에 있는 자에게는 결코 정죄함이 없나니"라고 선언한다.

둘째는 성화 또는 윤리적 삶에 관한 것이다. 그리스도와 연합한 성도의 죽음은 의롭다 함을 받는 칭의에만 연관된 것이 아니다. 6:2에서 바울은 "죄에 대하여 죽은 우리가 어찌 그 가운데 더 살리요"라고 질문한다. 삶의 문제, 행함의 문제를 다루고 있는 것이다. 예수 그리스도와 연합한 성도의 죽음은 의롭다 함을 얻게 할 뿐 아니라 더 이상 죄에 거하지 않는 삶을 살아가야 한다는 당위성을 제공한다.

십자가에 못 박힌 옛 사람

바울은 로마서 6:6에서 그리스도와 연합한 성도의 죽음의 의미를 또다시 설명한다. 바울은 "우리의 옛 사람이 예수와 함께 십자가에 못 박힌 것은 죄의 몸이 죽어 다시는 우리가 죄에게 종노릇하지 아니하려 함"이라고 말한다. 목적은 분명하다. 성도가 죄에게 종노릇하지 않도록 그리스도는 성도와 함께 십자가에서 죽으셨다.

제임스 던은 '옛 사람'을 아담의 시대에 속한 사람들, 즉 그리스도 이전 시대에 속하고 옛 언약에 속하는 사람들이라고 보았다.[8] 옛 사람은 그리스도와 함께 십자가에 못 박히고 그리스도 안에서 신자는 새로운 피조물로 다시 태어난다(고후 5:17). 예수와 함께 십자가에 못 박힌 것은 단순한 '사람'이 아니고 '옛 사람'인

8 James D. G. Dunn, *Romans 1-8*, WBC, vol. 38A (Dallas: Word Books, 1988), 318.

데, 이는 단순한 '몸'이 아닌 '죄의 몸'이며 멸해져야 할 몸을 가리킨다.

'죄의 몸τὸ σῶμα τῆς ἁμαρτίας'을 존 머리는 신체적 유기체를 나타내는 것이라고 해석하는데, '죄의 몸'은 인간의 신체적 몸을 의미하기보다는 부패한 원리, 경향성, 사욕, 정욕의 전체적인 조직을 의미하는 것으로 보는 것이 타당할 것이다.[9] 칼뱅도 이것을 살과 뼈를 의미하는 것으로 보지 않는다.[10] 헨드릭슨W. Hendriksen은 '죄의 몸'이란 표현은 '죄에 의해서 지배되는 인간성의 전체'를 의미하는 것 같다고 말하며, 이것은 중생의 은혜와는 관계없는 인간 본성에 대한 언급임이 분명하다고 본다.[11] 바울은 6:6에서 신자는 죄와 결정적으로 결별한 존재임을 다시 한번 강조한다. 이것은 그리스도와 연합하여 그리스도와 함께 십자가에 못 박힘으로 가능하게 된 것이다. 그리스도와 연합하여 함께 죽은 신자는 더 이상 죄의 종노릇할 수 없다는 것이 바울의 주장이다.

로마서 6:7은 당시의 노예제도에서 온 것이 분명하다("이는 죽은 자가 죄에서 벗어나 의롭다 하심을 얻었음이라"). 죽은 노예는 그의 부채를 탕감받고 그 주인의 지배권에서 영원히 놓이는 것처럼, 죄에 대해 죽은 자는 죄의 사면을 받고 죄의 지배권에서 자유를

9 Murray, *The Epistle to the Romans*, 220.

10 존 칼뱅, 《칼뱅성경주석 7》, 존칼뱅성경주석출판위원회 편역(서울: 성서교재간행사, 1993), 189.

11 William Hendriksen, *Exposition of Paul's Epistle to the Romans* (Grand Rapids: Baker,1980), 198.

얻는다. 이것이 의롭게 되는 과정이다.[12] 6:7은 그리스도와 함께 한 죽음이 칭의의 근거가 됨을 말하는 본문이다. 그리스도와 함께한 죽음은 이와 같이 칭의를 말하는 본문인 7절과 윤리를 말하는 본문인 6절에 교차적으로 사용되고 있다. 칭의와 윤리는 모두 그리스도의 죽음에 근거를 둔다. 의롭게 된다는 것은 법정적 의미를 가진다. 법정적 의미로서 의롭게 된 신자는 도덕적 의미로도 의롭게 되어야 한다. 따라서 크랜필드는 바울에게 있어서 칭의는 불가피하게 도덕적인 의미를 가지고 있다고 말하며, 무는 로마서 6장이 명백히 "'도덕적인' 의는 불가피하게 법정적인 의를 뒤따르는 것"임을 말하고 있다고 본다.[13]

세례와 연합

바울은 세례를 이용하여 그리스도와 연합한 성도의 죽음을 설명한다. 로마서 6:3에서 바울은 "그리스도 예수와 합하여 세례를 받은 우리는 그의 죽으심과 합하여 세례를 받은 줄을 알지 못하느냐"라고 말한다. 바울은 그리스도와 연합하는 방편으로 세례를 제시한다.

바울이 언급하는 세례에 대한 다양한 해석이 있다. 로이드

12 이상근, 《신약주해 로마서》(대구: 성등사, 1966), 166.

13 C. E. B. 크랜필드, 《로마서 주석》, 이용주·문선희 역(서울: 로고스, 2003), 198; 더글라스 무, 《로마서의 신학적 강해》, 70.

존스Lloyd-Jones는 바울이 여기서 말하는 세례는 물세례보다는 성령세례를 의미한다고 해석하고, 제임스 던은 세례 의식으로부터 도출한 상징적 의미에 초점을 둔다. 무는 바울이 "세례 주다"라는 표현을 쓸 때 일반적으로 물세례를 지칭한다고 본다(고전 1:13, 14, 15, 16(두 번), 17; 12:13; 15:29; 갈 3:17). 슈라이너는 이상과 같은 학자들의 입장을 정리하면서 로마의 신자들은 바울이 세례에 대해 언급할 때 틀림없이 물세례를 생각했을 것이라 말한다.[14] 물세례는 그리스도를 믿는 자들의 입회 의식으로 일반화되어 있었기 때문이다.[15] 그러나 그는 더 나아가 바울이 물세례와 성령세례를 느슨하게 연결하고 있을 가능성도 언급한다. 물세례와 성령세례를 확연히 구분하는 존 스토트John Stott의 입장에 대해 슈라이너는 바울이 본문에서 물세례를 생각하고 있을 것이라는 스토트의 견해를 옳다고 인정하면서도 성령세례를 물세례와 완전히 분리하는 그의 입장에는 동의하지 않는다. 바울에게 있어서 물세례는 성령세례와 분리되지 않는다는 것이다. 고린도전서 12:13에 근거해서 슈라이너는 로마서 6:3-4에서 물세례와 성령세례를 별개의 것으로 분리하는 것은 바울에 대한 합당한 이해가 아니라고 본다. "우리가 유대인이나 헬라인이나 종이나 자유인이나 다 한 성령으로 세례를 받아 한 몸이 되었고 또 다 한 성령을 마시게 하셨느니라"(고전 12:13).[16]

14 Schreiner, *Romans*, 308-310.

15 Schreiner, *Romans*, 309.

16 Schreiner, *Romans*, 308-310.

그리스도와의 연합의 방편으로 바울은 세례를 제시하고 있는데, 세례는 그리스도의 죽으심에 들어가는εἰς 것이며(롬 6:3), 그리스도의 죽으심 안으로 세례를 받음으로써 신자는 그와 함께 장사된다(롬 6:4). 무가 말하듯, 세례는 그리스도의 죽음과 장사에 우리를 연결하는 도구가 된다.[17] 바울은 물에 들어가고, 잠기고, 다시 올라오는 것을 상징적인 면에서 죽음과 장사와 부활과 연결하는 듯 보이기 때문에 일차적으로 바울은 로마서 6:3-4에서 물세례와 그 의미를 염두에 두고 있는 듯하며 성령세례는 물세례와 분리될 수 없지만 본문에 직접적으로 언급하고 있지는 않다.

"그리스도 예수와 합하여εἰς" 세례를 받았다는 것은 그리스도와 연합하는 세례를 의미한다.[18] "모세에게 속하여" 세례를 받은 것은(고전 10:2) 모세의 제자가 되는 세례 또는 모세의 율법이 열거하는 특권에 참여하는 세례이다. 이와 마찬가지로 그리스도와 합하여 세례를 받는다는 것은 그리스도와의 연합을 말하며 그리스도가 구체화하신 모든 특권에 참여함을 가리킨다.[19] 세례가 의미하는 그리스도와의 연합은 중보자로서 그가 하신 모든 일에 그와 연합함을 의미한다. 그러므로 세례가 의미하는 그리스도와의 연합은 먼저 그의 죽으심에서 그리스도와의 연합을 의미하게 된다.[20]

---

17 Douglas Moo, *The Letter to the Romans*, 380.

18 Murray, *The Epistle to the Romans*, 214.

19 Murray, *The Epistle to the Romans*, 214.

20 Murray, *The Epistle to the Romans*, 214.

로마서 6:3에서 바울은 "알지 못하느냐"라는 질문으로 시작함으로써 독자들이 바울이 이어서 언급할 세례의 의미에 대해 이미 알고 있음을 암시한다. 세례를 받을 뿐 아니라 세례의 의미를 알고 있는 모든 신자는 죄에 거할 수 없는 자이다. 따라서 신자의 윤리의 근거는 '죄에 대한 죽음'인데, 이것을 가능하게 하는 것은 그리스도와의 연합이며, 그리스도와의 연합은 세례를 통해 이루어진다. 그렇다면 세례받은 신자는 죄와 결별한 윤리적 삶을 살아야 할 당위성을 갖게 된다.

세례와 믿음

그리스도와의 연합의 방편으로 제시되고 있는 세례는 세례를 효력 있게 하는 믿음에 의미가 있다. 사도 시대에는 그리스도에 대한 신앙을 고백하자마자 세례를 주었음이 분명하다.[21] 오늘날에도 세례는 믿음의 고백에 따라 시행된다. 세례는 그리스도에 대한 믿음의 외적 표현이다.[22] 골로새서 2:11-13이 보여주듯 바울은 세례와 믿음을 연결한다(특히 12절 "너희가 세례로 그리스도와 함께 장사되고 또 죽은 자들 가운데서 그를 일으키신 하나님의 역사를 믿음으로 말미암아 그 안에서 함께 일으키심을 받았느니라"). 그리스도에 대한 신앙은 세례의 본질적인 요소였다. 믿음이 없이는 적절한 말씀과 더

21 사도행전 10:48, 16:33.

22 이 점에서 물세례는 성령세례와 긴밀히 연결된다.

불어 세례를 받아도 그것은 그리스도와 연합하게 하는 참된 세례라고 보기 어렵다.[23] 그리스도의 죽음과 연합하게 하는 세례는 믿음 안에서만 가능하다.

새 생명 가운데 행함

그리스도 안으로 세례를 받아 그리스도와 연합한 신자는 그리스도와 함께 죽고 함께 장사된다(6:3-4). 장사는 죽음을 확인하고 입증해 주는 말로서 죽음을 가리키는 하나의 양식으로 죽음과 장사가 함께 나타난다(참고, 고전 15:3-4).[24]

그리스도와 함께 죽고 장사된 이유는 우리가 윤리적 삶을 살기 위해서라고 바울은 말한다. "우리로 또한 새 생명 가운데서 행하게 하려 함이라"(6:4). 그리스도의 죽으심은 신자를 죄에서 구하기 위한 것뿐 아니라 새 생명 가운데 행하게 하려는 목적이 있다. 그러므로 새 생명 가운데 행하지 않는 것 즉 도덕적 삶의 부재는 그리스도의 죽음과 부활에 진정으로 연합한 것이라고 볼 수 없다. 그리스도인의 세례는 옛 생활 질서가 끝나고 그것이 그리스도 안에 있는 생명의 새 질서에 의하여 대치되었다는 것을 확인하는 표시이기 때문이다.

신자가 새 생명 안에서 행한다는 것은 단지 생명을 소유하

23 F. F. 브루스, 《틴델주석 로마서》, 권성수 역(서울: 예수교 문서선교회, 1980), 149.

24 Schreiner, *Romans*, 310.

고 있음을 가리키는 것이 아니라 신자로서의 활동을 영위하는 것을 가리킨다.[25] 즉 신자로서 윤리적 삶을 살아야 할 것을 말한다. 그리스도와 연합한 죽음과 장사는 죄로부터 자유로워졌으니 이제 어떻게 살아도 상관없다는 반율법적 삶을 조장하는 것이 아니라 죄에서 벗어났으니 이제 새로운 생명 가운데 행해야 한다는 삶의 원리를 제시해 준다.

그리스도와 연합된 부활

신자의 새로운 삶은 그리스도의 부활에 기초한다. 바울은 "이는 아버지의 영광으로 말미암아 그리스도를 죽은 자 가운데서 살리심과 같이 우리로 또한 새 생명 가운데서 행하게 하려 함이라"(롬 6:4)라고 말한다. 그리스도인의 새로운 삶은 그리스도의 죽음과 장사에 연합하는 것에 근거할 뿐 아니라 부활에 연합하는 것에도 근거한다. 바울은 로마서 6:5에서 "만일 우리가 그의 죽으심과 같은 모양으로 연합한 자가 되었으면 또한 그의 부활과 같은 모양으로 연합한 자도 되리라"라고 말한다. 여기서 기초를 이루고 있는 사상은 그리스도의 죽음과 부활에는 불가분의 연결이 있다는 것이다.[26]

바울은 신자가 세례를 통해 그리스도의 죽음에 연합하게

25 Murray, *The Epistle to the Romans*, 290.

26 Murray, *The Epistle to the Romans*, 218.

된다면 또한 그의 부활에도 연합하게 된다고 말한다(6:5). 바울이 우리가 "그의 부활과 같은 모양으로 연합한 자도 되리라ἐσόμεθα" 라고 했을 때 사용한 미래 동사를 어떻게 이해해야 하는가? 더글라스 무는 바울이 미래 동사를 통해 언급하는 부활이 신자가 미래에 경험하게 될 육체적 부활이라고 해석한다.[27] 그러나 여기서 부활은 그리스도 재림 때의 육체적 부활을 의미하기보다 새 생명 가운데 행하는 새로운 삶으로의 부활을 의미하는 것으로 볼 수 있다. 문맥상으로 볼 때 그리스도와 연합해서 죽은 신자의 죽음은 실제적인 신자의 육체적 죽음을 의미하지 않는다. 따라서 6:5에서 바울이 그리스도와 연합한 부활을 말할 때 미래에 경험하게 될 육체적 부활을 의미하기보다는 그리스도인이 현재 살아가야 할 새로운 삶의 영역으로의 전환을 의미하는 것으로 볼 수 있다. 죽음과 부활에 대해 또다시 언급하고 있는 6:11-12에서 바울은 죽음과 부활을 각각 죄에 대한 죽음, 하나님께 대한 살아남으로 묘사한다. 바울이 죽음을 죄와의 관계 속에서 설명하고 부활을 하나님과의 관계 속에서 설명하고 있는 것을 볼 때 로마서 6:5에서 부활을 추상적 개념으로 사용했을 가능성이 있다. 바울이 미래에 경험하게 될 육체적 부활을 부인한다고 볼 수는 없다. 육체적 부활은 반드시 일어날 역사적 사건이다. 그러나 그리스도의 죽음과 부활에 연합한 신자의 실존에 주는 현재적 의미라는 관점에서 죽음은 죄의 지배 영역에서 해방되는 것이고 부

27 Moo, *The Letter to the Romans*, 395.

활은 새 삶의 영역에 새롭게 태어나는 것을 뜻하는 개념으로 볼 수 있다.

존 머리는 이에 대해 통찰력 있는 지적을 한다. 사도는 지금 여기서 우리의 신체적 죽음과 부활을 다루고 있는 것이 아니라 죄에 대한 우리의 죽음과 영적 생명에 대한 우리의 부활을 다루고 있다고 강조한다.[28] 헨드릭슨도 그의 로마서 주석에서 6:5이 미래의 육체적 부활에 대한 언급이라는 주장은 배격되어야 한다고 지적하고 있다.[29] 머리는 "연합한 자도 되리라we shall be"(6:5)라는 미래 시제는 확실성을 가리키는 것이라고 주장하며 참고 구절로 로마서 5:17과 19절을 제시하고 있다. 바울은 신자가 그리스도와 죽음에 연합해서 죄에 대해 죽었듯이 부활에도 연합하여 새로운 삶으로 살아가게 될 것을 확신하고 있다. 바울이 골로새서 3:1에서 신자가 다시 살리심을 받았다고 말할 때 육체적 부활을 의미하지 않는다는 사실은 명백하다. 바울은 골로새 성도들에게 그들이 그리스도와 함께 다시 살리심을 받았으면 위의 것을 찾으라고 권면한다. 위의 것을 생각하고 땅의 것을 생각하지 말라고 권면하면서 음란과 부정과 사욕과 악한 정욕과 탐심을 물리치라고 말한다. 이미 신자는 그리스도와 함께 죽고 다시 살리심을 받은 자이다. 세례로 신자는 그리스도의 부활에 연합했고 그 부활의 능력을 현재의 삶 속에 체험하며 새 생명 가운데 살아가야 한다. 그러므로 그리스도와 연합하여 그와 함께

28 Murray, *The Epistle to the Romans*, 218.

29 Hendriksen, *Exposition of Paul's Epistle to the Romans*, 197.

참여한 부활은 신자가 이 땅에서 지금 살아가야 할 윤리적 삶의 이유가 된다.

죄에 대한 죽음과 하나님께 대한 삶: 신자의 자화상

로마서 6:10에서 바울은 그리스도의 죽으심을 가리켜 "그가 죽으심은 죄에 대하여 단번에 죽으심이요 그가 살아 계심은 하나님께 대하여 살아 계심"이라고 말한다. '단번에'에 해당하는 '에파팍스ἐφάπαξ'는 죄에 대한 그리스도의 죽음의 완결성과 영원성을 강조하기 위해 사용되었다.

그리스도의 죽으심과 부활은 그리스도인의 자화상을 형성한다. 로마서 6:11에서 바울은 "이와 같이 너희도 너희 자신을 죄에 대하여는 죽은 자요 그리스도 예수 안에서 하나님께 대하여는 살아 있는 자로 여길지어다"라고 촉구한다. 여기서 바울은 신자가 두 가지 종류의 자기 인식을 가져야 한다고 일깨운다. 첫째는 '죄에 대하여 죽은 자'라는 인식이고, 둘째는 '하나님께 대하여 산 자'라는 인식이다. '죄에 대하여 죽은 자'라는 말은 6:2와 연관된다("죄에 대하여 죽은 우리가 어찌 그 가운데 더 살리요"). 그러므로 죄에 대하여 죽은 자로 자신을 인식하라는 말은 죄 가운데 거하지 말라는 명령을 함축한다. 그리스도와 함께 죄에 대해 죽었다는 서술은 죄에 거하지 말라는 윤리적 명령을 동반한다. 마찬가지로 하나님께 대하여 산 자로 자신을 인식하라는 말은 하나님께 합당한 신자의 삶을 살아가라는 윤리적 명령을 함축한다. 루이스 스미디즈Lewis B. Smedes는 하나님께 대하여 산다는 것은 "새로운 삶의 원리, 새로운 목적, 그리고 새로운 방향을 얻는다는 사실을 의미한다"고 설명한다.[30] 그리스도와 연합하여 부활한 신자는 새로운 삶의 원리를 가지고 새로운 목적과 방향을 향해 그리스도 안에서 살아가야 한다.

죄가 아니라 하나님께 드려야

예수 그리스도의 죽음과 부활에 근거해서(6:10) 죄에 대하여 죽고 하나님께 대하여 살았다는 자기 인식을 가져야 할 것(6:11)을 설명한 바울은 로마서 6:12-14에 이르러 결론적으로 윤리적 삶을 살아가라고 명령한다. 12절의 '그러므로οὖν'는 12절 이전과 이후 본문의 논리적 연관성을 설명해 준다. 따라서 12절 이전 본문은 12절 이후에 주어지는 윤리적 삶의 근거를 밝혀 준 부분임을 알 수 있다. 그 윤리적 삶의 근거는 그리스도와의 연합이었다. 그리스도와의 연합은 그리스도의 죽음과 부활에 동참하게 했고 그 결과 죄에 대하여 죽음으로써 죄의 권세에서 벗어나게 했으며 하나님께 대하여 살게 했다. 이것은 신자에게 윤리적 삶을 명령하는 근거가 된다. 그리스도와 연합하여 죄에 대해 죽은 자는

30 루이스 B. 스미디즈, 《바울의 그리스도와의 연합사상》, 오광만 역(서울: 여수룬, 1991), 150.

죄의 지배에서 벗어났기 때문에 죄는 더이상 신자의 왕이 아니다. 그러므로 왕노릇하지 못하게 해야 한다는 것이다. 죄에 대해 죽었으므로 더이상 죄에 거할 수 없다는 것이다.

바울은 13절에서 죄의 종에서 해방되었으니 새로운 주인이신 하나님의 종으로 하나님께 헌신하라는 새로운 윤리적 명령을 준다. 신자는 소극적으로는 신체적 기관을 죄짓는 일에 사용하지 말아야 하고 적극적으로는 '지체'를 하나님께 의의 무기로 드려야 한다(롬 6:13). 쥬엣은 신자가 죄의 지배 아래 있는 것은 의도적으로 하나님과 전쟁하는 것이며 그리스도 안에서 경험한 구속redemption을 부인하는 것이라고까지 말한다.[31] 그리스도와 함께 죽고 부활한 신자는 지체를 하나님의 의를 이루는 무기로 드려야 한다.

* * *

칼뱅은 "그리스도가 우리 밖에 계시고 우리가 그와 분리되어 있는 한, 그가 인류의 구원을 위해 받으신 모든 고난과 하신 모든 일이 우리에게는 쓸모없고 무가치한 것으로 남는다는 것을 이해해야 한다"고 말함으로써 그리스도와의 연합의 중요성을 설명하고 있다.[32] 로마서 6:1-14에서 바울은 그리스도와 연합한 죽음과 삶을 통해 그리스도인의 윤리적 삶의 근거가 무엇인지를 설명한

31 Robert Jewett, *Romans*, Hermeneia (Minneapolis: Fortress, 2007), 410.

32 존 칼뱅, 《영한 기독교 강요》, 제3권(서울: 성문출판사, 1990), 8.

다. 은혜로 구원받은 사람들이 은혜를 더하게 하려고 죄에 거하지 않고 윤리적 삶을 살아야 할 근거가 무엇인가 질문하는 사람들에게 바울은 신자가 그리스도와 함께 죄에 대해 죽었다는 사실을 상기시키며 그 의미를 설명한다. 죄에 대한 죽음은 죄와의 관계 단절이며 죄의 통치의 종식이다. 그러므로 신자는 죄에 거할 수 없다.

이러한 죽음은 그리스도와의 연합에 의해 가능하며 연합을 가능하게 하는 것은 믿음의 표현인 세례이다. 세례로 그리스도와 연합한 신자는 죄에 거할 수 없다. 그리스도와 연합되어 죄에 대해 죽는 것은 칭의의 근거가 되며(6:7) 동시에 성화의 이유가 된다. 그리스도의 죽으심뿐 아니라 부활도 신자가 새로운 삶을 살아가야 할 이유이다. 예수 그리스도의 부활은 하나님께 대하여 살아계심이며 신자를 새 생명 가운데 행하게 하기 위한 부활이다(6:4, 10). 신자는 미래의 육체적 부활을 믿고 기다릴 뿐 아니라 오늘의 삶 속에서 그리스도와 함께 부활한 자로서 하나님께 대한 새로운 삶을 살아간다.

죄에 대해 죽은 그리스도인은 죄의 통치로부터 자유하게 되었으나 여전히 죄의 영향을 받는다. 이 점에서 매일 매일의 순종적 결단이 요구된다. 의의 무기로 날마다 지체를 하나님께 드리는 그리스도와 연합된 삶이 신자의 윤리적 삶이다. 바울은 신자에게 두 가지 자기 인식을 갖도록 촉구한다. 그리스도와 함께 죄에 대하여 죽었고 그리스도와 함께 하나님께 대하여 살아 있다는 인식이다. 예수 그리스도를 믿음으로 의롭게 된 신자들에게 바울은 새로운 삶을 살아가야 한다고 가르친다.

Q
07

Q 07

"오호라 나는 곤고한 사람이로다" 탄식하는 '나'는 누구인가

로마서 7:14-25

로마서 7:14-25을 중생한 그리스도인의 경험을 묘사하는 것으로 보는 해석적 입장은 아우구스티누스 이후 칼뱅과 루터가 취한 견해이며 개혁파 전통 안에서 널리 받아들이고 있는 입장이다. 그러나 현대의 바울학자들 가운데 많은 사람은 이 견해와 달리 이 본문을 다양한 방식으로 해석하여 율법 아래 있는 유대인,[1] 아담 안에 있는 인간,[2] 또는 이와 관련하여 비그리스도인의 절망적 상태, 바울의 중생 이전의 과거 경험 등을 묘사하는 것으로 설명하려는 경향이 있다. 이 장에서는 로마서 7:14-25이 바울의 자전적 고백을 통해 그리스도인의 경험을 묘사한다는 관점을 재고찰하고, 이 본문이 그리스도인의 현재적 삶에 주는 의미를 생

---

1 Douglas J Moo, *The Epistle to the Romans* (Grand Rapids: Eerdmans, 2018), 471-475.

2 Ben Witherington, *Paul's Letter to the Romans: A Socio-Rhetorical Commentary* (Grand Rapids: Eerdmans, 2004), 194-95; 문병구, "생명의 회복과 완성을 갈망하는 인간: 로마서 7장 7-25절에 대한 해석학적 연구," 《신약논단》 15(2008): 407-29.

각해 보려 한다.

다양한 해석적 견해들

최갑종은 로마서 7:14-25에 나오는 '나'의 정체성 문제는 신약성경의 최고 난제 중 하나라고 지적하며 다양한 견해와 그 쟁점을 간단히 잘 정리하고 있다.[3] 로마서 7장의 '나'를 많은 주석가 및 목회자가 바울을 포함한 보편적 인류 일반을 가리키는 것으로 보지만 보편적 인간이 신자인지 불신자인지는 교부 시대 이후 최근까지 의견의 일치를 보이지 못함을 지적하면서, 최갑종은 어떤 사람은 7장의 '나'를 아담 이후 그리스도와 성령 없이 율법과 죄의 권세 아래 사는 (회심 이전의 바울과 유대인 일반을 포함하여) 모든 불신 인류라고 주장한다는 점을 소개하고 그 대표적 학자로서 베커J. C. Beker, G. 보른캄Bornkamm, 불트만R. Bultmann, 케제만, 큄멜W. G. Kümmel, 호크마A. J. Hoekma, 람브레흐트J. Lambrecht, 리더보스H. Ridderbos, 슈툴마허, 이한수, 홍인규를 거론한다.[4] 반면에 어떤 사람들은 '나'를 사도 바울을 포함하여 성화 과정에 있는 모든 신자(유대인을 포함하여)라고 주장한다는 것을 소개하며,

---

3 최갑종, 《로마서 듣기: 온 세상을 향한 기독교 복음의 진수》(서울: 대서, 2009), 318-21; 장종현, 최갑종, "바울과 인간: 로마서 7:7-25에 관한 연구," 《사도바울: 그의 삶, 편지, 그리고 신학》(서울: 기독교연합신문사, 2001), 426-49; 이 주제에 대한 다양한 견해를 다루고 논평한 저술로는 다음을 참고하라. Terry L. Wilder, ed., *Perspectives on Our Struggle with Sin: 3 Views of Romans 7* (Nashville: B & H Academic, 2011).

4 이 학자들의 문헌 정보에 대해서는 최갑종, 《로마서 듣기》, 320쪽 각주 185를 참고하라.

최갑종은 그 대표적 학자로는 크랜필드, 던, 나이그렌A. Nygren, 패커J. I. Paker, 바렛, 머리, 웬함David Wenham, 모리스, 사이프리드, 라토T. Laato, 오성종, 조병수를 예로 든다.[5]

최갑종은 같은 교단이나 같은 신학교 내에서도 입장이 다르다는 것을 흥미 있게 대조한다. 예장통합 장로교회의 이상근 박사는 '나'를 불신자로 보지만 곽선희 목사는 중생한 신자로 보고 있고, 예장합동 장로교회의 옥한흠 목사는 '나'를 중생한 신자로 보지만 이한수 박사는 불신자로 보고 있는 것[6], 리젠트 칼리지Regent College의 제임스 패커는 '나'를 중생한 신자로 보는 반면에 고든 피G. D. Fee는 불신자로 보려 한다는 것을 소개했다.[7] 이처럼 '나'에 대한 서로 다른 견해가 평화롭게 공존하고 있는 것은 알 수 있다.

그러나 최갑종은 '나'를 불신자 일반으로 보는 견해도 따르지 않고 신자 일반으로 보는 입장도 따르지 않으며, '나'는 "다메섹 사건을 통하여 그리스도인이 된 바울이 그리스도인의 현재적

---

5 문헌 정보에 대해서는 역시 최갑종, 《로마서 듣기》, 320쪽 각주 186을 참고하라. 오성종 교수는 로마서 7:14-25은 비중생인이 율법과 죄 아래서 갈등하는 비참한 모습을 묘사하는 것이 아니라 성령이 아닌 율법으로 살아가는 신자의 일반적 상황을 '나'를 통해 묘사한다고 본다. 그러나 그는 2011년 10월 28일 학회에서 필자와 대화하면서 '나' 속에 바울은 포함되지 않는 것으로 보아야 한다는 견해를 피력했다. '나'에 대한 오성종 교수의 연구를 참고하려면 다음을 보라. 오성종, "롬 7:14-25에서의 '나'의 해석," 《신약신학 저널》 7(2001): 368-94.

6 예장합동 교단의 김길성 교수 역시 이한수 교수와 다르게 '나'를 그리스도인 바울의 체험을 묘사한 것으로 보며 그리스도인의 성화를 다룬 것으로 해석한다. 김길성, "로마서 7:14-25절과 성화의 교리," 《신학지남》 61/1(1994): 119-37; 김길성, "로마서 7:14-25과 성화의 교리 (II)," 《신학지남》 61/2(1994): 112-27.

7 최갑종, "롬 7, 8장에 나타난 '율법'과 '성령'의 역할: 7:7-25의 '나'의 정체성을 중심으로," 《신약 연구》 2(2003): 88. 참고, J. I. Packer, "The 'Wretched Man' Revisited: Another Look at Romans 7:14-25," in *Romans & The People of God*, Sven K. Soderlund & N. T. Wright, eds. (Grand Rapids: Eerdmans, 1999), 70-81.

관점에서 한때 율법을 통한 의와 성화를 추구해 왔던 바리새파 유대인으로서의 자신을 포함하여 지금도 여전히 과거의 자신처럼 그리스도와 성령 없이 율법을 통한 의와 성화를 추구하는 자신의 동족 유대인의 모습을 대변해 주고 있다"고 밝히면서, 자신과 같은 입장으로 에슬러Esler와 라이트를 제시하고 있다.[8] 이런 입장은 더글라스 무의 입장이기도 하다. 무는 7:14-25은 비중생자의 상태를 묘사하는 것이며, 특히 바울이 모세의 율법 아래 있던 자신과 유대인을 그리스도인의 관점에서 회고하는 것이라고 본다.[9]

최갑종은 현재의 견해를 가지게 된 과정을 밝히고 있다. 칼빈신학교와 리폼드신학교에서의 초기 유학 시절에는 '나'를 구원받은 그리스도인으로 보았지만 프린스턴신학교와 덴버대학교, 아일립신학대학원에서의 후기 유학 기간에는 입장을 바꾸게 되었다고 설명한다. 후기 유학 기간에 신약학계에 새롭게 제기된 '바울에 대한 새 관점 운동New Perspective on Paul'과 '제삼의 역사적 예수 연구Third Quest'에 대해 검토하고 바울의 서신들을 연구하면서 로마서를 새롭게 보게 되었다고 밝히고 있다.[10] 오성종은 최갑종의 이와 같은 변화의 과정에 대해 "열린 마음으로 진지하게 진리를 탐구하는 학자들이 가지는 공통적인 자세"로서 긍

8 최갑종, 《로마서 듣기》, 335-36; 최갑종, "롬 7, 8장에 나타난 '율법'과 '성령'의 역할," 92.

9 Douglas J. Moo, *The Letter to the Romans* (Grand Rapids: Eerdmans, 2018), 471-474.

10 최갑종, "롬 7, 8장에 나타난 '율법'과 '성령'의 역할," 91-94.

정적인 평가를 내린다.[11] 나 역시 깊은 학문적 연구 끝에 용기 있게 자신의 견해를 바꾸었던 최갑종 교수의 학문적 열정과 학문적 정직성에 경의를 표하고 싶다.

이처럼 로마서 7:14-25에 대한 해석은 다양하며, 한 학교나 교단 내에서도 다른 견해를 가진 사람들이 공존하고 있고, 한 학자의 경우에도 연구의 단계에 따라 견해가 바뀔 수 있는 매우 복잡한 연구 주제임을 알 수 있다.

지금도 로마서 7:14-25을 읽는 많은 성도, 그리고 설교하며 연구하는 목회자들과 학자들 사이에 이 본문을 어떻게 이해하며 설교해야 할 것인가를 두고 고민이 많다. 목회자들에게 "로마서를 어떻게 설교할 것인가"를 가르치는 'How 주석 시리즈'의 《로마서 어떻게 설교할 것인가》에서 조병수는 로마서 7:7-25을 바울의 자전적 진술로 설명하고 있으며 14-25절을 중생한 그리스도인이 성화의 과정에서 겪는 경험으로 해석한다.[12] 설교자들은 이 부분을 읽고 이 본문을 정상적인 그리스도인이 성화 과정에서 겪는 갈등으로 설교하려 할 것이다. 그러나 같은 책에서 한천설의 설명을 읽고 나면 또 혼란에 빠지게 된다. 한천설은 7:14-25이 정상적인 그리스도인의 실존 상황을 묘사한다고 볼 수 없다고 주장하며 율법 아래 있는 아담적 인류 즉 그리스도 밖에 있는 인류의 절망적 상태를 묘사한다고 설명한다.[13] 이것은

---

11 최갑종 교수의 논문 "롬 7, 8장에 나타난 '율법'과 '성령'의 역할"에 이어 오성종 교수의 논평이 게재되어 있다. 《신약 연구》 2(2003): 130-34.

12 조병수, 《로마서 어떻게 설교할 것인가》(서울: 두란노 아카데미, 2007), 89-96.

13 한천설, 《로마서 어떻게 설교할 것인가》, 275-91, 특히 278-81.

이한수의 입장이기도 하다. 이한수는 로마서 7:14-25이 정상적인 그리스도인의 삶을 그리고 있는 것이 아니라고 주장하며, 이것은 율법의 지배 아래 놓여 있는 아담적 인간을 기독교적 전망에서 묘사하는 것이라고 본다.[14]

이와 같은 다양한 견해와 해석적 진보 가운데 나의 입장은 무엇인가? 최갑종의 설명을 예로 든다면, 나는 아직 최갑종 교수의 초기 유학 시절의 단계에 머물러 있다고 고백할 수밖에 없다. 다시 말해서 '나'를 구원받은 그리스인으로 보는 단계이다. 최갑종 박사와 다른 여러 훌륭한 학자들의 진보된 견해를 고민하면서도 아직은 설득되지 않고 있는 상태다.

따라서 이 장에서는 7:14-25이 그리스도인의 경험을 묘사한다는 관점에서 본문을 고찰해 보려 한다. 이 본문에 대한 연구가 진전되다 보면 새로운 견해로 나의 생각도 바뀌게 될지 모르겠다. 성경 본문에 대한 진지한 해석의 결과로서 말이다. 그러나 그 전에 지금 버리지 못하고 있는 '나'는 그리스도인 바울이라는 관점에서 본문을 다시 한번 살펴보기를 원한다. 위에서 언급했듯이 7:14-25에 대한 다양한 견해가 공존하는 한국 복음주의신학계에 이 주제에 대한 글을 쓰는 것은 조심스러운 일이기도 하다. 그러나 다른 견해를 가진 학자들이 서로의 견해를 존중하며 성숙한 논의를 할 수 있는 장을 마련하는 데 이 글이 조금이나마 기여할 수 있기를 바란다.

---

14 이한수, "롬 7:14-25 '계속되는 좌절'의 그리스도인 생활인가?," 《그리스도인과 성령》(서울: 총신대학교출판부, 1991), 184-207, 특히 206-207.

그리스도인 바울의 현재적 경험이라는 관점에서 본 7:14-25

먼저 로마서의 발신자와 7:14-25의 '나'에 대해 간략히 고찰하고, 그 후에 이 본문을 그리스도인 바울의 현재적 경험으로 볼 수 있는 근거들을 중심으로 논의를 전개하려 한다.

로마서의 발신자와 '나'

로마에 보내는 편지인 로마서의 발신자는 사도 바울이다.[15] 그러므로 7:14-25에서 발신자가 일인칭으로 표현한 '나'를 저자인 바울로 보는 것은 가장 자연스러운 독법이다. 로마서의 수신자인 로마 교회의 성도들 역시 바울이 '나'라는 일인칭을 쓸 때 '나'를 서신의 발신자인 바울로 받아들였을 가능성이 높다. 그뿐 아니라 오늘날 이 본문을 읽는 일반 성도들도 '나'를 자연스럽게 바울로 인식하며 그리스도인으로서 자신이 경험하는 문제로 받아들이는 것을 많이 보게 된다. 이 장에서는 따라서 '나'를 로마서의 저자인 바울, 즉 주후 57년경에 고린도에서 본 서신을 쓰고 있는 바울로 보는 자연스러운 관점에서 7:14-25을 살펴보며 본문의 의미를 분석해 나가려 한다.[16]

---

15 바울이 로마서의 저자라는 견해에 대해 심각하게 도전하는 학자들은 거의 없다. Thomas R. Schreiner, *Romans* (Grand Rapids: Baker, 2018), 2.

16 바울은 제3차 전도여행이 끝날 무렵 그리스에서 석 달을 머물게 되는데 이때 로마서를 기록한 것으로 여겨진다(행 20:3). 기록 시기와 장소에 대한 상세한 논의는 Moo, *The Letter to the Romans*, 2-3을 참고하라.

로마서의 발신자인 바울은 예수 그리스도의 종이며 사도로 부르심을 받아 로마에 있는 성도들에게 편지를 쓰고 있는 중생한 그리스도인이다(롬 1:1, 7).[17] 물론 7:14-25의 '나'는 발신자인 바울이 아니라는 입장을 가진 학자들이 있다. 그러나 그와 같은 견해를 증명할 책임은 그들에게 있다. '나'를 발신자인 바울로 보는 자연스러운 독법이 심각한 문제를 초래하지 않는 한, 본문에 등장하는 '나'를 발신자인 바울로 보는 것은 가장 안전한 접근법이다.[18]

로마서에서 일인칭 '나'의 사용

바울은 로마서 여러 곳에서 일인칭 어미 또는 일인칭 대명사 '나ἐγώ'를 사용하는데, 이것은 발신자인 바울 자신을 가리키는 것이다. 로마서 1:8에서 바울은 수신자들에게 '나'의 하나님께 나는 감사한다εὐχαριστῶ τῷ θεῷ μου고 말하고 있는데, 그 이유는 '너희' 믿음이 온 세상에 전파되기 때문이다. 수신자인 '너희'와의 관계 속에서 '나'는 발신자인 바울 자신이다.

로마서 1:15에서 일인칭 대명사 '나ἐμὲ'를 사용하여 '나'는 할 수 있는 대로 로마에 있는 '너희ὑμῖν τοῖς ἐν Ῥώμῃ'에게도 복음

---

17 7:14-25의 '나'를 바울 자신으로 보는 견해도 '나'를 그리스도인 바울로 볼 것인가, 중생 이전의 바울로 볼 것인가로 나누어진다. 본 글은 로마서의 발신자인 바울이 수신자들을 향해 일인칭 단수로 '나'라고 할 때 서신을 쓰고 있는 현재의 자신을 가리킨다고 보는 것이 자연스러우므로 '나'는 그리스도인이며 사도인 바울이라는 관점에서 논의를 전개하려 한다.

18 Karl Deenick 역시 7:24의 "곤고한 사람"은 다름 아닌 바울 자신이라고 주장한다. Karl Deenick, "Who is the 'I' in Romans 7:14-25?," *The Reformed Theological Review* 69/2(2010): 129-30.

전하기를 원한다고 말할 때 '나'는 발신자인 바울 자신이다οὕτως τὸ κατ' ἐμὲ πρόθυμον καὶ ὑμῖν τοῖς ἐν Ῥώμῃ εὐαγγελίσασθαι. 1:16에서도 일인칭 동사를 사용하여 "나는 복음을 부끄러워하지 않는다οὐ γὰρ ἐπαισχύνομαι τὸ εὐαγγέλιον"라고 말하며, 로마에 있는 '너희'에게 복음 전하기를 원하는 이유를 고백적으로 표현하는 사람은 발신자인 바울 자신이다.[19]

우리의 연구 대상인 로마서 7:14-25에는 '나'를 나타내는 일인칭 동사들(예, "나는 알지 못한다οὐ γινώσκω", 7:15) 외에도 일인칭 대명사 ἐγώ가 6번 사용되었고(14, 17, 20[2번], 24, 25), ἐμοὶ가 5번(17, 20, 18, 21[2번]), μου가 4번(18, 23[3번]), με가 2번(23, 24), μοι가 1번(18) 사용되었다.[20] 7:14-25에서 가장 많이 사용된 일인칭 대명사 형태는 ἐγώ인데 7장 이외에서는 로마서 9:3, 10:19, 11:1, 11:13, 11:19, 12:19; 14:11, 15:14, 16:4, 16:22에서 사용되었다.[21] 이들 중에서 9:3, 11:1, 11:13, 15:14, 16:4에서 ἐγώ는 발신자인 바울을 가리키고 있다. 좀 더 구체적으로 살펴보면 9:3에서 자신이 저주를 받아 그리스도에게서 끊어질지라도 골육의 친척을 구원하기 원하는 ἐγώ는 바울 자신이다. 하나님이 자기 백성을 버리시지 않았음을 자신을 예로 들며 설명할 때 '나'도 이스라엘 사람이라고 말할 때 사용된 ἐγώ는 바울 자신을 가리킨다. 자신이

19 바울은 로마서 1:14-17에서 복음 전하기를 원하는 이유를 논리적으로 밝히고 있다. 자세한 내용은 본서 "Q4. 바울은 왜 복음 전하기 원하는가?: 로마서 1:14-17"을 참고하라.

20 로마서 7장에서 ἐγώ가 사용된 다른 곳은 9절과 10절이다. 각각 한 번씩 사용되었다.

21 이상에서 제시한 인칭대명사의 등장 횟수와 장절은 BibleWorks 8.0 (2009 BibleWorks)의 검색 기능을 활용하였다.

이방인의 사도임을 강조하며 11:13에서 ἐγώ를 사용하여 가리키는 대상도 발신자인 바울 자신이다. 이처럼 7:14-25에서 가장 많이 사용하는 일인칭 대명사 ἐγώ를 바울은 로마서의 다른 곳에서 자신을 가리키는 말로 사용하고 있다.

물론 바울은 로마서에서 ἐγώ를 자신이 아닌 다른 존재를 가리키기 위해 사용하는 경우가 있다. 로마서 7장 이외에서 나오는 총 10번의 ἐγώ 가운데 10:19, 11:19, 12:19, 14:11, 16:22은 ἐγώ를 사용하여 다른 사람을 가리키는 경우이다. 그러나 이처럼 ἐγώ를 사용하여 다른 존재를 가리키는 경우에 바울은 수신자들이 ἐγώ가 바울 자신을 가리키는 것이 아님을 분명히 알 수 있게 하는 수사적 장치를 제공함으로써 수신자들의 혼란을 방지하고 있다. 다음과 같은 경우에 사용된 ἐγώ는 비록 '나'이지만 바울이 아니다. 구체적으로 살펴보면 다음과 같다.

10:19 먼저 모세가 이르되 내가ἐγώ 백성 아닌 자로써 너희를 시기하게 하며.

11:19 그러면 네 말이 가지들이 꺾인 것은 나로ἐγώ 접붙임을 받게 하려 함이라 하리니.

12:19 기록되었으되 원수 갚는 것이 내게 있으니 내가ἐγώ 갚으리라고 주께서 말씀하시니라.

14:11 기록되었으되 주께서 이르시되 내가ἐγώ 살았노니 모든 무릎이 내게 꿇을 것이요.

16:22 이 편지를 기록하는 나ἐγώ 더디오도 주 안에서 너희에

게 문안하노라.

바울은 ἐγώ가 자신을 가리키는 것이 아닌 경우에는 그와 같은 사실을 명백히 드러내는 수사적 장치로서 "모세가 이르되", "네 말이", "기록되었으되…주께서 말씀하시니라", "기록되었으되 주께서 이르시되", "(나) 더디오"를 제공하고 있다.

로마서 7:14-25의 경우에는 발신자인 바울은 ἐγώ를 사용하면서 일인칭 대명사 ἐγώ가 자신을 가리키는 것이 아님을 수신자들에게 알리려는 어떤 수사적 장치도 드러내지 않는다. 이미 보았듯이 그러한 장치를 드러내지 않는 경우, 특히 (이스라엘의 구원을 위한 고뇌와 같은) 고백적 문맥에서 바울은 ἐγώ를 자신을 가리키기 위해 사용하고 있다. 따라서 7:14-25이 명백히 '나'라는 일인칭 대명사를 사용하고 있고 저자가 일인칭 '나'를 사용하여 자신이 아닌 다른 사람을 가리킨다는 분명한 수사적 장치를 제공하지 않는 한, '나'를 발신자인 바울이 아닌 제3의 대상으로 해석하는 것은 성경 본문의 명백한 문자적 계시를 왜곡할 위험성이 있다.

7:14-25의 나ἐγώ에 대한 다양한 해석학적 대안들이 제시되어 온 것이 사실이다. 여러 가지 신학적, 구조적, 문맥적 접근을 통해 성경 본문의 "나"를 편지를 쓰고 있는 현재적 바울이 아닌 다른 것으로 보려는 시도가 있어 왔지만 언제나 조심스럽게 진행되어야 할 것이다. 본문의 명백한 문자적 계시가 권위 있게 보존되도록 하는 것이 우선순위가 되어야 하기 때문이다. 위에

서 설명한 것처럼 7:14-25에서 발신자인 바울은 로마서의 다른 본문에서 자기 자신을 가리킬 때 사용했던 ἐγώ를 그대로 사용하여 고백적 내용을 진술하고 있으며, 자신을 가리키지 않는다는 것을 드러내는 수사적 장치를 다른 본문에서처럼 사용하고 있지 않다는 점은 신중히 고려되어야 한다. 그러므로 본문에서 저자인 바울이 명백히 제시하고 있는 '나'를 바울이 아니라고 보려는 해석학적 입장은 본문의 문자적 계시를 다르게 해석하기 위한 증명의 부담을 안고 있다고 볼 수 있다.

'우리-나-너-우리'를 통한 공동 경험에 대한 진술

바울은 7:7-13에서 율법은 죄가 아니며 율법은 거룩하고 선하다고 주장했다. 율법 자체가 사망의 원인은 아니다(7:13). 근본 문제는 죄에 있다. 죄가 계명을 이용하여 나를 속이고 그것으로 나를 죽였다고 했다. 14절에 이르러 바울은 앞 단락의 내용을 결론적으로 요약한다: 우리가 율법은 영적인 줄 안다πνευματικός.

7:14에서 율법이 영적이라는 것을 아는 자들은 '우리Οἴδαμεν'이다. 로마의 성도들과 바울은 공동의 지식을 현재 소유하고 있음을 나타낸다.[22] 이어지는 '나'에 대한 바울의 진술 역시 로마의 성도들이 현재 소유하고 있는 지식과 관련되어 있음을 암시한다. 바울은 "우리는 안다…그러나 나는…"이라는 구조로

---

22 Leon Morris, *The Epistle to the Romans*, PNTC (Grand Rapids: Eerdmans, 1988), 290; Mark A. Seifrid도 7:14은 바울과 그의 청중이 공유하고 있는 확신을 표현하고 있다고 본다. Mark A. Seifrid, *Justification by Faith: The Origin and Development of a Central Pauline Theme* (Leiden: Brill, 1992), 233.

'우리'에서 '나'로 급격히 전환한다. "우리는 안다. 그러나 우리는…"이라고 할 수 있는 어법을 바울은 "우리는 안다. 그러나 나는"이라고 바꾼 듯하다. 14절 후반부에서 바울이 '우리'에서 '나'로 바꾼 것은 수신자들에게 '나'라는 화법을 사용하여 서로 공감하는 내용, 즉 우리의 이야기를 좀 더 생동감 있게 전하려는 바울의 수사적 기법이 아닌가 생각된다. '우리' 대신 '나'를 사용함으로써 14절부터 진술하는 내용, 즉 하나님의 법을 지키는 데 실패하는 연약한 모습을 로마 성도들이 아닌 자신에게 먼저 적용하여 설명함으로써 동일한 경험을 하고 있는 수신자들의 마음을 열고 그들의 공감을 끌어내려는 바울의 의도가 있어 보인다.

로마 교회에 편지하면서 바울은 매우 조심스럽고 치밀하게 자신과 수신자들의 관계를 우호적으로 형성하려고 노력하며 자신에 대한 오해를 불식시키고 자신의 복음을 설명하려 하는데, 이것은 로마서 서두에서도 관찰할 수 있다.[23] 이런 조심스러움과 치밀한 목회적 고려에서 바울은 '우리'를 '나'로 전환시켜 7:14 이하의 논의를 전개하는 것으로 볼 수 있다. 그러므로 '나'는 일차적으로 바울 자신이지만 바로 앞에서 말한 '우리'와 크게 다르지 않다("우리가 알거니와 나는"). 수신자인 로마 성도들은 '나' 속에서 자신들을 볼 수 있었을 것이며, 이것은 바울의 의도였을 것이다. 이 사실은 바울이 '우리'-'나'-'너'-'우리'로 7:14-25뿐 아니라 8장에서 인칭대명사를 전환하며 그의 논의를 전개하고 있는 것에

23 좀 더 자세한 논의는 본서 "Q02. 로마서 서두의 특징과 기능은 무엇인가?: 로마서 1:1-7"을 참고하라.

서 알 수 있다.

바울은 '우리'라는 표현을 통해 율법이 영적이라는 공동 지식을 가지고 있음을 천명한 후(7:14), '나'로 전환하여(7:14-25) 하나님의 법을 즐거워함에도 불구하고 지키지 못하는 자신의 연약함과 고뇌, 정죄됨('사망의 몸', 7:24)을 설명한 후, 그 고뇌와 정죄됨(즉, 24절에서 '사망'으로 표현된)에도 불구하고 이제 그리스도 예수 안에 있는 자에게는 정죄됨이 효력이 없고 죄와 사망의 법으로부터 자유하다는 것을 8장에서 설명한다. 그때 바울은 '나'에서 대상을 '너'로 전환한다(8:2, "너를 해방하였음이라"). 이와 같은 인칭대명사의 전환은 바울이 7:14-25에서 '나'를 통해 일차적으로는 자신에 대해 말하고 있지만 궁극적으로는 로마 성도들에게 '나'를 통해 자신들(즉, '너'를)을 보게 했던 것을 암시한다. 7:14-25에서 '나'의 문제를 들려준 후에 8장에서 그 해결책을 '너'라는 인칭대명사를 통해 로마 성도들에게 제시하고 있기 때문이다.

영적인 율법과 육적인 나

7:14에서 율법은 영적이라는 공동 지식을 언급한 후에("우리가 알거니와") 바울은 대조적으로 '나'는 육적이며σάρκινός 죄 아래 팔렸다고 진술한다. 육적이며 죄 아래 팔렸다는 것은 '나' 즉 바울 자신을 설명하는 말이지만 율법이 영적이라는 공동 지식을 가진 로마서의 수신자들도 공동으로 경험하는 것을 바울이 '나'를 통해 제시하는 듯하다는 것은 이미 언급하였다. 그러면 나는 육적이며 죄 아래 팔렸다는 것을 어떻게 이해할 것인가?

7:14-25이 그리스도인 바울의 경험일 수 없다고 주장하는 사람들은 바울이 그리스도인을 '육적이며 죄 아래 팔렸다'고 표현할 수 있겠는가 하고 반문한다. 바울이 6:17-18에서 그리스도인은 더이상 죄의 종이 아니라고 했기 때문이라는 것이다. 따라서 7:14-25의 '나'는 그리스도인 바울이 아니라 아담 안에 있는 인류 또는 율법을 가진 유대인을 가리키는 것으로 보려고 한다. 그러나 이러한 해석을 유도하는 본문의 암시를 찾기 어렵다. '나'를 바울이 아닌 다른 대상으로 보기보다는 비록 모순되어 보일지라도 바울이 왜 그리스도인인 자신을 '육적이며 죄 아래 팔렸다'고 말하는가를 질문하는 것이 바울의 본문에 충실한 접근법으로 생각된다.

'나는 육신에 속하여 죄 아래 팔렸다'는 것은 그리스도의 종이며 사도인 바울이 여전히 육적이며 죄의 영향력 아래 놓여 있는 자신의 실존적 상태를 묘사한 것으로 볼 수 있다. (죄 아래) 팔렸다는 것은 전쟁에서 패한 사람들이 종으로 팔리는 모습을 상기시키며 종의 이미지를 사용하는 것인데, 바울이 6:16-23에서 묘사한 죄의 종의 모습을 압축하여 표현하고 있는 말이다.[24] 6:16-17에서 바울은 '누구에게 순종하든지 그 순종함을 받는 자의 종이 되는 줄을 알지 못하느냐'라고 말하며 '너희는 죄에게서 해방되어 의에게 종이 되었다'고 했다. 이제는 너희 지체를 의에게 종으로 내주어 거룩함에 이르라고도 권면했다(6:19). 그러나

24 James D. G. Dunn도 '죄 아래 팔렸다'는 것을 종의 이미지가 두드러진 6:16-23과 연결한다.

바울은 여전히 육적이며 죄의 종이 된 자신의 모습을 발견한다. 바울은 그리스도인이 된 후에는 완전히 죄와 상관이 없이 거룩한 삶을 살고 있다고 말하지 않는다. 제임스 던은 바울의 이와 같은 모습을 신자이면서 옛 시대old epoch 또는 아담의 시대epoch of Adam에 속한 모습이라고 본다.[25] 바울은 옛 시대와 새 시대, 아담의 시대와 그리스도 시대 사이의 긴장 관계 속에 놓여 있다. 던은 바울이 두 시대에 동시에 속해 있기 때문으로 보았다.

'나'의 현재 상황에 대한 묘사

7:14-25에서 바울은 현재 시제를 사용하고 있는데, 이것은 7:1-13과 확연한 차이를 보여 준다. 7:7-13에는 9번 과거 시제 동사가 사용되었고 7:14-25에는 26번 현재 직설법 일인칭 동사가 사용되었다.[26] 7:1-13은 그리스도와 연합하여 이미 성취된 일을 보여주며 율법과 죄의 관계를 설명한다. 반면에 7:14-25은 현재 그리스도인으로 살아가는 '나'의 실존적 상황을 현재 시제로 묘사하고 있다. 그리스도인은 죄에 대해 죽었고(6:20) 죄에서 벗어나 의롭다 함을 얻었다(6:7). 율법에 대해 이미 죽임을 당했고(7:4) 율법에서 벗어나(7:6) 그리스도에게 갔다(7:4). 그럼에도 불구하고 현재 자신을 돌아볼 때 그리스도인 바울 속에는 죄가 거하고 있다(7:17). 죄에 대하여 죽었고 죄에서 벗어났기 때문에 6:12에서 "죄가 너희 죽을 몸을 지배하지 못하게 하"라고 했지만

25 James D. G. Dunn, *Romans 1-8* (Dallas: Word Books, 1988), 388.

26 Schreiner, *Romans*, 383.

바울이 현재적 관점에서 자신을 볼 때 여전히 죄의 종인 모습을 발견하는 모순을 경험한다.

7:14-25이 '나'의 현재적 경험을 묘사하는 것이 아니라는 견해를 가진 학자들은 현재 시제가 시간적인 의미는 없고 동작의 양태를 보여주는 것이라는 점을 지적한다. 장해경 역시 그와 같은 입장이다. 장해경은 바울의 현재 시제의 사용은 단지 사실적인 효과를 위한 문체상의 고안이라고 보았다. 따라서 7:14-24a과 25b절은 현재 시제로 7:5의 내용을 세밀하게 재현하는 것에 불과하다고 해석했다.[27] 스탠리 포터Stanley E. Porter를 인용하며 여러 사람이 현재 시제가 반드시 '현재' 시간을 나타내기 위해서 사용되는 것은 아니라는 점을 지적했다. 장해경이 지적한 것처럼 바울은 현재 시제를 현재를 나타내기 위해서가 아닌 단순히 문체상의 현재 시제로 사용하는 경우가 있는 것도 사실이다. 그러나 로마서 7장의 경우 단순한 문체상의 차이라고 간단히 설명하고 넘어가기에는 7:1-13과 7:14-25의 시제 차이는 너무나 확연하고 대조적이다. 아무런 의미상의 차이 없이 바울은 1-13에서 9번 과거 시제 동사를 사용한 후 14-25절에서 26번 현재직설법 동사를 사용했을까? 현재 시제는 단순히 생동감 있게 사실적으로 표현하기 위해 사용한 것이라면 앞에서 사용한 과거 시제는 생동감 있게 의미를 전달하지 못하는가 하는 질문이 생길 수도 있다.

---

27 장해경, "변증법적 긴장 속에 사는 크리스천의 삶?: 로마서 7:7-25를 재고하며," 《성경과 신학》 39(2006): 73.

대니얼 월리스는 현재 시제가 가진 양태적 측면과 시간적 측면을 동시에 설명한다. 시간적 측면에 대해서 월리스는 다음과 같이 설명한다. "현재 직설법indicative은 일반적으로 현재 시간present time을 가리킨다. 그러나 그것은 때때로 (예를 들어, 각각 역사적 현재와 격언적 현재의 경우에) 현재 시간이 아니거나 그것보다 폭이 넓을 수 있다."[28] 월리스는 현재 시제 특히 7:14-25에서 26번 사용되고 있는 현재직설법의 현재적 시간 개념을 배제하지 않는다. 이런 관점에서 본다면 1-13과 14-25에서 확연히 대조적으로 나타나는 시제의 전환, 즉 과거에서 현재로의 전환, 다시 말해서 14-25에서 바울이 사용하고 있는 현재직설법은 바울이 그리스도인의 현재적 경험을 묘사하기 위해 사용한 의도적 전환으로 볼 수 있다.

현재직설법의 현재적 시간 개념을 강조하지 않더라도 학자들 대부분은 현재 시제의 진행적(on-going 또는 progressive) 양상을 인정한다. 마크 사이프리드는 본문의 현재 시제는 죄의 종이 된 인간의 형편condition 또는 상태state를 강조한다고 설명한다.[29] 이런 관점에서 본다면 바울은 죄의 종에서 해방되었지만 여전히 죄의 종으로 있는 '나'의 형편과 상태를 강조하기 위해 현재직설법을 강조적으로 사용하고 있다고 볼 수 있다. 이와 같은 관점에서 볼 때 7:14-24a과 25b을 7:5의 단순한 반복이며 해설로 보기

28 Daniel B. Wallace, *Greek Grammar beyond the Basics* (Grand Rapids: Zondervan, 1996), 516-39, 특히 514. 이탤릭체는 월리스가 강조한 것임.

29 Seifrid, *Justification by Faith*, 234-35.

보다는 7:5의 선언에도 불구하고 아직 죄의 정욕으로부터 완전히 자유롭지 못한 나의 현재적 모습을 솔직히 묘사하고 있는 부분으로 보는 것이 좋을 듯하다.

7:14-25에서 사용되는 현재 시제를 바울의 현재적 경험에 대한 진술로 보기보다는 그리스도인 바울이 현재적 관점에서 그리스도인이 되기 이전 율법 아래 있던 자신과 율법 아래 있는 유대인 또는 인류 전체를 묘사하고 있다고 보는 견해도 있다. 그러나 현재 시제에 대한 이와 같은 해석은 기발하기는 하지만 납득하기는 쉽지 않다. 로마서에 기록된 바울의 진술 중에 그리스도인 바울의 현재적 관점에서 기록되지 않은 부분이 있을까 의문시되기 때문이다. 또한 이런 주장은 매우 추상적이어서 본문을 통해 입증하기도 쉽지 않다. 로마서의 발신자는 바울이며 로마서는 바울이 현재 예수 그리스도의 종이며 사도의 관점에서 로마의 성도들에게 쓴 편지이다. 그러므로 7:14-21에서 바울이 현재 시제로 '나'에 대해 쓰고 있는 것은 바울이 자신의 실존적 상태를 수신자인 로마 성도들(즉 '우리')에게 묘사하고 있는 것으로 볼 수 있다.

그리스도인과 율법의 관계: 그리스도인은 율법과 상관이 없는가?

바울은 7:4에서 그리스도인은 율법에 대하여 죽임을 당했다고 했고 7:6에서는 율법에서 벗어났다고 했다. 그런데 7:14-25에 나타나는 '나'는 율법을 지키기를 원하는 '나'요 그럼에도 지키지 못하는 '나'이다. 바울이 7:4, 7:6, 8:2("죄와 사망의 법에서 너를 해방하였음이라")에서 그리스도인이 율법에서 해방되었다고 했기 때문에 율법을 지키기 위해 노력하는 7:14-25의 '나'를 그리스도인으로 보는 것은 모순이라는 견해가 있다. 그러므로 이것은 정상적인 그리스도인의 실존 상황이 아니라는 것이다.[30]

그러나 이러한 해석이 바울이 설명하는 그리스도인과 율법의 관계를 충분히 반영하고 있는지 재고해 볼 필요가 있어 보인다. 다시 말하면 그리스도인은 율법에 대해 죽임을 당했으니 율법을 지키지 않아도 된다고 바울은 주장하는가? 그리스도인은 율법에서 벗어났기 때문에 7:22에서 하나님의 법을 즐거워하는 '나'는 그리스도인일 수 없으며 모세의 율법 아래 있는 유대인이어야 하는가? 또는 율법은 유대인에게만 주어졌기 때문에 율법에 관한 논의에서 그리스도인은 배제되어야 하는가?

바울은 율법에 대해 죽임을 당한 그리스도인인 "우리가 믿음으로 말미암아 율법을 파기하느냐"라고 질문하고 나서 "그럴 수 없느니라 도리어 율법을 굳게 세우느니라"(롬 3:31)라고 대답한다. 바울에게 있어서 율법은 여전히 그리스도인의 삶의 규범으로 작용하고 있다. 8:7에서 바울은 그리스도인이 하나님의 법에 굴복해야 할 당위성을 말하고 있고 영으로서 하나님의 법에 굴복하라고 촉구한다("육신의 생각은 하나님과 원수가 되나니 이는 하나님의 법에 굴복하지 아니할 뿐 아니라 할 수도 없음이라", 롬 8:7). 그러므로

30 한천설, "성령을 좇아 행하는 사람이 되라: 로마서 7-8장 주해와 적용," 279.

7:22에서 '내 속 사람으로는 하나님의 법을 즐거워한다'고 고백하는 '나'는 8:7에서 말하는 그리스도인이며 여전히 율법에 순종해야 할 그리스도인이다. 그리스도인은 율법에 대하여 죽었고 율법에서 벗어났다고 말하면서도 바울은 여전히 하나님의 법을 지켜야 할 그리스도인들의 삶에 대해 7:14-25에서 설명하고 있다. 그러므로 바울이 그리스도인은 율법에 대해 죽고 율법에서 벗어났다고 말했기 때문에 바울이 율법을 지키려고 애쓰며 하나님의 법을 즐거워하는 '나'에 대해 말할 때 이것은 그리스도인에 대한 것이 아니라 율법 아래 있는 유대인에 대한 묘사라고 보는 것은 바울신학의 역동성과 다양성을 고려할 때 합당하지 않아 보인다.

모세의 율법이 모든 사람에게 주어진 것이 아니라는 관점에서 7장의 '나'를 이스라엘에 대한 묘사로 해석하려 하는 것도 7장의 문맥을 충분히 고려하지 않은 것으로 보인다. 바울은 이미 율법을 모든 사람, 특히 로마의 성도들을 포함한 모든 그리스도인과 관련된 것으로 보고 있다. 7:4에서 그리스도 안에서 율법에 대해 죽임을 당하였다고 바울이 말하고 있는 대상은 로마에 있는 성도들, 다시 말해 대부분이 이방인들로 구성된 로마의 성도들이다. 로마의 이방인 성도들에게 바울은 7:5에서 그들이 육신에 있을 때는 율법으로 말미암는 죄의 정욕이 그들 지체 중에 역사하여 사망을 위하여 열매 맺게 하였지만 이제는 율법에서 벗어났다고 말한다. 바울이 7장에서 율법을 이방인에게까지 연결하여 설명하고 있는 것을 볼 때 바울이 율법이라는 단어를 사용한다는 것 때문에 율법을 이스라엘에게만 국한하여 해석해야 한다는 더글라스 무의 주장은 설득력이 약하다.[31]

"이미 그러나 아직 아니"

'이미 그러나 아직 아니'의 관점은 7:14-25에서 바울이 '나'를 통해 그리스도인으로서의 자신의 경험을 묘사하고 있다는 사실을 잘 설명해 준다. 바울과 로마의 성도들은 과거에 이미 죄에 대하여 죽은 자들이어서 더이상 죄 가운데 살 수 없는 자들이다(6:2-'이미'). 그러나 그들은 아직 죄의 영향에서 완전히 자유롭지 못하다(7:15-'아직 아니'). 7:15에서 바울은 "미워하는 것을 행"한다고 고백한다. 원리적으로는 죄에 대하여 죽었기 때문에 바울은 "어찌 그 가운데 더 살리요"라고 말한다(6:2). 그러나 그 가운데 살기를 원하지 않는 그의 소원과 다르게 자신 안에 존재하는 죄와 죄의 영향력을 바울은 부인하지 않는다. 그래서 바울은 "오호라 나는 곤고한 사람이로다"(7:24)라고 탄식할 수밖에 없고 악을 행할 때 "이를 행하는 자는 내가 아니요 내 속에 거하는 죄"(7:20)라고 말할 수밖에 없다.

이것을 더글라스 무가 자주 사용하는 것처럼 통치 영역의 전환으로 설명한다면 그리스도인은 옛 영역에서 새 영역으로 전환된 사람이다. 그리스도인은 아담 안에 있던 옛 사람에서 그리스도 안에 있는 새 사람(5:12-21)으로 전환된다. 죄의 종(6:17, 20)

---

31 이와 연관된 율법과 이방인에 대한 논의는 본서 "Q05. 이방인은 율법의 영역에서 제외되는가?: 로마서 3:19"을 참고하라.

에서 의의 종(6:17, 20)으로 전환된다. 육신에 의해 지배되던 사람(7:5)에서 영에 의해 지배되는 사람(7:6, 8장)으로 바뀐다. 더글라스 무는 비록 7:14-25이 그리스도인의 현재적 삶을 묘사하는 것으로 보지 않지만[32] 그리스도인의 영역 전환에 관련해서는 그리스도인이 새 영역으로 옮겨질 때 옛 영역이 완전히 사라지는 것은 아니라고 옳게 관찰한다.[33] 무는 옛 영역은 역사의 끝에 그리스도께서 영광 가운데 다시 오실 때까지 계속될 것이고 여전히 그리스도인의 생각과 행동의 방식에 영향을 끼칠 능력을 가지고 있다고 본다. 그러므로 그리스도인은 새로운 영역에 속한 자로서 살아가지만 옛 영역의 영향력을 경계해야 한다고 지적한다. 그러므로 7:14-25은 새 영역에 속한 '나'에게서 아직 사라지지 않은 옛 영역에 대한 '나'의 탄식이라고 볼 수 있다.

원하는 것과 원하지 않는 것 사이의 대립

두 시대 또는 두 영역 사이의 긴장 관계가 로마서 7:15에 묘사되었다: "내가 행하는 것을 내가 알지 못하노니 곧 내가 원하는 것은 행하지 아니하고 도리어 미워하는 것을 행함이라"(롬 7:15). 이러한 긴장 관계는 바울의 논의 전반에 나타난다. 바울은 선을 행하기를 원한다는 것을 15절("원하는 것"), 18절("원함은 내게 있으나"), 19절("내가 원하는 바 선은"), 21절("선을 행하기 원하는 나")에서 반복해서 강조한다. 반면에 악을 행하기를 미워하고 원하지

32 더글라스 무는 '나'를 율법의 지배 아래 있는 중생하기 전의 유대인으로 해석한다.

33 Douglas J. Moo, *Encountering the Book of Romans* (Grand Rapids: Baker, 2002), 115.

않는다는 것을 15절("미워하는 것"), 16절("원하지 아니하는 그것"), 19절("원하지 아니하는 바 악을"), 20절("원하지 아니하는 그것")에서 강조한다. 원하는 것과 미워하는 것이 이처럼 분명하게 대립이 되지만 바울은 원하는 것을 행하지 않고 원하지 않는 것 즉 미워하는 것을 행하는 자신을 발견한다.[34] 15절에서 내가 원하는 것은 행하지 아니하고 도리어 미워하는 것을 행한다고 고백하고, 19절에서도 내가 원하는 바 선은 행하지 아니하고 도리어 원하지 아니하는 바 악을 행한다고 고백한다.

이와 같은 긴장 관계에 대해 바울이 갈등하며 괴로워하는 것을 "내가 행하는 것을 내가 알지 못하노니"(7:15)라는 말에서 찾아볼 수 있다. '알지 못한다οὐ γινώσκω'는 것은 '내가 승인하지 않는다I do not approve'[35]라는 의미로서 지적으로 '내가 하는 행동을 모른다'는 의미보다는 선을 행하기 원하면서도 악을 행하는 자신의 행동에 대한 당혹감perplexity을 가리키는 듯하다.[36] 알지 못한다는 것은 그러므로 바울이 미워하는 것을 행하면서도 스스로 책임을 회피하기 위해 하는 말이 아니라 당혹감의 표현이다.

바울은 16절에서 율법이 선하다는 것에 동의한다. 그는 그것을 행하기를 원한다(15). 당혹감 속에서 바울은 자신 안에 거하

34 원하는 것과 대조하여 바울은 원하지 않는 것을 다른 말로 '미워하는 것'(15)이라고 표현하여 원하지 않음을 매우 강조하고 있다.

35 피츠마이어는 이것이 아우구스티누스의 해석이라고 소개한다. Joseph A. Fitzmyer, *Romans: A New Translation with Introduction and Commentary*, AB 33 (New York: Doubleday, 1993), 474.

36 자신의 행동에 대한 당혹감을 가리킬 가능성에 대해 Leon Morris도 소개하고 있다. Morris, *The Epistle to the Romans*, 291.

는 죄를 발견하게 된다: "이제는νυνὶ 이것을 행하는 자가 내가 아니요 내 속에 거하는 죄니라"(7:20). 원함과 달리 원하지 않는 것을 행하는 자신을 보면서 원하지 않는 것을 행하는 자는 더이상 οὐκέτι 내가 아니요 내 속에 거하는 죄라고 말한다(17).[37] 바울은 자신 안에 죄가 거한다는 말을 통해 자신이 완전히 죄와 상관없는 삶을 살고 있지 않다는 것을 시인한다. 바울은 원치 않는 것을 행할 가능성을 말한다. 여전히 두 영역 사이의 긴장 관계 속에 있으며 '이미 그러나 아직 아니'의 긴장 속에 있다. 그러나 분명한 것은 이런 긴장 속에 있지만 '나'는 선을 행하기를 원하고 하나님의 법을 즐거워한다는 것이다.

하나님의 법을 즐거워하고 선을 행하기 원하는 나

바울은 '나'는 선을 행하기를 원하고(7:21) 속사람으로는 하나님의 법을 즐거워한다고 말한다(7:22). 위에서 언급한 대로 선을 행하기를 원하는 바울의 모습은 15, 18, 19절에도 나타난다. 바울은 하나님의 법을 즐거워하는 자신의 속사람을 발견한다. 이것은 중생한 그리스도인으로서 바울의 고백이 분명하다. 존 머리는 이것은 비중생자의 고백일 수 없다고 본다.[38] 8:7에서 육신의 생각은 하나님과 원수가 된다고 했는데, '원수'라는 것은 즐거워하는 것의 반대개념이라는 것이다. 머리는 하나님과 원수된

---

37 크랜필드에 의하면 νυνὶ와 οὐκέτι는 시간적 의미보다는 논리적 의미로 사용되었다. C. E. B. Crandfield, *Romans 1-8*, ICC (London: T & T Clark, 1975), 360.

38 John Murray, *The Epistle to the Romans*, vol 1 (Grand Rapids: Eerdmans, 1959), 257.

다는 것은 하나님의 법과 원수가 된다는 것을 내포한다고 보고 있다. 중생한 그리스도인은 하나님의 법을 즐거워하며 순종하기를 원한다.

바울은 또한 악을 행하기를 원치 않는다(7:16, 19, 20). 도리어 미워한다(7:15). 이것은 중생한 그리스도인의 모습이다. 바울이 묘사한 비그리스도인의 모습은 악한 일을 "자기들만 행할 뿐 아니라 또한 그런 일을 행하는 자를 옳다" 한다(롬 1:32). 그들은 하나님을 인정하기를 싫어한다(1:28). 반면에 7:14-25에 묘사되는 '나'는 악을 행하는 것을 미워하고 하나님의 법을 즐거워하며 마음으로 하나님의 법을 섬긴다. '나'는 죄의 법 아래 사로잡히는 자신을 보고 탄식한다. 이것은 '나'를 그리스도인 바울로 볼 수 있는 증거이다.

바울이 '나'를 통해 그리스도인의 현재적 경험을 묘사하는 것이 아니라고 보는 사람들은 하나님의 법을 즐거워하나 지키지 못해 갈등하는 '나'를 유대인이라고 주장한다. 유대인은 하나님의 법을 즐거워했으며 지키기를 원했다는 것이다. 더글라스 무는 바울이 '나'를 통해 율법 아래 있는 유대인의 상태를 묘사한다고 보며, 7:14-25에서 바울은 율법이 유대인을 죄의 속박에서 구원하지 못했다는 것을 증명하고 그와 같은 구원사의 한 시기stage를 설명한다고 이해한다.[39] 비록 구원사적 복음 이해는 정당한 방법론이며 바울이 로마서에서 율법을 통해 자기 의를 세

39 Moo, *The Letter to the Romans*, 471-472.

우려다 실패한 유대인과 믿음으로 말미암은 의를 구원사적으로 대조하는 것도 사실이지만(10장), 바울이 7:14-25에서 '나'를 통해 구원사적으로 유대인을 가리킨다는 주장은 본문 자체에서 증거를 찾기 어렵다. 또한 바울이 유대인에 대해 묘사할 때 로마서 2:18에서 "율법의 교훈을 받아 하나님의 뜻을 알고 지극히 선한 것을 분간하며"라고 했고 2:23에서는 율법을 자랑하는 자들이라고 했기 때문에 7:14-25의 '나'를 유대인으로 보려는 시도는 이해할 만하다. 그러나 신학적인 도식이 아무리 건전하다고 하더라도 특정 본문에, 이 경우에 7:14-25에 그 도식을 적용하는 것은 별개의 문제이다.

로마서 7:14-25의 그리스도인, 늘 실패하는 삶인가?

7:14-25에 승리에 대한 이야기는 전혀 없으므로 본문에서 묘사하는 '나'는 그리스도인일 수 없다는 주장이 있다. 원한다는 말, 하나님의 법을 즐거워한다는 말은 있다. 그러나 죄 아래 사로잡힌 이야기만 나온다는 것이다. 이것이 그리스도인의 모습일 수 있을까 하는 것이다.

그러나 문맥을 잘 살펴보면 7:14-25은 바울의 영적 경험의 전부를 기술하는 것이 아님을 알 수 있다. 로버트 마운스Robert H. Mounce는 이 점을 잘 설명하고 있다.[40] 7:14-25은 다음에 나올 것을 준비하는 것이다. 즉 8장의 승리를 위한 무대를 준비하는 것

40 Robert H. Mounce, *Romans*, NAC (Nashville: Broadman & Holman, 1995), 167.

이다. 신실한 그리스도인의 삶에도 바울이 묘사하는 두 가지 상황 즉 실패와 승리가 일종의 순환적 전진의 형태로 존재하는 것이 사실인 듯하다고 마운스는 관찰한다. 그리스도인 우리는 영적 깊은 곳에서의 원함에 따라 살지 못하는 우리의 무능력을 인식하고(7장) 우리는 능력과 승리를 위해 우리 자신을 하나님의 성령께 맡긴다는 것이다. 성령의 능력을 지속적으로 의지하지 못함으로 우리는 또다시 실패의 자리로 돌아간다. 성화는 이처럼 자신을 의지함으로 실패하는 것에서 내주하시는 성령을 통한 승리로 가는 반복적 과정을 통해 서서히 진전되는 것이라고 마운스는 본문을 설명한다.

7:15을 주석하며 모리스가 남긴 다음 말도 주목할 만하다. "이것은 그[곧 본문의 '나']가 결코 선을 행하지 않는다거나 습관적으로 악을 행한다는 것이 아니다. 그는 문제에 대해 집중하고 있다. 그는 완전히 자유롭지 않다. 그가 짓는 죄는 그가 어떤 의미에서는 종이라는 것을 보여 준다."[41]

7:14-25에서 바울은 아직 완전히 죄의 영향력에서 자유롭지 못하다. 원하지 않는 죄의 종인 자신을 본다. 그럼에도 불구하고 그런 그에게 정죄함이 없는 복음을 8장에서 설명하고 있으며, 중생한 그리스도인이라도 결국 인간의 힘으로 하나님의 법을 행할 수 없고 성령의 도우심이 반드시 필요하며, 따라서 성령을 따라 행해야 할 것을 8장에서 강조하고 있다.

41 Morris, *The Epistle to the Romans*, 292.

하나님의 계명을 지킬 능력이 없는 '나'의 모습을 묘사함으로써 성화의 과정에 있는 그리스도인에게 성령의 능력이 필요함을 강조하고 있다. 7:24은 성령의 도우심을 예견한다(이 사망의 몸에서 누가 나를 건져내랴?). 그리고 바울은 그 해결책을 알고 있으며 그래서 7:25에서 감사하고 있다("우리 주 예수 그리스도로 말미암아 하나님께 감사하리로다", 롬 7:25). 7:14-25은 자신의 힘으로 하나님의 법에 순종할 수 없는 바울의 모습을 묘사한다. 그러나 성령을 따라 순종할 수 있음을 8장에서 보여 준다. 마지막으로 7:14-25과 8장의 관계를 좀 더 고찰하며 이 글을 마무리하고자 한다.

로마서 7:14-25과 8장의 관계

로마서 7장에서 바울은 율법을 변호한다. 율법은 거룩하며 계명도 거룩하며 의롭고 선하다(12절). 율법은 영적(14절)이며 하나님의 법이다(22절). 율법은 죄를 알게 한다(7절). 그러나 율법은 죄를 이길 능력이나 율법을 이룰 능력을 주지는 못한다. 제임스 던은 7:7이 율법에 대한 변호 부분을 시작하는 수사적 도입부이며 7:14-25에서 율법에 대한 변호는 확장되고 깊어진다고 보고 있다.[42] 던의 말대로 14-25절에서 율법의 변호는 이어지고 있는 것이 사실이다. 그러나 14-25절에 와서 좀 더 강조되고 있는 것은 '나'의 무능력이다. 이 부분에서 초점은 '나'에 있다. 율법과 관련된 나의 무능력이 부각되고 있다. 나는 하나님의 법을 즐거

42 James D. G. Dunn, *The Theology of Paul the Apostle* (Grand Rapids: Eerdmans, 1998), 157.

워하고 선을 행하기 원하지만 실패한다. 그래서 탄식하며 괴로워한다. 그러나 바울은 실망하지 않고 예수 그리스도로 말미암아 하나님께 감사한다(7:25). 그 이유를 제시하는 것이 8장이다. 8장은 예수 그리스도 안에서 정죄함이 없다고 선언하며 성령으로 인한 승리를 설명하고 있다. 7:14-25에서는 율법 앞에서의 '나'의 연약함과 곤고함이 초점이라면, 8장은 그리스도 안에서 율법의 요구가 이루어지며(8:4) 성령으로 인한 승리, 끊을 수 없는 하나님의 사랑의 메시지가 중점을 이루고 있다. 따라서 바울은 8장에서 영으로써 몸의 행실을 죽이라고 권면하고, 너희는 하나님의 영으로 인도함을 받는 하나님의 아들이라고 가르친다. 7:24에서 "오호라 나는 곤고한 사람이로다 이 사망의 몸에서 누가 나를 건져내랴" 탄식하는 '나'에게 8:23은 "성령의 처음 익은 열매를 받은 우리까지도 속으로 탄식하여 양자될 것 곧 우리 몸의 구속을 기다린다"라고 대답한다. 8:23의 '우리'와 7:24의 '나'를 대조해 보더라도 7:14-25의 '나'는 바울 자신을 가리키지만 내포적으로 로마의 성도들을 가리킨다는 것을 알 수 있다. 모든 그리스도인은 죄의 영향력을 완전히 벗어나지 못한 연약한 몸을 입고 있다. 그렇기 때문에 탄식하며 구원의 완성을 기다린다.

마음으로는 하나님의 법을, 육신으로는 죄의 법을 섬긴다 하더라도(7:25) 그리스도 안에서 우리에게는 결코 정죄함이 없고(8:1, 34) 송사할 자도 없다(8:34)는 것이 바울의 메시지이다. 이미 하나님이 우리를 의롭다 하셨기 때문이고(8:33) 그리스도와 하나님의 사랑에서 우리를 끊을 자가 없기 때문이다(8:35-39).

* * *

로마서 7:14-25에서 바울은 일인칭대명사 '나'를 사용하여 현재 시제로 수신자인 로마 성도들에게 편지를 쓰고 있다. 바울이 지칭하는 '나'는 편지를 쓰고 있는 발신자 바울 즉 예수 그리스도의 종이며 사도인 바울로 보는 것이 가장 자연스러운 해석법이다. 바울이 '나'를 사용하여 그리스도인인 자신을 가리키지 않는다고 보는 입장은 상당히 부자연스러운 해석이다. '나'는 현재적 바울이 아니며 본문이 그리스도인의 현재적 삶을 가리키는 것이 아니라고 주장하는 입장을 가진 사람들은 여러 가지 이유를 제시하지만 그렇게 해석해야만 본문이 이해되는 것은 아니다.

바울은 7:14-25에서 율법은 선하고 긍정적이지만 그것을 지키지 못하는 자신의 연약함을 고백하고 있다. 하나님의 법을 즐거워하고 선을 행하기를 원하지만 여전히 육적이며 죄의 노예인 자신의 모습을 발견한다. 믿음으로 구원받은 그리스도인은 죄에 대하여 죽고 하나님께 대하여 산 자이다. 바울은 6장에서 죄가 왕노릇하지 못하게 하고 너의 지체를 의의 무기로 하나님께 드리라고 권면한다. 본래는 죄의 종이었지만 이제 의의 종이 되었다고 선언한다. 7장에서는 율법에 대해 죽임을 당했다고 말한다. 율법에서 벗어나 그리스도에게 가서 하나님을 위해 열매 맺게 하기 위해서이다. 그러나 바울을 비롯한 그리스도인은 아직 완전히 죄로부터 자유롭지 못하다. 그것이 바울의 솔직한 고백이며 갈등이다.

한국 교회의 설교자들이 7:14-25에 대해 설교할 때 본문의 '나'를 편지를 쓰고 있는 그리스도인 바울로 보고 설교하는 것을 두려워할 필요는 없다. 본문을 바울의 자전적인 고백으로 읽고 그리스도인이 성화의 과정에서 경험하는 내적 싸움으로 보는 것은 자연스러운 해석법이다. 하나님이 성경을 기록하게 하실 때 오랜 연구를 한 학자들이 어려운 신학적인 설명을 덧붙여야만 '나'의 정체를 밝혀낼 수 있게 성경을 기록하게 하셨을까? '나'를 불신 유대인이라고 보는 해석은 본문과는 동떨어진 신학적 전제를 본문에 부과하는 것은 아닐까? 그리스도인 바울이 '나'라고 말하며 서술하고 있는 내용을 비그리스도인에 대한 설명이라고 보는 것은 본문의 명맥한 문자적 계시를 벗어나는 지나친 비약이 아닐까? 이런저런 고민 끝에, 지금 이 글을 쓰고 있는 나는 아직 7:14-25이 그리스도인 바울의 자전적 고백이며, 모든 그리스도인이 성화의 과정에서 경험하는 갈등이며 연약함이라는 입장에 머물러 있다. 믿음으로 의롭게 된 그리스도인으로서 명목상으로는 죄에 대하여 죽고(6:2, 11) 죄로부터 해방되었지만(6:22) 그리스도인은 여전히 죄와 싸우는 갈등 속에서 '오호라 나는 곤고한 사람'이라고 탄식할 수밖에 없는 불완전한 자이다. 그러나 그들은 이미 승리한 것을 알며 비록 하나님의 법을 행하는 데 실패하더라도 결코 정죄함을 받지 않을 것을 안다. 그들의 연약함 속에서도 하나님의 은혜를 알기 때문에 그들은 "우리 주 예수 그리스도로 말미암아 하나님께 감사"(7:25)한다. 이 본문에서 바울은 그리스도인에게 실패의 삶이 당연하다고 주장하거나 실패하는 삶을 변명하도록 구실을 주고 있지 않다. 아직 연약한 모습, 죄의 영향에서 완전히 벗어나지 못한 이 땅의 그리스도인의 삶을 솔직하게 표현하며 갈등하지만, 바울은 하나님의 은혜에 감사하며 성령을 통해 몸의 행실을 죽이며 살 것을 촉구한다. 자신의 연약함을 인정하며 내적 갈등을 인식하는 그리스도인은 예수 안에서 결코 정죄함이 없다는 말씀(8:1)을 통해 진정한 위로를 얻게 될 것이고, 넘어지지만 다시 성령을 의지하여 몸의 행실을 죽이며(8:13) 성화의 길을 걸어가게 될 것이다.

Q
08

Q 08 ‘온 이스라엘 구원’을 어떻게 이해해야 할 것인가?

로마서 11:25-27

로마서 11:25-27의 의미를 어떻게 이해할 것인가? 이는 결코 쉽지 않은 문제이다. “온 이스라엘이 구원을 받으리라”라는 표현을 포함한 로마서 11:25-27의 의미에 대하여 학자들 사이에 다양한 견해가 존재해 왔다는 것이 이 사실을 입증한다. 이 구절의 해석에서 논의의 쟁점이 되어 온 것은 다음과 같다. 11:25의 ‘비밀μυστήριον’이란 무엇인가? 11:25의 아크리 후ἄχρι οὗ를 어떻게 이해할 것인가? 26절의 카이 후토스καὶ οὕτως의 의미는 무엇인가? 26절의 ‘온 이스라엘πᾶς Ἰσραὴλ’은 누구인가? 온 이스라엘은 언제 그리고 어떻게 구원을 얻을 것인가? 11:26b-27에 나타난 바울의 구약 인용의 의미는 무엇인가?

이러한 쟁점들은 ‘온 이스라엘 구원’의 의미를 확정 짓는 데 각각의 기여점이 있다. 이 장에서는 이와 같은 쟁점들을 중심으로 로마서 11:25-27의 의미를 찾아나가면서 “그리하여 온 이스라엘이 구원을 받으리라"(11:26)는 표현이 결국 무엇을 뜻하는지 제시하려 한다. 결론적으로 내가 제시하려는 해석적 입장은 '온 이스라엘'은 역사상 선택받은 유대인 전체를 의미하며 로마서 11:25-27에서 바울은 미래에 있을 대규모 유대인의 회심을 예고하지 않는다는 것이다.

'온 이스라엘' 해석에 대한 세 가지 견해

"그리하여 온 이스라엘이 구원을 받으리라"(11:26)는 바울의 진술에서 '온 이스라엘'은 누구를 가리키는가에 대해서는 크게 세 가지 견해가 있다. (1) 택함받은 유대인과 이방인으로 구성된 교회, (2) 미래에 구원받을 인종적 유대인의 대다수, (3) 역사를 통하여 선택받은 인종적 유대인 전체.[1]

첫 번째 견해는 칼뱅과 톰 라이트가 주장하는 견해로서 온 이스라엘은 영적 이스라엘 즉 선택받은 유대인과 이방인으로 구성된 교회라는 것이다.[2] 두 번째 견해는 토마스 슈라이너와 더글

---

1 이중언약적 관점(two-covenant perspective)까지 포함하여 네 가지 견해를 제시하기도 한다. Jason A. Staples, "What Do the Gentiles Have to Do with 'All Israel'? A Fresh Look at Romans 11:25-27," *Journal of Biblical Literature* 130(2011): 372-73.

2 J. Calvin, *The Epistle of Paul the Apostle to the Romans and the Thessalonians* (Grand Rapids: Eerdmans, 1961), 255; N. T. Wright, *Christian Origins and the People of God*, Vol. 1: *The New Testament and the People of God* (Minneapolis: Fortress, 1992), 236-46; 이장연도 '온 이스라엘'은 택함받은 유대인과 택함받은 이방인을 가리킨다고 주장한다. 이장연, "로마서에 나타난 유대인과 이방인의 구원에 대한 연구: 로마서 11장 25-27절에 나타난 '온 이스라엘'의 구원 신비를 중심으로," 《신학지남》 314(2013): 258.

라스 무가 지지하는 견해로서 온 이스라엘은 이방인의 충만한 수가 들어온 후 종말에 대규모로 회심하게 될 유대인이라는 것이다.[3] 세 번째 견해는 루이스 벌코프Louis Berkhof와 헨드릭슨이 주장하는 것으로 온 이스라엘은 역사를 통해 선택받은 남은 자 전체로서 인종적 유대인이라는 것이다.[4]

첫 번째 견해는 현재 추종자가 그리 많지 않다. 이 견해를 따르지 않는 주된 이유 중 하나는 로마서 11장 전체에서 이스라엘은 인종적 유대인을 가리키는데, 26a절에서만 유대인과 이방인으로 구성된 교회를 가리키는 것으로 보는 것은 문맥상 맞지 않다는 것이다.[5]

두 번째 견해는 현재 대다수가 지지하는 견해이다. 한국의 학계에서도 이 견해가 절대적인 지지를 얻고 있다. 슈라이너와 브루스F. F. Bruce를 따라 심상길은 온 이스라엘을 역사의 마지막에 구원받을 인종적 이스라엘을 가리키는 것으로 해석한다. "인종적 유대인의 대다수가 미래의 어느 시점에 구원받을 것"이라는 입장이다.[6] 이한수도 그의 로마서 주석 개정판에서 온 이스라

---

3 Thomas R. Schreiner, *Romans* (ECNT 6; Grand Rapids: Baker, 2018), 599-607; Douglas J. Moo, *The Letter to the Romans* (NICNT; Grand Rapids: Eerdmans, 2018), 728-729.

4 Louis Berkhof, *Systematic Theology* (Grand Rapids: Eerdmans, 1994), 699; William Hendriksen, *Romans* (NTC; Grand Rapids: Baker, 1980), 381-82.

5 Schreiner, *Romans*, 598; Douglas J. Moo, 《로마서의 신학적 강해》(Encountering the Book of *Romans*, 이경석 역(서울: 크리스찬출판사, 2007[2002]), 287-88; Charles M. Horne, "The Meaning of the Phrase 'And Thus All Israel Will be Saved'(Romans 11:26)," *JETS* 21(1974), 332. 쥬엣은 로마서의 이전 부분에서 '이스라엘'은 모두 인종적 이스라엘을 가리켰다고 지적한다. Robert Jewett, *Romans* (Hermeneia; Minneapolis: Fortress, 2007), 701.

6 심상길, "이스라엘의 구원을 말하는 로마서 11장 25-26절에 대한 연구" 《신약논단》 23(2016), 248; 롱게네커의 견해 역시 로마서 11:26에서 바울은 하나님의 구원 역사가 정점에 다다를 때 살아있는 유대인들의 구원에 대해 말하고 있다는 것이다. Richard N.

엘의 구원은 마지막 종말의 때에 그리스도께서 재림하실 때 일어날 사건으로서 인종적 이스라엘의 많은 수가 구원을 얻을 것을 가리킨다고 주석한다.[7] 최갑종 역시 11:25-26이 이스라엘 백성의 미래적 구원을 나타낸다고 보고 그리스도의 재림 때 이스라엘 민족 전체가 회복될 것을 가리킨다고 주석한다.[8]

이러한 상황에서 두 번째 견해가 과연 바울이 의도한 '온 이스라엘 구원'의 의미를 정당하게 드러내고 있는가를 고찰하면서 세 번째 견해를 대안으로 제시하려는 나는 상당한 부담을 안고 있는 것이 사실이다. 그러나 세 번째 견해가 첫째와 둘째 견해보다 로마서 9-11장의 문맥이나 11장의 바울의 논증의 목적을 더욱 충실히 반영한 해석이라 여겨질 근거들이 있다.

여러 연구자가 지적하고 있듯이 세 번째 견해는 바빙크Herman Bavinck, 벌코프Louis Berkhof, 렌스키Richard Lenski, 후크마Anthony Hoekema, 리델보스Herman Ridderbos, 벌카우어G. C. Berkouwer, 헨드릭슨 등 복음주의 및 개혁주의 학자들의 꾸준한 지지를 받아 왔다.[9] 이 장을 통해 세 번째 견해를 지지하는 후속 연구가 한국 학계에 이어지기를 기대한다.

Longenecker, *The Epistle to the Romans* (NIGTC; Grand Rapids: Eerdmans, 2016), 897.

7 이한수, 《로마서: 바울 사도가 로마인들을 위해 쓴 복음 해설서》(경기: 킹덤북스, 2016), 661-67.

8 최갑종, 《로마서 듣기: 온 세상을 향한 기독교 복음의 진수》(서울: 대서, 2009), 438, 440, 442.

9 Cornelis P. Venema, "'In This Way All Israel will be Saved: A Study of Romans 11:26," *MAJT* 22(2011), 29; Dongsu Kim, "Reading Paul's καὶ οὕτως πᾶς Ἰσραὴλ σωθήσεται (Rom. 11:26a) in the Context of Romans," *CTJ* 45(2010), 317.

종말에 유대인의 대규모 회심이 있을 것이라는 두 번째 견해

우리의 논의를 위해 두 번째 견해를 좀 더 구체적으로 살펴보자. '온 이스라엘'은 미래에 구원받을 인종적 유대인의 대다수를 가리킨다고 보는 두 번째 견해는 11:25-27에 대해 대체로 다음과 같은 해석을 시도한다:

바울은 로마서 11:25에서 이스라엘의 더러는 우둔하게 되었다고 한다. 이스라엘의 우둔하게 된 것이 언제까지 지속될 것인가? 이방인의 충만한 수가 들어오기까지ἄχρι οὗ이다. '…까지'를 의미하는 아크리 후ἄχρι οὗ는 그 후에 변화가 일어날 것을 나타낸다. 그렇다면 이방인의 충만한 수가 들어올 때 이스라엘의 일부 우둔하게 된 자들에게서 우둔함이 제거될 것이다.[10] 이방인의 충만한 수가 들어오는 것은 언제일까? 틀림없이 종말에 가서야 이루어질 것이다. 종말에 이스라엘의 우둔함이 사라진다는 것은 종말에 이스라엘에 대규모 회심이 있을 것을 의미한다.[11] 26b절의 "구원자가 시온에서 오사ἥξει ἐκ Σιὼν ὁ ῥυόμενος"라는 말은 예수님이 하늘 예루살렘에서 오시는 재림을 가리킨다. 결국 26a절에서 '온 이스라엘'이 구원을 받을 것이라는 말은 예수님의 재림

10 최갑종은 바울이 25절에서 언급하는 일부 이스라엘의 우둔함은 영구적인 것이 아니고 일시적이라고 본다. "이방인의 충만한 수가 들어왔을 때 모든 이스라엘 백성들이 전체적으로 구원을 받게 된다"는 견해다. 최갑종, 《로마서 듣기》, 439.

11 심상길은 "바울은 인종적 유대인의 대다수가 미래의 어느 시점에 구원받을 것을 가르치고 있다고 여겨진다"라는 견해를 밝혔다. 심상길, "이스라엘의 구원을 말하는 로마서 11장 25-26절에 대한 연구," 《신약논단》 23(2016), 248.

때[12] 또는 그 직전에 지상에 살아 있는 유대인 가운데 대다수가 회심하는 일이 일어날 것을 예견하는 것이다. '온 이스라엘'이라는 말은 유대인 개개인이 예외 없이 구원받을 것을 뜻하는 것이 아니라 이스라엘이 민족적 차원에서 대대적으로 구원받을 것을 의미한다.[13]

이상은 내가 두 번째 견해의 로마서 11:25-27 이해의 핵심을 설명한 것이다. 이와 같은 해석을 바탕으로 두 번째 견해는 로마서 11:25-27이 종말에 유대인의 대규모 회심이 있을 것을 나타낸다고 주장한다.

'온 이스라엘'은 역사상 선택받은 남은 자 전체로서 유대인이라는 세 번째 견해에 대한 논증

이제 위에서 제시한 두 번째 견해를 검토하면서 세 번째 견해의 가능성을 고찰해 보자. 먼저 종말에 이스라엘 백성에게 국가적인 대규모 회심이 있을 것이라는 두 번째 견해는 신비한 비밀을 드러내는 듯하여 호기심을 자아내기에 충분하다. 따라서 먼저

12 최갑종, 《로마서 듣기》, 443.

13 슈라이너는 '온 이스라엘'이 유대인 개개인 모두를 의미하는 것이 아니라 유대인의 대다수(majority of Jews)를 의미한다고 본다. Schreiner, *Romans*, 599; 헐트그렌도 '온 이스라엘'을 통합적 실체(corporate entity)로 이해하여 모든 개인을 가리키는 것은 아니라고 본다. 마치 '온 나라가 오늘을 기념한다'라고 말할 때처럼 어떤 개인은 포함하지 않는 표현이라는 것이다. Arland J. Hultgren, *Paul's Letter to the Romans: A Commentary* (Grand Rapids: Eerdmans, 2011), 420.

바울이 이 단락을 시작하며 사용하는 뮈스테리온μυστήριον의 의미를 살펴보는 것으로 본론을 시작하려 한다.

바울이 말하는 '비밀'

바울은 11:25에서 자신이 말하고자 하는 것을 '신비/비밀 μυστήριον'이라고 칭한다. 바울은 로마의 성도들이 이 비밀을 모르기를 원하지 않는다. 비밀이라는 단어는 성경해석자들에게 다른 곳에서는 드러나지 않는 새로운 사실, 신비한 진리가 이곳에서 드러날 것이라는 기대를 갖게 한다. 따라서 해석자들은 새롭고 신비한 해석을 본문에 부과할 가능성이 높다. 이러한 경향은 레온 모리스의 설명에서도 나타난다. 모리스는 '온 이스라엘'을 유대인과 이방인 신자로 구성된 영적 이스라엘로 보는 견해를 비판하면서 바울이 '비밀'이라는 용어를 사용하고 있음을 지적하며 다음과 같이 말한다. "모든 선택 받은 자들 즉 유대인과 이방인이 구원받는다는 것은 '비밀'이 아니다. 세대마다 몇몇 유대인이 회심한다는 것도 특별한 계시의 대상이 될 필요가 있는 그런 것이 아니다."[14] 모리스는 비밀이라는 단어에서 무엇인가 새로운 해석을 추구해야 할 의무를 느끼고 있음을 보여 준다. 스캇 해퍼만Scott Hafemann도 11:25-36을 이스라엘의 미래에 대해 명쾌히 다루는 유일한 부분only explicit treatment이라고 간주한다.[15]

14 Leon Morris, *The Epistle to the Romans* (PNTC; Grand Rapids: Eerdmans, 1988), 421.

15 Scott Hafemann, "The Salvation of Israel in Romans 11:25-32: A Response to Krister Stendahl," *Ex Auditu* 4(1988): 43.

이곳에서만 유일하게 명쾌한 내용을 드러낸다는 측면에서 바울은 '비밀'이라는 단어를 사용하고 있다고 보는 것이다. 두 번째 견해는 이스라엘의 미래에 대한 새롭고도 신비한 해석을 제시한다는 점에서 '비밀'이라는 단어에 걸맞은 매력적인 해석으로 여겨질 수 있다.

그러나 바울은 이곳에서 아무도 알지 못하는 수수께끼 같은 일을 폭로하려고 뮈스테리온μυστήριον이라는 단어를 사용하는 것 같지 않다. 고린도전서 15:51의 예를 보자. 고린도전서 15:51에서 바울은 비밀을 말한다("내가 너희에게 비밀을 말하노니")고 한 후에 "우리가 다 잠 잘 것이 아니요 마지막 나팔에 순식간에 홀연히 다 변화되리[라]"고 진술한다. 고린도전서 15:51에서 바울이 뮈스테리온μυστήριον이라는 단어를 사용함으로써 하고자 하는 것은 다른 곳에서는 드러나지 않고 자신만이 알고 있는 신비하고 새로운 지식을 특별히 선포하는 것이 아니라 고린도전서 15장 앞부분에서 이미 언급한 내용을 요약하는 것으로서 이전에 감추어졌다가 이제는 밝히 드러나 선포되고 있는 하나님의 계획이나 뜻을 결론적으로 진술하는 것이다.[16] 구약이나 제2성전기 유대 문헌에서도 뮈스테리온μυστήριον은 인간에게 감추어졌다가 이제는 계시된 하나님의 계획의 비밀스러운 부분을 가리킬 때 사

16 동일한 단어인 μυστήριον을 개역개정 한글성경은 로마서 11:25에서는 '신비'로, 고전 15:51에서는 '비밀'로 달리 번역했다. 두 본문에서 바울이 사용하는 '비밀'은 여전히 감추어진 어떤 지식을 가리키기보다는 이전에는 감추어져 있었지만 이제는 밝혀지고 드러난 하나님의 구원 계획과 연관이 있다.

용되었다.[17] 따라서 로마서 11:25-27을 해석하는 해석자들이 뮈스테리온μυστήριον이라는 단어로 인해 본문에서 지나치게 신비한 해석을 도출해 내려는 것을 경계해야 한다.

바울이 로마서 11:25-27에서 '비밀'이라는 표현에 이어 언급하고 있는 내용을 살펴보면 그 내용이 로마서 11:7-8과 비슷하다. 이러한 점은 바울이 비밀이라고 한 후에 언급하려는 내용이 미래에 있을 종말적 유대인의 대규모 회심과 같은 새로운 내용이 아니라 11:7-8의 내용을 포함해서 바울이 11:1-24에서 언급한 내용, 즉 이스라엘의 우둔하게 됨, 이방인에게 복음이 전파됨, 이스라엘의 시기함, 이스라엘의 구원과 같은 하나님의 이스라엘 구원 방식에 대한 것임을 나타낸다. 바울이 비밀을 모르기를 원하지 않는다고 한 후에 하고자 하는 것은 '온 이스라엘' 즉 선택받은 유대인이 어떤 방식으로 모두 구원을 받을 것인가를 다시 한번 결론적으로 제시하는 것이다. 두 번째 견해가 이스라엘의 미래에 관해 다른 곳에서 볼 수 없는 신비하고 생소한 해석을 이 본문에서 도출해 내는 것은 흥미롭다. 그러나 세 번째 견해가 로마서 11장 문맥에 좀 더 충실한 해석이라고 여겨진다.

그렇다면 바울은 자신만 알고 있는 신비한 지식을 11:25-27에서 드러내려는 목적이 아니었다면 왜 비밀이라는 말을 사용했을까? 바울은 뮈스테리온μυστήριον이라는 단어를 통해 수신

---

17 Schreiner, *Romans*, 595; 톰 라이트도 바울의 본문의 뮈스테리온(μυστήριον)은 특정한 사람에게만 알려진 비밀한 진리를 가리키는 것이 아니라 예수 그리스도의 복음으로 인해 알려진 하나님의 오랜 계획과 목적을 가리킨다고 본다. N. T. Wright, *The Letter to the Romans* (NIB 10; Nashville: Abingdon Press, 2002), 687.

자들의 주의를 환기하고 그가 결론적으로 말하고자 하는 내용에 주목하게 한다. 이와 동시에 앞부분에서 언급한 내용을 요약하고 있다고 볼 수 있다.[18]

바울이 11:25-27에서 요약적으로 밝히고 있는 '비밀'의 내용은 다음과 같다. (1) 이스라엘의 더러는 우둔하게 된 것, (2) 이방인의 충만한 수가 들어오는 것, (3) 그리하여 온 이스라엘이 구원을 받으리라는 것이다. 이들 세 내용은 긴밀히 연관되어 "온 이스라엘이 구원을 받으리라"는 말의 의미를 최종적으로 드러낸다.

위의 비밀의 내용과 관련하여 필자가 제시하려는 논지는 다음과 같다.

첫째, 이스라엘의 더러는 우둔하게 된 것은 종말까지 계속되며 11:25은 그 우둔함이 제거될 것을 말하지 않는다.

둘째, 이스라엘의 일부가 경험하는 계속적인 우둔함으로 구원이 이방인에게 지속적으로 전파되어 종말에 이르러서는 이방인의 충만한 수가 구원을 받게 될 것이다.

셋째, 11:25에는 명시적으로 나타나 있지 않지만 11:11-15에 언급된 것처럼 이방인 구원은 이스라엘로 시기심을 일으키게 하여 이스라엘 중 일부가 구원에 이르게 한다. 이러한 일은 역사 가운데 계속된다.

넷째, 이스라엘의 우둔함으로 인한 복음 배척 → 구원이 이방인에게 이름 → 이스라엘이 시기하여 일부가 구원에 이름이라

---

18 칼뱅은 바울이 비밀을 말하겠다고 한 것은 독자들의 주의를 환기하려는 의도도 있었을 것으로 본다. 칼뱅, 《로마서 · 빌립보서》(칼뱅 성경 주석 7; 서울: 성서교재간행사, 1993), 370.

는 방식을 통해 최종적으로 '온 이스라엘'이 구원을 받게 될 것이다. 여기서 '온 이스라엘'은 역사를 통해 선택받은 남은 자 전체로서 인종적 유대인을 가리킨다. 온 이스라엘 구원을 통해 바울은 자기 백성을 버리지 않는 하나님의 신실하심을 증명한다. 이방인은 하나님이 유대인을 버리지 않았으며 자신들은 참감람나무에 접붙임 받은 자인 것을 알고 교만하지 말아야 한다.

이스라엘의 우둔함의 성격

필자는 위에서 "첫째, 이스라엘의 더러는 우둔하게 된 것은 종말까지 계속되며 11:25은 그 우둔함이 제거될 것을 말하지 않는다"고 주장했다. 먼저 이스라엘의 더러 우둔하게 되었다는 것이 무엇을 뜻하는지 생각해 보자. 로마서 11:25에 우둔으로 번역된 포로시스πώρωσις는 대부분의 영어 성경이 hardening으로 번역한 단어이다.[19] 이 단어는 로마서 11:7에서 동사 형태인 포로오πωρόω로 나타나는데(ἐπωρώθησαν, 우둔하여졌느니라), 기본적으로는 '석화하다', '굳어지다', '마비되다', '무감각해지다'라는 의미를 갖는다.[20] 개역개정 한글성경은 이 단어를 로마서와 요한복음에서 달리 번역했다. 로마서에서는 우둔하다로 번역했고 요한복음 12:40에서는 '완고하다'라고 번역했다.[21] 요한복음 12:36-41에서 유대인의 불신에 대해 기록하면서 유대인이 능히 믿지 못

19 예를 들어 NIV, NASB, ESV 등.

20 Brendan Byrne, *Romans* (SP 6; Collegeville: Liturgical Press, 1996), 335.

21 NIV, NASB, ESV는 hardened로 번역했다.

한 것은 "그들의 눈을 멀게 하시고 그들의 마음을 완고하게 하셨ἐπώρωσεν"(요 12:40)기 때문이라고 지적하며 이사야를 인용할 때 포로오πωρόω의 부정과거형인 에포로센ἐπώρωσεν이 사용된다. 그러므로 개역개정 한글성경이 요한복음 12:40에서 그리스도를 믿지 않는 유대인과 관련하여 '완고하게 하셨다'라고 번역한 단어는 로마서 11:7, 25에서 이스라엘과 관련하여 '우둔하여졌다'로 번역한 단어와 근본적으로 같은 단어임을 알 수 있다.

이처럼 로마서 11:25에서 바울이 언급하는 '우둔함'은 구원과 연관된 개념이다. 이것은 로마서 11:25-26 문맥에서도 증명된다. 11:25에서 '이방인의 충만한 수가 들어옴εἰσέλθῃ'에 대해 말한 것이나 26절에서 '온 이스라엘이 구원을 받으리라σωθήσεται'라고 한 것은 모두 구원에 관한 것이다.[22] 이스라엘의 더러는 우둔하게 되었다는 것은 이스라엘의 더러는 '들어오지 못했음' 또는 '구원받지 못했음'을 의미한다. 이방인의 충만한 수가 들어오기까지(구원받기까지) 일부 이스라엘 사람들은 계속해서 구원받지 못하고 들어오지 못한다. 더글라스 무는 로마서의 우둔함은 "하나님이나 하나님의 구원 메시지에 반응하지 못하게 하는 영적 무감각"[23]이라고 정의한다. 우둔하게 된 자들은 복음에 반응하지 못하여 구원에 이르지 못한다.

---

22 존 머리는 '들어감(be come in)'이 하나님의 나라와 생명에 들어가는 것을 나타내는 신약의 표준적 용어라고 밝히며 마 5:20; 7:13; 18:3; 막 9:43, 45, 47; 눅 13:34; 요 3:5; 행 14:22을 참고하게 한다. John Murray, *The Epistle to the Romans (II)* (NICNT; Grand Rapids: Eerdmans, 1965), 93.

23 Moo, *Romans*, 698.

이스라엘에게 있는 우둔함은 또한 부분적이다. "이스라엘의 더러는 우둔하게 된 것이라"(11:25)에서 '더러는'에 해당하는 것이 아포 메루스ἀπὸ μέρους인데, 이것은 형용사적인가 부사적인가? 제임스 던은 이것이 부사적으로 사용되었다고 간주한다. 즉 이스라엘의 한 부분part of Israel이 우둔해진 것이 아니라 이스라엘 전체가 부분적으로 우둔해졌다partial hardening는 것이다.[24] 그러나 아포 메루스ἀπὸ μέρους는 형용사적으로 사용된 것으로는 보는 것이 합당하다. 이스라엘 전체가 모두 부분적으로 우둔함을 경험하고 있다는 의미가 아니라 이스라엘 중 일부가 우둔해졌다는 의미로 이해해야 한다. 11:7에서 바울은 이스라엘 중에서 우둔하게 된 자들을 남은 자와 대조되는 일부분으로 나누었다. 벤 위더링턴 역시 아포 메루스ἀπὸ μέρους를 이스라엘 중 일부분in part 즉 일부 사람이 우둔해졌다는 의미로 옳게 이해한다. 바울이나 다른 유대 그리스도인들에게는 우둔해졌다는 말이 적용되지 않기 때문이다.[25]

이스라엘 중에는 믿지 않는 우둔하게 된 자들이 있으며 그러한 자들은 종말까지 모든 시대마다 존재한다. 바꾸어 말하면 구원은 민족적 이스라엘 모두에게 주어지는 것이 아니다. 로마서 11:25에 언급된 이스라엘의 일부 우둔하게 된 사람들은 요한복음 12:39-40에서 묘사된 자들처럼 완고하게 되어 그리스도를

24 James D. G. Dunn, *Romans 9-16* (WBC 38B; Dallas: Word Books, 1988), 679.

25 Ben Witherington and Darlene Hyatt, *Paul's Letter to the Romans: A Socio-Rhetorical Commentary* (Grand Rapids: Eerdmans, 2004), 273.

믿지 않는 불신자들이다.

이스라엘의 우둔함의 지속

필자는 이스라엘의 일부 우둔함은 종말까지 지속된다고 주장했고 로마서 11:25은 그 우둔함이 제거될 것을 말하지 않는다고 주장했다. 역사 가운데 일부 우둔한 유대인은 계속 존재했으며 그들은 최후 심판에 의해 멸망할 믿지 않는 자들이다. 그러나 종말에 유대인이 대규모로 구원을 받을 것이라는 견해를 가진 학자들은 11:25에서 바울이 언급하는 우둔함은 임시적 temporary[26]이며 한시적limited이어서 미래에 제거될 것이라고 주장한다. 그러나 25절은 우둔하게 된 자들의 우둔함이 제거된다거나 그들이 구원을 받을 것이라고 말하지 않는다. 하나님의 온 세상 구원 방법에 따라 이스라엘에는 일부 우둔하게 된 자들이 종말까지 계속 존재할 것을 말하고 있을 뿐이다. 이스라엘의 우둔함은 이방인에게 복음이 흘러가게 하는 하나님의 비밀이었다. 이와 같은 사실은 아크리 후ἄχρι οὗ에 대한 재해석으로 설명될 수 있다.

슈라이너는 아크리 후ἄχρι οὗ가 이방인의 충만한 수가 구원을 받은 후에 이스라엘의 우둔함이 제거될 것을 암시한다고 본다.[27] 이방인의 충만한 수가 들어오는, 즉 구원받는 과정이 먼저 있고 그 과정이 끝나 충만한 수가 들어오면 이스라엘의 일부 우

---

26 Grant R. Osborne, *Romans* (IVPNTCS; Downers Grove: InterVarsity Press, 2004), 305.

27 Schreiner, *Romans*, 601.

둔하게 된 자들에게서 우둔함이 제거되는 단계가 있다는 것이다. 다시 말하면 이방인의 충만한 수가 하나님의 백성으로 들어오는 역사의 끝에 이스라엘의 우둔함이 제거되고 유대인의 대규모 회심이 있을 것을 바울이 이 부분에서 가르치고 있다고 보는 것이다.[28]

그러나 '…까지'로 번역된 아크리 후ἄχρι οὗ는 어느 시점 즉 이방인의 충만한 수가 들어오는 시점 이후에 새로운 변화 즉 우둔함의 제거가 일어날 것을 보장하거나 예견하는 표현이 아니다. 11:25에서 '…까지'는 어떤 상태가 어느 시점까지 지속되는 것 또는 성취에 도달할 것을 나타내는 것으로서 그 이후의 일에 대해 어떠한 정보도 주지 않는다. 벤 머클Ben L. Merkle은 아크리 후ἄχρι οὗ의 이와 같은 성격을 고린도전서 11:26과 15:26을 통해 잘 설명한다.[29] 머클에 의하면 "그가 모든 원수를 그 발 아래에 둘 때까지ἄχρι οὗ 반드시 왕 노릇 하시리니"라는 고린도전서 15:25 말씀에서 "…때까지"는 그 시점 이후에 그때까지 왕노릇하던 그리스도가 더이상 왕노릇하지 않을 것을 의미하는 것이 아니라 마지막 원수가 최후 심판에서 정복될 때까지 그리스도가 왕노릇하는 상태가 지속되고 성취에 이르게 될 것을 강조하는 것이다. 이처럼 아크리 후ἄχρι οὗ는 상태의 지속과 성취를 나타내기 위해 사용된다.

바울이 로마서 11:25에서 '…까지'라는 말을 통해 전하고

28 Schreiner, *Romans*, 602.

29 Ben L. Merkle, "Romans 11 and the Future of Ethnic Israel," *JETS* 43(2000), 715-16.

자 하는 것은 이스라엘 중 일부 우둔하게 된 자들이 역사 중 계속 존재하는 상태의 지속과 성취이다. 우둔하게 된 자가 계속 존재하는 이유는 필자가 주장한 두 번째 논지, 다시 말해 "이스라엘의 일부가 경험하는 계속적인 우둔함으로 구원이 이방인에게 지속적으로 전파되어 종말에 이르러서는 이방인의 충만한 수가 구원을 받게" 되는 하나님의 구원 계획이 있기 때문이다.

남은 자와 우둔해진 자

바울이 11:25에서 미래에 이스라엘의 우둔함이 제거되고 대규모 회심이 있다고 말하는 것처럼 보이지 않는 또 다른 이유는 바울이 언급하는 우둔하게 된 자가 하나님의 주권적 택하심을 받은 남은 자와 구분되고 있기 때문이다. 바울은 11:5에서 은혜로 택하심을 따라 남은 자가 있음을 언급한 후에 11:7에서 이스라엘이 구하는 그것을 오직 택하심을 입은 자가 얻었고 그 다른 사람들은 우둔해졌다고 말한다. 이처럼 바울은 11:5, 7에서 은혜로 택하심을 입은 남은 자와 그 나머지 우둔하여진 자를 구분한다.[30] 이것을 11:25과 연결해 볼 때 바울이 25절에서 언급하는 우둔하게 된 자는 은혜로 택하심을 받은 남은 자가 아니다. 바울의 관점에서 볼 때 이스라엘의 일부 우둔하게 된 자는 택함 받지 못한 자임이 분명하다.

그렇다면 이스라엘의 일부 우둔하게 된 자는 택함 받지 못

30 로마서 11:5의 '남은 자'와 달리 로마서 11:7의 '남은 자'는 택하심을 입지 못한 나머지 사람들을 의미한다.

한 자로서 26절에서 언급된 구원 받을 '온 이스라엘'에 포함될 수 없다. 두 번째 견해의 지지자들은 25절에 언급된 이스라엘의 더러는 우둔하게 된 자가 종말에 대규모로 구원을 받을 것이라고 주장한다. 하지만 택하심을 받지 못한 자 즉 남은 자가 아닌 자가 종말에 택하심을 받은 자로 바뀐다거나 새롭게 택하심을 받아 대규모로 회심하게 된다는 것은 바울의 신학에서는 생소하다. 로마서 9:27에서 바울은 이사야가 이스라엘에 관해 외친 말을 인용한다: "이스라엘 자손의 수가 비록 바다의 모래 같을지라도 남은 자만 구원을 받으리니." 남은 자만 구원을 받는다는 바울의 주장을 고려할 때 남은 자가 아닌 11:25의 우둔하게 된 자가 구원받을 것이라는 해석은 설득력을 상실한다. 그러므로 조병수는 이스라엘의 회복에 대해 다음과 같이 말한다. "하나님께서는 자기 백성을 버리지 않으신다. 그러나 이때 이스라엘의 회복은 남은 자에게 해당되는 것이다."[31]

역사상 이스라엘 중에는 우둔하게 된 자가 있었고 그러한 자는 이방인의 충만한 수가 들어오기까지 계속 존재할 것이다. 결론적으로 11:25에 나타나는 아크리 후ἄχρι οὗ가 이방인의 충만한 수가 들어온 후에 유대인의 대대적인 회심이 있을 것을 암시한다고 보기 어렵고 택함받은 남은 자가 아닌 우둔한 자가 회심하게 될 것이라고 보는 것도 무리가 있어 보인다.

31 조병수, "이스라엘을 향한 하나님의 비밀: 로마서 9~11장 주해와 적용," 조병수 외 편, 《로마서 어떻게 설교할 것인가》(두란노 HOW 주석 39; 서울: 두란노아카데미, 2007), 308.

이방인의 충만한 수가 들어옴

이제 필자가 제시한 두 번째 논지인 "이스라엘의 일부가 경험하는 계속적인 우둔함으로 구원이 이방인에게 지속적으로 전파되어 종말에 이르러서는 이방인의 충만한 수가 구원을 받게 될 것"을 고찰해 보자. 로마서 11:25에서 언급한 '이방인의 충만한 수가 들어옴'은 이스라엘의 우둔함을 통해 구원이 이방인에게 이른 결과 최종적으로 성취될 미래의 이방인 구원의 완성을 묘사하는 말이다.

구원받게 될 이방인의 수를 나타내기 위해 11:25에서 사용된 표현은 플래로마 톤 에뜨논πλήρωμα τῶν ἐθνῶν이다. 이방인의 충만함이 어느 정도의 수를 가리키는지 본문을 통해 알 수는 없지만, 최갑종은 "하나님께서 이방인들 가운데서 구원하기로 택하신 자들 전체를 뜻한다고 보아야 할 것"이라고 지적한다.[32] 슈라이너와 머리 역시 플래로마 톤 에뜨논πλήρωμα τῶν ἐθνῶν은 구원받게 될 이방인의 총수를 뜻한다고 본다.[33] 하나님의 구원 계획이 완성될 미래의 시점에 이르러 영생을 주시기로 작정된 이방인은 다 믿게 된다(참고, 행 13:48). 이방인 구원의 완성을 이루는 하나님의 방법은 이스라엘의 우둔함이다. 이방인의 충만한 수가 들어오기까지 이스라엘의 일부 우둔함은 계속된다. 그 과정을 통해 선택된 모든 이방인은 구원에 이르게 된다.

32 최갑종, 《로마서 듣기》, 439-40.

33 Schreiner, *Romans*, 600. Murray, *Romans (II)*, 93.

시기로 인한 이스라엘 구원

필자가 제시한 세 번째 논지는 "11:25에는 명시적으로 나타나 있지 않지만 11:11-15에서 언급된 것처럼 이방인의 구원은 이스라엘로 시기 나게 하여 그들 중 일부가 구원에 이르게 된다. 이러한 일은 역사 가운데 계속된다"는 것이었다.

일부 이스라엘의 우둔함 즉 불신은 구원이 이방인에게 이르게 하는 방편이 된다. 그러나 놀랍게도 이방인 구원은 이스라엘의 시기심을 불러일으켜 이스라엘이 구원을 받게 하는 방법이기도하다. 로마서 10:19에서 바울은 신명기 32:21을 인용하며 백성 아닌 자 즉 이방인이 이스라엘을 시기하게 할 것이 구약에 예견되었음을 밝힌다. 10:19의 시기 모티프는 11:11, 14에서 다시 등장한다. 11:11에서 바울은 이스라엘의 넘어짐으로 구원이 이방인에게 주어지는 것은 하나님의 구원 계획 속에 이스라엘을 시기하게 만드는 목적이 있다고 말한다.[34] '이방인의 사도'인 바울은 골육을 시기하게 하여 그들 중 얼마를 구원하려는 소망이 있기 때문에 자신의 직분을 영광스럽게 여겼다. 자신의 이방인 사역이 유대인 구원을 성취하는 데 기여할 수 있다고 믿었기 때문이다(11:13-14).

이스라엘 가운데 일부가 시기하게 되어 구원에 이르는 일은 이방인 구원 사역이 시작된 이후 종말까지 역사 가운데 계속되는 일이다. 시기에 의한 이스라엘 구원은 이방인의 구원이 완

---

34 Joseph A. Fitzmyer, *Romans* (AB; New York: Doubleday, 1993), 611.

성되는 종말에만 발생할 특수한 사건이 아니다. 김태훈은 많은 학자가 로마서 11장에서 이스라엘 구원에 대해 연구할 때 구원의 시간적 순서에 초점을 맞추는 잘못된 경향이 있음을 지적했다.[35] 마지막 날에 이방인의 구원이 완성될 때만 이스라엘의 완악함이 제거되거나 시기심이 작용하는 것은 아니다. 이미 바울은 그의 시대에 골육이 시기하여서라도 구원에 이르기를 소망했고, 11:31에서는 '지금'이 바로 그들이 긍휼을 얻을 때임을 지적한다.

하나님의 인류 구원 계획은 이방인과 유대인 사이의 상호관계를 통해 성취된다는 것은 학자들이 일반적으로 동의하는 내용이다. 11:11-14과 11:30-32은 이방인과 유대인 사이에 있는 상호작용을 잘 드러낸다. 유대인이 복음을 배척함으로 구원이 이방인에게 이르고 이방인 구원은 이스라엘의 시기심을 불러일으켜 유대인이 복음에 반응하게 만든다. 이러한 상호작용은 역사 가운데 계속되는 이방인 구원의 방식이면서 동시에 유대인 구원의 방식이다.

그리하여 온 이스라엘이 구원을 받으리라

로마서 11:26은 "그리하여 온 이스라엘이 구원을 받으리라"고 밝히고 있는데, '그리하여'에 해당하는 후토스οὕτως에 대해 살펴보자. '그리하여'로 번역된 후토스οὕτως는 방식을 나타내

35 김태훈, "바울이 생각한 이스라엘의 회복: 로마서 11장의 관점에서,"《신약 연구》10(2011): 591-95.

어 '이런 방식으로'in this manner라는 의미이다. 톰 라이트는 후토스οὕτως가 "그러고 나서" 또는 "그 이후"와 같이 시간을 의미하는 것으로 사용되지 않았다고 주장한다.[36] 조칼리Christopher Zoccali는 바울이 시간적인 의미를 나타내기 원했다면 카이 후토스καὶ οὕτως가 아닌 카이 토테καὶ τότε를 사용했을 것이라고 본다.[37]

그렇다면 바울이 11:1-24에서 논증했고 11:25에서 요약한 카이 후토스καὶ οὕτως 즉 '이런 방식으로'가 지시하는 온 이스라엘의 구원 방식은 무엇인가? 이방인의 충만한 수가 구원에 이르게 되기까지 이스라엘에게 부분적 우둔함이 계속된다는 것이다. 이스라엘의 계속적인 우둔함과 복음에 대한 배척은 복음을 이방인에게 흘러가도록 하는 방식으로 작용한다. 그리고 종말에 이르러 선택받은 이방인이 모두 구원을 받는다. 이방인 구원은 역사 가운데 유대인이 시기해서라도 그리스도를 믿게 하는 방식으로 작용하기도 한다. 그리고 선택받은 이방인이 모두 구원을 받는 종말에 이르러 마침내 온 이스라엘도 구원을 받게 된다. 이와 같은 바울의 논증을 고려할 때 후토스οὕτως로 시작되는 '온 이스라엘이 구원을 받으리라'는 진술에서 '온 이스라엘'은 선택받은 유대인 전체로 보는 것이 자연스럽다. 26절의 '온 이스라엘'은 25절에 언급된 이방인의 충만한 수에 대응하는 택함 받은 유대인

---

36 Wright, *The Letter to the Romans*, 691; 제임스 던은 καὶ οὕτως에서 어떤 시간적 의미(some temporal weight)를 제외할 수 없다고 하면서도 οὕτως의 근본적 의미는 "그러므로, 이러한 방식으로(thus, in this manner)"라고 주석한다. Dunn, *Romans II*, 681.

37 Christopher Zoccali, "'And so all Israel will be saved': Competing Interpretations of Romans 11.26 in Pauline Scholarship," *JSNT* 30(2008), 309.

전체를 가리키는 것으로 볼 수 있다.

따라서 후토스οὕτως는 온 이스라엘의 구원이 유대인과 이방인과의 상호의존적 관계를 통해 성취될 것을 말하고 있다는 학자들의 견해는 정당하다.[38] 앞에서 필자가 주장한 것처럼 "이스라엘의 우둔함으로 인한 복음 배척 → 구원이 이방인에게 이름 → 이스라엘이 시기하여 일부가 구원에 이름"이라는 상호의존적 방식이 역사 속에서 계속되어 최종적으로 온 이방인 구원과 '온 이스라엘' 구원이 성취된다.

감람나무 비유를 통한 온 이스라엘의 구원

감람나무 비유에도 각 시대에 이스라엘을 구원하시는 하나님의 원리가 드러난다. 이 비유 자체도 종말에 유대인이 대규모로 회심할 것을 암시하지 않는다. 로마서 11:17-24에 기록된 돌감람나무와 참감람나무 비유는 로마에 있는 대다수 이방인 성도들에게 주는 현재적 경고이며 교훈이다. 바울은 돌감람나무에 해당하는 이방 성도들에게 참감람나무에 접붙임 받은 것으로 인해 자랑하거나 높은 마음을 품지 말고 두려워하라고 권고한다. 이스라엘도 믿지 아니하는 데 머무르지 아니하면 접붙임을 받을 것이며 그들은 원가지이니 더욱더 자기 감람나무에 접붙이심을 받을 것이라고 설명한다(11:23-24).

도리어 로마의 이방 성도들에게 하나님의 인자하심에 머물

38 Zoccali, "'And so all Israel will be saved'," 309.

러 있지 않으면 찍혀 버려질 것이라고 경고한다(11:22). 이스라엘이 지금 믿지 않는 데 머무르지 아니하면 그들은 지금 접붙임을 받을 것이고 그들을 접붙이실 능력이 하나님께 있으므로 이방 성도들은 지금 자랑하거나 교만해서는 안 된다는 것이다. 바울은 그의 시대를 포함하여 시대마다 믿지 아니하는 데 머무르지 않으면 이스라엘이 자기 감람나무에 접붙임을 받는 구원이 계속될 것을 나타낸다. 이와 같이 온 이스라엘이 구원을 받는 구원 사역은 "믿지 아니하는 데 머무르지 아니하[는]"(11:23) 모든 시대의 유대인을 통해 역사 속에서 완성되어 갈 것이다.

'온'은 대다수 또는 많은 수를 가리키는가?

로마서 11:26의 '온 이스라엘'πᾶς Ἰσραήλ을 필자는 역사를 통해 구원받을 유대인의 총수로 해석했다. 그러나 '온 이스라엘'이 미래에 즉 종말의 때에 구원받을 대다수 유대인을 가리킨다고 해석하는 학자들은 '온'πᾶς을 전부가 아니라 대다수 또는 많은 수를 가리키는 것으로 보려 한다.[39] 그러나 명백히 '온' 즉 '모든' 이스라엘이라고 되어 있는 것을 학자의 신학적 견해를 입증하기 위해 '대다수'라고 해석하는 것은 무리가 있다. 벤 머클은 "'온'을 종말의 때의 상당히 많은 유대인을 의미하는 것으로 보는 것이 '온'의 의미에 대한 정당한 해석인가"라고 반문한다.[40] 헨드릭슨도 예수님의 재림 때 또는 그 직전에 생존한 비교적 작

39 Schreiner, *Romans*, 599; Hultgren, *Paul's Letter to the Romans*, 420.

40 Merkle, "Romans 11 and the Future of Ethnic Israel," 717.

은 유대인의 부분tiny fraction of Jews을 "온 이스라엘"이라고 묘사하는 것은 이상하게 들리지 않는가라고 반문한다.[41] '온'의 의미를 '모든'으로 보고 바울이 모든 이스라엘이 구원을 받으리라고 말하는 의미가 무엇인가를 설명하는 것이 좀 더 본문에 충실한 해석이 될 수 있다. 온 이스라엘을 문자 그대로 역사상 이스라엘 나라 중 택함받은 유대인 전부 즉 남은 자 전체를 의미하는 것으로 본다면 '온'의 의미를 변형할 필요가 없다.

'온 이스라엘'을 종말의 상당수의 유대인으로 이해하기보다 역사상 택함받은 유대인 전부 즉 남은 자 전체로 보는 것이 로마서 11장에서 전개되는 바울의 논증을 더욱 견고하게 한다. 자기 백성에 대한 하나님의 신실함을 입증하기 위해 바울은 온 이스라엘이 구원을 받으리라고 주장한다. 11:1에서 바울은 "하나님이 자기 백성을 버리셨느냐"고 질문한 후에 "그럴 수 없다"고 대답한다. 11:11에서는 "그들이 넘어지기까지 실족하였느냐"고 질문한 후에 "그럴 수 없다"고 대답한다. 이와 같은 논의의 결론적 선언으로 11:26에서 바울은 "온 이스라엘이 구원을 받으리라"고 말한다. 예수님의 재림 때에 가서야 그때 살아 있는 유대인 중 상당수가 회심할 것이라고 말하는 것이 자기 백성을 버리지 않는 하나님의 신실하심에 대해 얼마나 효과적인 논증이 될 수 있을까?

하나님은 택하신 자들 중 하나도 잃어버리지 않는다. 하나

41 Hendriksen, *Romans*, 379.

님은 역사 가운데서 여전히 이스라엘에게 긍휼을 베푸시고 믿는 자들을 구원하신다(11:31). 원가지인 유대인은 믿을 때 더욱 기꺼이 자기 감람나무에 접붙이심을 받으며(11:24) 접붙임을 받는 하나님의 긍휼하신 사역은 바울 당시인 '이제'(11:31)뿐 아니라 그 이후 역사 가운데 계속된다. 그리하여 이방인의 충만한 수가 들어오는 때까지(11:25) 택함받은 이스라엘도 예외 없이 전부 구원을 받게 된다(11:26). 이런 점에서 파스 이스라엘πᾶς Ἰσραήλ은 종말의 때에 살아 있는 유대인 중 상당히 많은 수가 아닌 역사를 통해 구원받을 유대인의 총수를 가리킨다.[42]

'온 이스라엘'의 구원 방식

'온 이스라엘'은 어떻게 구원을 받게 되는가? 이스라엘의 일부 우둔하게 된 자들은 예수 그리스도를 믿지 않음으로 구원을 받지 못할 것이지만 믿는 자들은 구원받아 '온 이스라엘'에 속하게 될 것이다. 바울은 로마서 11:23에서 이미 유대인이 구원 얻게 될 방식을 언급했다. "그들도 믿지 아니하는 데 머무르지 아니하면"(23)이라는 말은 그들이 믿으면 접붙임 즉 구원을 받게 될 것을 의미한다. 로마서 9:32에서 바울은 이스라엘이 구원에 이르지 못한 이유를 밝힐 때도 "이는 그들이 믿음을 의지하지 않고"라고 했는데, 이것 역시 그리스도를 믿는 것이 유대인 구원의

42 조병수도 "여기에서 말하는 '온 이스라엘'은 하나님께서 선택하신 남은 자의 총수를 가리킨다"고 본다. 조병수, "이스라엘을 향한 하나님의 비밀: 로마서 9-11장 주해와 적용," 306-307.

방법임을 보여 준다.

유대인 구원과 관련해서 최근 일부 학자들의 호응을 얻고 있는 것이 이중언약주의이다. 구원에 이르는 두 가지 방법으로서 두 가지 언약이 있다는 것이다. 이방인은 그리스도 언약에 따라 예수 그리스도를 믿음으로 구원을 얻지만, 유대인은 토라 언약이 있어서 그들만의 독특한 방식으로 구원을 얻는다는 주장이다.[43] 이중언약주의가 구원사 속에서 유대인의 독특한 위치를 강조하고 하나님의 언약의 신실성을 변호해 주는 듯 보이기는 하지만 이러한 주장은 잘못된 것이다. 위에서 언급한 로마서 9:32, 11:23 외에도 10:12은 "유대인이나 헬라인이나 차별이 없음이라 한 분이신 주께서 모든 사람의 주가 되사 그를 부르는 모든 사람에게 부요하시도다"라고 말함으로써 유대인이나 헬라인이나 차별 없이 모두 예수 그리스도를 믿음으로 불러 구원을 받는다는 것을 명시한다.

그리스도가 재림할 때 유대인이 대규모로 구원을 받게 될 것이라고 주장하는 학자들 사이에는 온 이스라엘에게 그와 같은 구원이 어떻게 이루어질 것인가에 대한 다양한 논의가 있다. 재림 때 대다수 유대인이 극적으로 회심하여 예수를 그리스도라고 고백하여 구원을 받을 것이라고 주장하기도 하고, 비록 예수를

---

43 스텐달(Stendahl)과 무스너(Mussner)는 로마서 11:26과 관련하여 유대인들이 그리스도를 받아들이지 않고(Stendahl) 복음으로 인한 회심이 없어도(Mussner) 그리스도의 재림 때 구원을 받을 것이라고 주장한다. 그들의 견해에 대한 설명과 비판은 다음을 보라. Reidar Hvalvik, "A 'Sonderweg' for Israel: A Critical Examination of a Current Interpretation of Romans 11.25-27," *JSNT* 38(1990), 87-108.

그리스도로 고백하지 않아도 하나님의 긍휼하심으로 구원을 받는다고 주장하기도 한다.

헐트그렌Hultgren은 이스라엘의 구원은 역사의 끝에 순전히 하나님의 긍휼로 이루어진다고 본다. 유대인이 비록 역사 속에서 예수님을 주로 고백하지 않아도 하나님의 은혜로 구원을 받는다고 주장한다. 이스라엘의 구원은 토라를 지켜서 얻는 것도 아니고 예수님에 대한 믿음을 고백함으로 얻는 것도 아니라 오직 하나님의 은혜로 얻는다는 독특한 견해를 제시한다.[44] 그러나 이러한 견해도 위에서 언급했듯이 로마서 본문이 지지하지 않는다. 예수님의 재림 때 유대인의 대규모 회심이 있을 것이라는 주장은 극적인 대규모 회심을 설명하기 위해 그리스도를 믿지 않아도 하나님의 은혜로 구원을 받는다는 데까지 나아가며 이중언약주의를 제시하기도 하지만 로마서의 가르침이 이것을 지지하지 않는다.

바울은 로마서에서 유대인이나 이방인이나 예수를 주로 시인하고 믿음으로 구원을 받는다고 선포한다. 바울이 로마서 11장에서 골육이 시기하여 구원 얻기를 소망할 때 골육이 시기하는 것은 이방인이 그리스도를 믿어 구원받는 것이다. 꺾인 가지인 이스라엘의 일부가 다시 접붙임을 받는 것도 그리스도를 믿는 믿음에 의한 것임을 바울은 분명히 한다(11:23). 이와 같은 일관된 설명 이후에 11:26에 가서 바울이 믿음이 아닌 다른 것으로

---

44 Hultgren, *Paul's Letter to the Romans*, 423.

유대인이 구원받는다고 주장할 것 같지 않다. 더욱이 믿지 않던 유대인이 극적으로 믿어 구원받는 때가 그리스도가 재림할 때라는 견해는 지나침 감이 있다. 리차드 프랏Richard L. Pratt이 지적하듯 그리스도가 영광 가운데 다시 오실 때는 회개하지 않는 이방인이나 유대인 모두에게 회개하기에는 이미 너무 늦은 때이기 때문이다.[45]

필자가 앞에서 밝힌 대로 "그리하여 온 이스라엘이 구원을 받으리라"(롬 11:26)는 결론적 선언은 종말에 유대인에게 민족적인 대규모 회심이 있을 것이라고 선언하는 것이 아니라 유대인과 이방인의 상호의존적 방식으로 역사 가운데 선택받은 유대인이 구원받아 종말에 이르러는 모두 구원에 이르게 될 것이라고 선포하는 것이다. 이러한 해석은 종말에 어떻게 유대인이 급작스럽게 대규모로 구원을 받게 될 것인가에 대한 (성경 본문이 명확히 언급하지 않는) 다양한 사변적 논의에 빠지는 것을 방지한다.

구원자가 시온에서 오사

바울은 로마서 11:26b-27에서 칠십인경LXX 이사야 59:20-21, 27:9을 인용하는데, 이때 이사야 59:20을 인용하면서 헤네켄 시온ἕνεκεν Σιων(시온을 위하여) 대신에 에크 시온ἐκ Σιὼν(시온에서)을 새롭게 첨가한다.[46] 바울은 시온에서 오는 구원자를 로

---

45 Richard L. Pratt, "To the Jew First: A Reformed Perspective" in Darrell L. Bock and Mitch Glaser (ed), *To the Jew First: The Case for Jewish Evangelism in Scripture and History* (Grand Rapids: Kregel, 2008), 184.

46 김경식은 로스 와그너(J. Ross Wagner), 셤(Shiu-Lun Shum)과 함께 ἐκ Σιὼν은 바울 자신이

마서의 문맥에 맞게 예수 그리스도로 해석하고 있음이 틀림없다. 예수 그리스도는 시온에서 오는 구원자로서 야곱 즉 이스라엘의 불경건과 죄를 제거하는 자이며 언약을 성취하시는 분이다.

유대인 중에 대규모 회심이 종말에, 특히 예수님의 재림 때 있을 것이라고 주장하는 학자들은 에크 시온ἐκ Σιὼν(시온에서)을 히브리서 12:22에 근거해서 하늘의 예루살렘으로 보려는 경향이 있지만, 바울은 이사야의 예언이 예수 그리스도의 초림에 의해 성취되었음을 인식하며 에크 시온ἐκ Σιὼν을 사용한 것으로 보인다. 그렇다면 여기의 시온은 땅의 예루살렘을 가리키며 에크 시온ἐκ Σιὼν은 그리스도가 유대인의 혈통으로 나심 또는 땅의 예루살렘에서 부활하심을 의미하거나 누가가 사도행전에서 묘사하듯 복음이 예루살렘에서 시작하여 유대와 사마리아와 땅 끝까지 이르게 될 것을 가리키는 것으로 볼 수 있다.[47]

구원자가 시온에서 오사 '야곱에게서' 경건하지 않은 것을 돌이키시겠다는 약속의 말씀이 성취된 것이 온 이스라엘의 구원이다. 야곱이라는 단어가 상징하는 이스라엘 가운데 택함받은 자들의 죄는 그리스도가 오셔서 십자가에서 죽으심으로 제거된다. 그리스도가 오심으로 하나님의 언약은 성취된다(11:27).

로마서를 쓰면서 변형한 것이라고 주장한다. 김경식, "로마서 11:26-27의 ἐκ Σιὼν에 관한 연구: 바울은 구약 본문을 왜곡하고 있는가?," 《신약 연구》 13(2014), 313.

47 Kim, "Reading Paul's καὶ οὕτως πᾶς Ἰσραὴλ σωθήσεται (Rom. 11:26a) in the Context of Romans," 319, 328; 틸만은 이 표현이 예수님의 유대성, 즉 다윗의 후손으로 오심(from David's offspring, 롬 1:3) 또는 이스라엘에서 나심(from Israel, 9:5)을 강조하려는 바울의 의도를 드러내는 것이라고 본다. Frank Thielman, *Romans* (Grand Rapids: Zondervan, 2018), 548.

* * *

로마서 11장에서 바울은 하나님이 자기 백성을 버리지 않으셨음을 논증하며 하나님은 언약에 신실하신 분임을 입증한다. 바울 자신이 구원받은 것이 그 한 예이다(11:1). 그러나 바울은 자신뿐 아니라 '온 이스라엘'이 구원을 받게 될 것을 확신한다. 바울은 온 이스라엘 구원의 방식을 11:11-24에서 설명하고 25절에서 요약한다. 이스라엘의 불신으로 이방인에게 구원이 이르러 이방인의 충만한 수가 구원을 얻게 될 것이다. 이방인의 충만한 수가 구원을 얻기까지 이스라엘의 일부 우둔하게 된 자는 역사 속에 계속 존재할 것이다. 그럼에도 불구하고 선택받은 유대인은 그리스도를 믿음으로 구원에 이르게 되어 마침내 구원받기로 예비된 유대인의 총수, '온 이스라엘'이 구원을 받을 것이다. 하나님은 바울을 포함한 이스라엘의 남은 자 전체 즉 '온 이스라엘'을 마침내 구원하여 하나님의 신실하심 곧 자기 백성을 버리지 않으심을 증명하실 것이다. 하나님의 은사와 부르심에는 후회하심이 없다(11:29).

로마의 이방인 그리스도인은 하나님이 유대인을 버리지 않았다는 사실과 자신들은 참감람나무에 접붙임 받은 자인 것을 알고 유대인을 향해 교만하지 말아야 한다. 무엇보다도 구원받은 이방인은 유대인이 시기하여서라도 구원 얻도록 지금 그들에게 아브라함과 이삭과 야곱의 하나님 안에서 누리는 복을 간증하며 복음을 전해야 한다. 유대인 구원은 종말에 그리스도의 재림과 더불어 대규모로 이루어질 미래의 초자연적 사건으로 이해할 것이 아니라 구원받은 이방인 성도들이 지금 감당해야 할 현재적 사명으로 이해해야 한다. 지금도 유대인 가운데 남은 자가 있기 때문이다(11:5). 종말에 대규모로 유대인이 구원받게 될 것을 소망하며 그때 이루어질 유대인에 대한 하나님의 신실하심을 바라볼 것이 아니라 택함받은 유대인이 역사 가운데 지속적으로 복음에 반응하고 구원에 이르도록 각 시대의 그리스도인이 유대인에게 복음을 전해야 한다. 이스라엘에 대한 하나님의 신실하심은 모든 시대의 이방 그리스도인이 자기 시대에 경험해야 할 메시지이다.

Q

09

Q 09

로마서는 다문화 시대의 한국 교회에 무엇을 가르치는가?

로마서 14:1-15:13

로마서는 사도 바울이 로마 교회의 다문화 상황에 보낸 편지이다. 로마 교회는 대다수의 이방인과 소수의 유대인으로 구성된 다문화 교회로서 이들 사이에 내부적 갈등을 겪고 있었다. 로마서 14:1-15:13에서 바울은 이 두 그룹을 강한 자와 약한 자로 부르며 이들의 문제를 다룬다. 이 장에서는 로마서 14:1-15:13을 중심으로 다문화 상황인 로마 교회에 어떤 문제가 있었는지 진단하고, 바울이 이들에게 주는 해결책을 찾아보며, 한국 사회와 한국 교회에 주는 시사점을 고찰하려 한다.

한국의 다문화 상황

한국은 다문화 사회로 진입하였다. 2016년 말 국내 체류 외국인은 204만 9,441명으로 총인구(5,169만 6,216명)의 4퍼센트에 이르고 이 가운데 결혼이민자는 26만 7,275명으로 체류 외국인 전체의 13퍼센트를 차지하였다. 2016년 말 기준 국제결혼 건수는 2만 600건으로 총 혼인대비 7.3퍼센트를 차지하였다.[1]

2018년 8월 한국 대학에서 유학하고 있는 외국인 수는 16만 1,390명인데, 이 가운데 중국인은 7만 2,499명으로 가장 많았다. 베트남이 2위로 3만 8,825명, 몽골이 3위로 8,199명이었다.[2]

2018년 1월 24일 법무무가 발표한 자료에 의하면 2017년 국내 체류 외국인은 2016년의 204만 명에 비해 6.4퍼센트 늘어난 총 218만 명으로 충청남도 인구보다 많은 것으로 집계되었다. 이것은 한국 주민등록인구 5,178만 명의 4.2퍼센트로 충청남도 인구(211만 명)보다 많은 규모이다.[3]

결혼이민자뿐 아니라 외국인 근로자, 유학생, 난민, 외국 국적 동포 등 교회가 통합을 이루어야 할 타문화권 대상자가 늘어나고 있다. 법무부에서는 이민자들을 위한 사회통합프로그램을 만들어 2017년 기준 전국 301개 이민자통합지원센터에서 '한국어와 한국 문화', '한국 사회 이해'에 관한 교육을 실시하고 있다.[4]

탈북 이주민 역시 다문화적 관점에서 접근해야 할 대상이

---

1 이성순, "결혼이민자에 대한 사회통합교육의 실제와 과제," 〈기독교사상〉 708(2017.12): 20.

2 법무부 출입국 외국인 정책 본부, 〈출입국·외국인정책 통계월보〉 2018년 8월호 (http://www.moj.go.kr/doc_html/viewer/skin/doc.html?fn=7509b0616f5102f2800b89584ae967b6&rs=/doc_html/viewer/result/201808/) [접속일: 2018년 9월 28]

3 http://www.edaily.co.kr/news/news_detail.asp?newsId=03122566619081000&mediaCodeNo=257 & OutLnkChk=Y [접속일: 2018년 4월 1일]

4 이성순, "결혼이민자에 대한 사회통합교육의 실제와 과제," 23.

되고 있다. 사회·문화·정치·경제 면에서 탈북 이주민은 외국인 이주민이 한국에 정착했을 때 겪는 문제를 동일하게 겪게 되기 때문이다.[5]

이와 같은 다문화 상황은 갈등과 분열을 야기할 잠재적 가능성이 높다. 따라서 한국 교회는 다문화 상황을 받아들이고 갈등을 대비해야 하며 갈등과 분열이 일어났을 때 해결할 수 있는 역량을 강화해야 한다. 교회는 인종·민족·문화 배경이 다른 사람들에게 복음을 전하고 하나된 교회를 이루며 사회 통합을 추구해야 한다.

로마서 14:1-15:13의 배경이 된 로마 교회의 다문화 상황

로마 교회는 문화 배경이 다른 성도들이 모여 하나의 교회를 이룬 다문화 교회였다. 이런 점에서 오늘날 다문화 사회로 변화되어 가는 한국에서 교회가 어떤 시각으로 다문화와 기독교 신앙을 보아야 하는지 통찰력을 제공해 준다.

로마 교회는 유대인에 의해 시작된 것으로 보인다. 사도행전에 의하면 오순절에 성령이 임하고 베드로와 사도들이 성령의 충만함을 받아 각 다른 방언으로 그리스도를 전할 때 그곳에 로마로부터 온 유대인들이 있었다(행 2:10). 이들은 로마로 돌아가

5 최원오, "구비문학을 통한 다문화적 소통방법의 모색," 2018 한국구비문학회 동계학술대회 발표논문집, 46.

그리스도의 복음을 로마에 전하면서 유대인 중심의 교회를 형성하였다.[6] 유대 문화는 로마 교회의 주류 문화였을 것이다.

그 후로 복음을 듣고 이방인들이 교회에 들어오면서 이방인의 수는 늘어갔을 것이다. 로마 교회에 이방인이 대다수를 차지하고 이방인 지도력이 확고히 자리 잡은 것은 아마 클라우디우스(글라우디오, Claudius) 황제가 유대인을 로마에서 추방한 일이 계기가 되었을 것이다.

로마의 역사가 수에토니우스Suetonius는 크레스토"Chresto"로 인한 혼란 때문에 유대인이 로마에서 추방되었다고 기록하고 있는데, 대다수 학자가 크레스토"Chresto"는 크리스토"Christo" 즉 그리스도를 잘못 기록한 것으로 판단한다.[7] 그리스도에 대한 신앙 때문에 유대인 사이에 격렬한 논쟁과 다툼이 있었던 것으로 보인다. AD 49년경에 선포된 클라우디우스 칙령에 의해 로마를 떠난 유대인 중에는 아굴라와 브리스길라 부부도 있었다(행 18:2). 바울은 이들을 고린도에서 만나 천막 만드는 일을 함께 하며 복음을 전하게 되는데, 이들을 통해 로마에서 있었던 유대인의 갈등 상황과 클라우디우스 칙령, 그리고 그 결과를 소상히 듣고 로마 교회의 형편도 어느 정도 알게 되었을 것이다.

AD 54년 클라우디우스가 죽은 후 유대인이 다시 로마로 돌아오기 시작했고 바울이 로마서를 쓸 무렵인 AD 57년에 로마

---

6 이한수 역시 이와 같은 견해가 가장 개연성이 있다고 본다. 이한수, 《바울 사도가 로마인들을 위해 쓴 복음 해설서: 로마서》(서울: 킹덤북스, 2016), 29.

7 Thomas R. Schreiner, *Romans*, BECNT (Grand Rapids: Baker, 2018), 11.

교회는 소수의 유대인과 다수의 이방인으로 구성된 이방인 중심의 교회가 되었다. 로마서 16:3에서 바울은 브리스가와 아굴라에게 문안 인사를 전한다. 클라우디우스 칙령으로 로마를 떠나 고린도에 갔던 그들이 바울이 로마서를 쓸 때쯤에는 로마로 돌아와 로마에서 가정 교회를 이루고 있었고 바울은 그와 그의 집에 있는 교회에 문안 인사를 전한다("저의 집에 있는 교회에도 문안하라" 16:5). 추방에서 돌아온 유대인 성도들은 소수자로서 로마 교회의 다수를 차지하는 이방인 성도들과 하나 되어 교회를 이루는 데 있어 미묘한 갈등을 겪었던 것으로 보인다.

바울이 로마서를 쓸 때 로마 교회 구성원의 대다수가 이방인이었음은 로마서 본문을 통해서도 확인할 수 있다. 바울은 자신의 사명이 모든 이방인 중에서 믿어 순종하게 하는 것(1:5)이라고 밝힌 후에 로마의 성도들도 이방인 중에서('그들 중에서' 1:6) 예수 그리스도의 것으로 부르심을 받은 자들이라고 선언한다. 로마서 1:13에서 로마 방문에 대한 간절한 열망을 표현하면서 바울은 너희 중에서도 '다른 이방인 중에서와 같이' 열매를 맺게 하려 한다고 말하여 그들이 다른 이방인과 같이 이방인 그룹에 속함을 나타낸다. 로마서 11:13은 로마 교회 구성원의 대다수가 이방인임을 "내가 이방인인 너희에게 말하노라"라는 표현을 통해 드러낸다. 이처럼 로마 교회는 대다수 이방인과 소수의 유대인으로 구성되었다.

로마서 14:1-15:13에 나타난 두 그룹의 문제

로마서 14:1-15:13은 로마 교회 안에 약한 자와 강한 자로 불리는 두 그룹이 존재했음을 보여 준다. 예외는 있겠지만 강한 자는 주로 이방 그리스도인이고 약한 자는 주로 유대 그리스도인이다.[8]

약한 자는 기독교 신앙을 가진 후에도 이전에 유대인으로서 행하던 삶의 방식과 전통을 버리지 못하고 그대로 행하는 그리스도인이었다. 그들은 고기를 먹지 않고 특정한 날을 중시하며 포도주도 마시지 않았다(14:2-3, 5-6, 21). 약한 자는 규정된 방식으로 도살된 고기"kosher"만을 먹으려 했는데, 로마에서는 그러한 고기를 구하기가 어려웠을 것이고 따라서 그들은 채소만 먹었을 것이다(14:2). 이들은 구약의 정결법을 지키기 위해 노력했다.

약한 자는 특정한 날을 다른 날보다 낫다고 판단했다(κρίνει, 14:5). 이들은 유대의 절기나 안식일을 중요하게 여기며 이를 준수하려 했다. 안식일 준수는 유대인과 이방인을 구분하는 표지로서 모세의 율법이 규정하는 것이다.

강한 자는 유대인의 관습과는 무관하게 살아가는 대다수의 이방 그리스도인이다. 강한 자는 구약의 정결법에 매이지 않고 무엇이든 먹을 수 있다고 판단했다(14:2). 이들은 무슨 고기든

---

8 Schreiner, *Romans*, 687; Richard N. Longenecker, *The Epistle to the Romans*, NIGTC (Grand Rapids: Eerdmans, 2016), 1012.

먹을 수 있고 어느 특정한 날을 더 거룩하게 여기지 않았다(14:5). 그리스도 안에서 유대인의 절기나 안식일 규정으로부터 자유함을 이해했다.

이들 두 그룹 사이에 비판과 업신여김이 있었다(14:1, 3, 4, 10, 13,). 강한 자는 그리스도에 대한 신앙을 고백한 이후에도 여전히 이전의 유대적 관습과 규범을 벗어버리지 못하는 약한 자를 비판하고 업신여겼다(14:1, 3). 반대로 약한 자는 강한 자를 비판했다(14:3, 4).

로마서 14:1-15:13에 나타나는 두 그룹의 문제는 로마 교회의 다문화 상황에 기인한 측면이 있다. 로마의 유대 그리스도인은 오랜 시간 학습되고 내면에 잠재된 유대인의 문화를 벗어버리기 어려웠을 것이다. 이성희는 "문화는 오랜 시간에 걸쳐 한 개인의 내면에 잠재되며 학습되므로 개인이 문화의 영향력을 벗어나기란 쉽지 않다. 문화는 전승되면서 내면화, 규칙화된다"고 지적한다.[9]

강한 자와 약한 자의 문제는 신학적 문제이기도 하다. 새 언약 백성에게 구약의 옛 언약이 차지하는 역할을 어떻게 이해할 것인가 하는 문제가 두 그룹 사이에 걸려 있다.

---

9 이성희, 《한국 문화 어떻게 가르칠 것인가: 이론과 실제》(서울: 박이정, 2015), 17.

다문화 신학 공동체에 주는 바울의 해결책과 한국 교회에 주는 시사점

로마서 14:1-15:13에 드러나는 로마 교회의 문제는 전적으로 다문화적인 시각으로 보기도 어렵고 신학적 차이로만 접근하기도 어려운 혼합적 양상을 띤다고 판단된다. 바울이 강한 자와 약한 자를 나누는 기준은 다분히 신학적이다. 두 그룹은 모두 그리스도에 대한 신앙을 가지고 있다. 구원받을 믿음을 가진 자들이다. 그러나 그리스도 안에 있으면서도 여전히 옛 언약 속에서 살아가는 그룹을 바울은 약한 자라고 부른다. 바울은 그리스도 안에서 옛 언약으로부터 자유를 누리고 있는 자들을 강한 자라고 부른다.

이러한 신학적 차이는 문화적 요인에 기인하는 측면이 있다는 점에서 로마 교회의 문제는 다문화적 성격을 갖는다. 유대인을 오랫동안 지배하여 그들 문화의 일부가 된 구약적 삶의 방식이 그리스도 안에서의 새로운 삶을 살아가는 그들에게 여전히 영향을 끼치고 있다. 이런 점에서 로마 교회는 다문화 신학/신앙 공동체라고 말할 수 있다.[10]

바울은 로마서 14:1-15:13에서 로마 교회의 두 그룹이 한

10 문화와 종교/신앙을 분리하는 것은 쉽지 않은 문제이다. 이은선은 한국의 전통 문화와 종교가 한국인의 심성의 밑바닥에 자리 잡고 삶을 지배하고 있음을 지적한다. 무속을 비롯한 다양한 민속 종교에서 행해지던 의식을 오늘날 종교적 색채를 상실한 민족 문화로 볼 것이냐 살아있는 종교 행위로 볼 것이냐도 논쟁거리이다. 문화와 종교의 상호관련성, 단군상 건립과 강릉단오제에 대한 논의는 다음을 보라. 이은선, "한국의 다종교, 다문화 상황 속에서 기독교 복음의 의미: 종교 편향 논란의 극복을 중심으로," 〈성경과 신학〉 59(2011): 243-247.

마음과 한 입으로 하나님께 영광을 돌리기를 원한다(15:6). 분열을 넘어 화평을 이루고 덕을 세우기를 원한다(14:19). 다문화 상황에서 이러한 일을 이루기 위해 로마 교회는 무엇을 하여야 하며 한국 교회는 무엇을 배워야 하는가? 바울은 다문화 공동체에 어떤 가르침을 주고 있는가?

복음의 진리에 관한 것과 아닌 것

로마 교회는 우선 강한 자와 약한 자 사이의 문제가 복음의 본질에 관한 문제가 아님을 분명히 인식해야 한다. 복음의 본질에 관한 문제라면 타협이 없어야 하고 흔들림이 없어야 한다. 바울은 유대주의자들이 갈라디아 교회를 다른 복음으로 위협할 때 그들을 단호히 배격하였다. 다른 복음을 전하는 자들에게는 저주를 선언할 정도로 바울의 언어는 과격하다(갈 1:8, 9). 그러나 로마 교회의 경우에는 바울이 약한 자를 다른 복음을 전하거나 따르는 자로 판단하지 않는다. 강한 자에게 약한 자를 멀리하고 교제하지 말도록 권하지 않는다. 바울은 이들 사이의 문제를 복음의 본질을 위협하는 중대한 문제로 여기지 않고 있다.

강한 자와 약한 자 사이의 문제는 교회의 거룩을 무너뜨리고 윤리적으로 지탄받는 문제도 아니다. 바울은 고린도 교회를 향해 묵은 누룩을 내버리라고 함으로써 교회 안에 있는 음행자를 교회 밖으로 내보낼 것을 명령한다. 우리의 유월절 양 그리스도께서 희생되셨으므로 누룩 없는 새 덩어리가 된 교회는 죄의 영향력을 차단하며 그 정체성을 지켜나가야 한다는 것이다(고전

5:6-8). 로마 교회의 경우에 바울은 강한 자에게 약한 자를 내보낼 것이 아니라 '받으라'(14:1)고 가르친다. 적극적으로 교회 공동체의 일부로 껴안을 것을 촉구한다. 무엇을 배격하고 무엇을 수용할 것인가? 교회는 무엇을 비진리로 정죄하고 무엇을 약한 자로 감싸 안을 것인가? 교회는 이것을 분별해야 한다.

바울은 강한 자와 약한 자의 문제가 복음의 진리에 관한 것이 아님을 확신한다.[11] 약한 자들은 구원을 받기 위해 특정한 날을 중시하고 특정 음식을 금해야 한다고 주장한 것이 아니다.[12] 따라서 그들의 문제는 복음의 본질에 관한 것이 아니었다. 진리에 관한 문제에서는 교회가 타협함이 없어야 하지만 문화적 차이에 기인한 문제, 신학적 또는 신앙적 미성숙에 따른 문제에는 수용적 접근이 필요하다.

성경신학적 분별력은 이 점에서 매우 중요하다. 어떤 것을 복음의 본질에 관한 것으로, 어떤 것은 용납할 수 있는 문화적인 차이 또는 미성숙의 문제로 판단하고 그에 따른 적절한 대응을 할 것인가를 분별해야 한다. 복음은 모든 문화, 모든 민족에게 변함이 없는 진리이다. 로마서에서 바울은 유대인이나 헬라인에게 동일한 복음을 선포했다. 율법을 행함으로 의롭다 함을 받지 못하며 오직 예수 그리스도를 믿음으로 값없이 구원을 받는다

---

11 권성수는 본문이 비본질적인 문제를 다루고 있음을 다음과 같이 설명한다. "본문은 교리나 윤리의 본질적인 문제와 관련하여 강한 자들과 약한 자들의 상호관계를 다룬 것이 아니라 먹고 마시는 것이나 날짜 지키는 것 등과 같은 비본질적인 문제를 다룬 것이다." 권성수, "믿음이 연약한 자를 받는 공동체로 서라: 로마서 14~16장 주해와 적용," 《로마서 어떻게 설교할 것인가》(서울: 두란노아카데미, 2011), 328.

12 Schreiner, *Romans*, 698.

는 복음을 전했다.[13] 한국 사회에 이주민들과 함께 그들의 종교도 들어오고 있다. 이슬람 문화와 함께 이슬람교도 한국 사회에 들어오고 있다. 다양한 이교 신앙과 풍습이 들어올 때 한국 교회는 복음의 진리를 굳게 지켜야 한다. 그러나 다문화적 상황에서 복음의 본질과 관련되지 않는 부분에 대해서는 분별하는 자세가 요구된다.

다문화 수용성

같은 믿음을 가진 로마 교회의 성도들은 그럼에도 불구하고 그들 사이에 있는 다름 즉 문화적 차이를 이해해야 한다. 로마 교회에 있었던 일부 믿음이 연약한 자는 유대인의 음식법을 지키기 위해서 고기를 먹지 않는 성도들이다. 레위기 13장에 보면 유대인이 먹을 수 있는 동물이 정해져 있었다. 유대인은 이런 음식법을 철저히 지키려고 노력했다. 사도행전 10장에 의하면 베드로는 환상 중에 큰 보자기 같은 것이 내려오고 그 안에 각종 네발 가진 짐승과 기는 것과 공중에 나는 것들이 들어 있는 것을 보았다. "베드로야 일어나 잡아 먹어라"하는 소리가 있을 때 그의 대답은 "주여 그럴 수 없나이다 속되고 깨끗하지 아니한 것을 내가 결코 먹지 아니하였나이다"였다(행 10:10-14). 이처럼 유대인은 유대인의 독특한 음식 규정을 지키는 일에 열심을 내었다. 로마의 유대 성도는 그리스도인이 되었다고 해서 과거의 규율과

---

13 바울은 로마서의 주제 구절인 1:16-17에서 복음은 유대인이나 헬라인이나 차별 없이 모든 믿는 자에게 구원을 주시는 하나님의 능력이라고 선언한다.

습관을 갑자기 벗어버리기가 쉽지 않았을 것이다. 로마의 성도 중 일부는 그리스도인이 되었지만 여전히 이전에 가지고 있었던 유대인으로서의 전통과 습관, 삶의 방식을 버리지 못하고 있었다.

반면에 이방인 그리스도인은 유대인의 음식법이나 절기, 안식일을 지키는 삶으로부터 처음부터 자유로운 사람들이다. 비록 이방인 중에도 유대인의 삶의 방식을 따르는 '하나님 경외자'들이 있었겠지만 대체로 이방인 그리스도인은 유대인과 다른 삶을 살았다. 로마의 이방 그리스도인은 유대 그리스도인이 가진 독특한 문화와 전통을 이해하고 그들의 삶의 방식을 존중하는 자세로 접근할 필요가 있다. 유대 그리스도인은 자신들과 다른 삶의 배경을 가진 이방 그리스도인의 문화와 전통을 수용적 자세로 받아들일 필요가 있다. 약한 자는 자신들의 음식법 준수에 대해 낯설게 느끼는 이방 그리스도인의 문화를 이해하며 그들에 대한 비판을 멈추어야 한다. 갈등을 해결하는 출발점은 상호 문화에 대한 이해와 수용과 존중이다. 이것을 바탕으로 그 위에 신앙과 신학이 자리를 잡아 나가야 한다. 로마 교회의 강한 자와 약한 자가 서로의 문화적 차이를 무시한 채 자신의 믿음만을 주장한다면 갈등의 해결은 요원하다.

다문화 사회는 갈등의 요소를 갖고 있다. 특히 한국은 단일 언어, 단일 문화, 단일 민족에 대해 강조해 왔고 '우리' 의식이 강하다. 이로 인해 인종적 우월성을 부각하고 민족주의와 국가주의를 고취시켰다.[14] 이러한 요인들은 다문화 상황에 적응하는 능력을 약화할 수 있다. 한국 교회는 문화 수용성을 키울 수 있는 교육과 설교로 한국 사회를 이끌어야 한다.

통합과 공존의 기초

바울이 로마 교회에 바라는 것은 로마 교회의 강한 자와 약한 자가 하나 되는 것이다(15:5). 궁극적으로는 그들이 한마음과 한 입으로 예수 그리스도의 아버지께 영광을 돌리는 것이 바울이 로마서를 쓰면서 기대하는 바이다(15:6).

로마 교회가 하나 될 수 있는 가장 든든한 기초는 그들의 동일한 신앙고백이다. 그들은 예수 그리스도를 동일하게 주로 고백하고 하나님 곧 우리 주 예수 그리스도의 아버지를 섬긴다(14:4-6, 15:6). 복음은 서로 다른 다양한 사람들이 그리스도 안에서 하나 되어 하나님의 백성을 이루게 하는 능력이다. 에베소서 2:13-18은 예수 그리스도께서 중간에 막힌 담을 허셨고 그리스도 안에서 유대인과 이방인이 하나 되어 새 사람을 이룬다는 화평의 복음을 선포한다. 교회는 다문화 상황에서 하나됨을 이룰 수 있는 기초로서 복음을 갖고 있다. 복음은 지연, 학연, 민족, 인종을 넘어 그리스도 안에서 하나 되어 하나님께 영광을 돌리게 한다.

---

14 장한업, 《이제는 상호 문화 교육이다: 다문화 사회의 교육적 대안》(경기: 교육과학사, 2014), 33-57.

서로 받으라

같은 믿음을 가진 로마 교회의 강한 자와 약한 자에게 바울이 주는 교훈은 받으라는 것이다. 로마서 14:1에서 바울은 믿음이 연약한 자를 받으라고 말한다. 받는다προσλαμβάνω는 것은 다른 사람에 대한 관용의 차원을 넘어 다른 사람을 자기 친구의 영역 안으로, 그리고 자신이 속한 사회의 구성원으로 받아들이는 것을 의미한다.[15] 자신이 속한 사회, 가정, 교제의 영역 안으로 받아들여 하나님의 백성으로서 친밀한 교제를 나누는 형제와 자매로 대우하는 것이다.[16]

받으라는 가르침은 로마서 15:7에도 등장한다. 이곳에서는 '서로 받으라προσλαμβάνεσθε ἀλλήλους'라고 교훈한다. 그러므로 받으라는 가르침은 한 그룹에게만 주어지지 않고 강한 자와 약한 자 모두에게 주어진다. 받는 행위를 어느 한쪽만 일방적으로 실천해서는 공동체의 하나됨을 이루기 어렵다. 두 그룹이 서로를 받을 때 하나됨이 이루어진다. 받는 행위를 누가 먼저 실천해야 할까? 로마서는 다수인 강한 자 그룹이 하나됨을 위해 먼저 실천하고 행동해야 할 것을 암시한다. 로마서 14:1에서 로마 교회를 향해 믿음이 연약한 자를 너희가 받으라는 가르침을 먼저 주고 있는 것을 볼 때 구성원의 대다수는 강한 자이며 그들에게 먼저 권면하는 듯하다. 다수자 그룹은 공동체의 주도권을 쥔 자들이며 기득권자일 수 있다. 그들이 먼저 상대적으로 소외된 소수

---

15 Longenecker, *The Epistle to the Romans*, 1001.

16 Douglas J. Moo, *The Letter to the Romans*, NICNT (Grand Rapids: Eerdmans, 2018), 852.

그룹을 받아야 한다. 그러나 소수인 약한 자 역시 다수인 강한 자 그룹을 받아야 한다. 하나됨은 자발성에 근거한 것이며 다수가 소수를 강제하는 것이 아니다.

한국 교회와 사회에도 다문화 교육의 필요성이 증대되고 있다. 다문화 교육은 아동부터 성인까지, 이주민과 내국인 모두를 대상으로 다각도로 이루어져야 한다.[17] 모두에 대한 다문화 수용성 교육을 실시해야 하고 소수자만을 위한 일방적 교육이나 다수자의 자문화중심 교육을 하지 않도록 해야 한다. 이주민을 통합의 대상으로만 보아 한국 사회의 구성원을 '주체'로 보고 이주민을 '타자'로 보는 시각은 바람직하지 않다. 이주민 역시 '주체'로서 살아가야 하며 내국인과 상호의존 관계를 정립하는 것이 필요하다.[18]

업신여기거나 비판하지 말라

다문화적 로마 교회에 주는 바울의 또 다른 교훈은 업신여기거나 비판하지 말라는 것이다. 로마서 14:3에서 바울은 먹는 자(강한 자)는 먹지 않는 자(약한 자)를 업신여기지 말고 먹지 않는 자는 먹는 자를 비판하지 말라고 권면한다. 업신여기지 말고 비판하지 말라는 권면은 14:10에도 나타난다. 14:10에서는 질문 형식을 취하여 업신여기는 것과 비판하는 것이 부당한 일임

---

17 정의철, 《다문화 커뮤니케이션》(서울: 커뮤니케이션북스, 2013), 50.

18 박흥순, "이주여성의 현존과 대안적 성서해석," 《다문화 사회와 해석학》(서울: 한들출판사, 2011), 124-27.

을 드러낸다: "네가 어찌하여 네 형제를 비판하느냐 어찌하여 네 형제를 업신여기느냐Σὺ δὲ τί κρίνεις τὸν ἀδελφόν σου; ἢ καὶ σὺ τί ἐξουθενεῖς τὸν ἀδελφόν σου;?" 로마 교회 안에 일어나고 있는 비판과 업신여김이 부당하다는 것은 '네 형제'라는 동일한 말을 반복하여 사용함으로 강조하고 있다. 그들이 비판하는 자는 다름 아닌 '네 형제'ἀδελφόν σου이며 업신여기는 자 역시 '네 형제ἀδελφόν σου'이다.

'형제'를 업신여기고 비판하는 것이 부당하다는 것은 '형제'가 어떤 존재인가를 밝히는 14:15에서 더욱 확대된다. 바울은 '형제'를 "그리스도께서 대신하여 죽으신 형제ὁ ἀδελφός σου…ὑπὲρ οὗ Χριστὸς ἀπέθανεν"라고 묘사한다(14:15). 그리스도께서 위하여 죽으신 형제를 업신여기거나 비판하는 것은 그리스도를 대적하는 두려운 행위라는 뉘앙스를 갖는다. 또한 그리스도께서 대신하여 죽을 만큼 형제가 그토록 소중한 존재라는 사실도 밝혀준다. 그리스도께서 생명을 바쳐 구원하여 낸 형제를 어찌 함부로 업신여기고 비판할 수 있겠는가? 바울은 업신여김과 비판의 부당함을 '형제됨'을 통해 일깨운다.

비판과 업신여김의 부당함은 그리스도의 주되심에서도 찾을 수 있다. 형제들의 주님은 그리스도이시다. 14:4에서 "남의 하인을 비판하는 너는 누구냐σὺ τίς εἶ ὁ κρίνων ἀλλότριον οἰκέτην;"라는 바울의 질문은 형제들은 남의 하인 즉 주님의 하인이고 주님은 형제들의 주인 되신다는 것을 깨우친다. 그리스도에게 속한 형제를 비판하는 것이 얼마나 주제넘은 짓인가? 그가 서고 넘어짐이 그의 주인인 그리스도에게 있고 주인이 그를 세울 수 있는데

(14:4) 형제를 업신여기고 비판하여 그의 서고 넘어짐을 좌우한다면 그리스도에게 속한 권한을 강탈하는 것이 아닌가?[19]

비판과 업신여김의 부당함은 종말적 심판 개념과도 연관되고 있다. 14:10은 우리가 다 하나님의 심판대 앞에 설 것임을 상기시킨다. 바울은 구약을 인용하며 하나님의 심판대 앞에서 모든 혀가 하나님께 자신의 삶을 자백하고 직고하게 될 것임을 밝힌다(14:11-12).[20] 그러므로 형제를 비판하거나 업신여기기보다 자신을 판단하고 자신을 돌아보아야 한다. 하나님을 심판자로 제시한 것은 다른 사람을 비판하고 업신여기는 것은 우리가 하나님의 자리를 차지하고 심판자처럼 행세하는 것임을 일깨우는 것이기도 하다. 이상에서 볼 수 있듯이 바울은 형제를 업신여기고 비판하는 것이 부당함을 로마 교회 공동체에게 매우 강력하게 설파하고 있다.

문화적 차이로 인한 다름에 대해 성도 사이에 비판과 업신여김이 없어야 할 것이다. 형제의 연약한 믿음과 약점은 업신여김이나 비판의 대상이 아니다. 강한 자에 대해서 약한 자 역시 비판하는 자세를 버려야 한다. 바울은 로마서 14:1-15:13에서 강한 자와 약한 자 사이의 문제를 아디아포라adiaphora 문제 곧 요구되거나 금해지지 않은 일로 보는 듯하다. 아디아포라 문제는

19 존 머리도 비슷한 관점에서 이러한 행위는 그리스도와 하나님께만 속하는 권한을 우리의 것으로 착복하는 죄라고 주석한다. 존 머리, 《로마서 주석》(서울: 아바서원, 2014), 692.

20 개역개정 한글성경에 하나님께 자백하리라로 번역된 ἐξομολογήσεται τῷ θεῷ를 더글라스 무는 하나님을 찬송하리라는 의미로 이해하려 하는데, 슈라이너는 이것이 언어학적으로는 가능하지만 문맥적으로 맞지 않음을 옳게 지적한다. Schreiner, *Romans*, 701; Moo, *The Letter to the Romans*, 863.

비판이나 업신여김의 대상이 아니라 자율에 맡겨 두어야 하고 서로의 결정을 존중해야 한다. 바울은 유대 그리스도인이 토라와 유대 전통에 따라 경건함을 표시하는 것을 잘못으로 비판하지 않는다. 그러한 관례를 따르지 않는 다른 그리스도인을 비판하는 것을 바울은 반대한다. 로마 교회는 율법의 요구를 무시하는 이방 그리스도인을 비난하지 말아야 하고 그것을 따르는 유대 그리스도인을 경멸하지 말아야 한다.[21]

자유를 넘어서는 사랑

로마 교회의 강한 자와 약한 자 사이의 문제는 문화적인 요소와 함께 신학적인 요소가 공존하는 것이 사실이다. 바울은 신학적인 면에서 강한 자의 견해를 지지한다. 로마서 14:14에서 무엇이든지 스스로 속된 것이 없다고 함으로써 부정한 고기가 따로 있는 것이 아님을 인정한다. 그리스도 안에 있는 자는 구약의 음식법에 매일 필요가 없다는 것이다. 아무 고기나 먹을 수 있고 먹을 수 있는 자유가 있다. 바울은 율법에 얽매이지 않는 그리스도인의 자유를 인정하고 있다.

바울은 강한 자의 입장을 지지하지만 로마 교회의 화합을 위해서 강한 자가 자기가 가진 자유를 제한할 수 있어야 한다고 가르친다. 강한 자는 자신이 가진 자유를 남용해서 약한 자를 시험에 빠뜨려서는 안 된다. 더글라스 무가 옳게 지적하듯 "값진

21 더글라스 J. 무, 《로마서의 신학적 강해》(경기: 크리스찬출판사, 2007), 332-33.

축복인 그리스도 안에서 자유는 형제자매를 섬기는 데 사용되어져야 한다. 우리는 단순히 무엇을 할 수 있는가에 초점을 맞추기보다는 다른 신자들의 영적 강화와 그리스도의 몸을 세워가기 위하여 무엇을 하여야만 하는가에 초점을 맞추어야 한다."[22]

바울은 로마 교회에 무엇이 옳고 그른가를 넘어서는 그리스도인의 형제 사랑을 가르쳐 주고 있다(14:15). 교회는 예수 그리스도께서 대신하여 죽으신 존귀한 자들의 모임이다. 믿음이 크든 작든, 성장 배경과 문화가 어떠하든 그들 한 사람 한 사람이 그리스도께서 생명을 대신할 만큼 귀한 자들이다. 바울은 그들 앞에 부딪힐 것이나 거칠 것을 두지 않도록 주의하라고 권면한다(14:13). 14:21에서는 고기도 먹지 않고 포도주도 마시지 않고 무엇이든지 형제로 거리끼게 하는 일을 하지 않는 것이 아름답다고 말한다. 이것이 바울이 말하는 형제 사랑이다. 부딪힐 것이나 거칠 것을 제거하고 나에게 있는 자유를 다 쓰지 않는 것이다.

로마 교회에는 음식 문제가 어떤 형제들에게 장애물이 될 수 있었다. 초대 교회에는 다 같이 모여 공동으로 식사하는 식탁 교제가 자주 있었는데, 그때마다 강한 자가 거리낌 없이 아무 고기나 가져다가 식탁 위에 놓고, 먹지 못하는 자를 배려하지 않고, 먹지 못하는 자에게 부담을 주고 은근히 무시하고 업신여길 가능성이 있었다. 어떤 경우에는 고기를 먹는 것이 꺼려지고 부정하다는 생각이 들지만 연약한 형제가 의심을 품은 채 고기를 먹

22 더글라스 J. 무, 《로마서의 신학적 강해》, 335.

음으로 양심에 고통을 느끼기도 했다. 14:23은 "의심하고 먹는 자는 정죄되었나니 이는 믿음을 따라 하지 아니하였기 때문이라 믿음을 따라 하지 아니하는 것은 다 죄니라"라고 밝힌다. 의심하면서 억지로 먹음으로써 마음으로 죄를 짓는 약한 자가 있을 가능성을 나타낸다. 로마 교회 내에서 음식 문제는 어떤 형제를 근심하게 만들고 서로 업신여기고 비판하게 하는 부정적 상황을 만들 수 있었다. 이런 상황에 편지하면서 바울은 형제 사랑에 대한 교훈을 준다. 14:15에서 "만일 음식으로 말미암아 네 형제가 근심하게 되면 이는 네가 사랑으로 행하지 아니함이라 그리스도께서 대신하여 죽으신 형제를 네 음식으로 망하게 하지 말라"고 가르친다.

14:17에서 바울은 하나님 나라를 위해서 무엇이 더 중요한지를 일깨우기 위해 "하나님의 나라는 먹고 마시는 것이 아니요 오직 성령 안에 있는 의와 평강과 희락"이라고 말한다. 바울이 보기에 먹고 마시는 문제는 하나님 나라의 본질적인 것이 아니다. 그런데 고기를 먹는 문제를 가지고 형제를 업신여기거나 비판함으로 근심하게 한다면 교회 안에 하나님 나라의 의와 평강과 희락을 깨뜨리는 것이다.

로마의 고기를 먹는 것은 죄가 아니다. 무엇이든 스스로 속된 것은 없다고 바울은 분명히 선언한다(14:14). 그러나 14:16에서 바울은 "너희의 선한 것이 비방을 받지 않게 하라"고 경고한다. 구약의 음식법에 얽매이지 않고 아무 고기나 잘 먹는 것은 선한 것이다. 그런데 다른 형제를 배려하지 않고 나에게 문제가 없다고 내 자유를 마음껏 누릴 때 다른 형제 중 누군가가 상처를 받고 근심하여 넘어지게 된다면 나의 선한 것, 나의 자유, 내가 가진 강한 믿음이 비방 거리가 될 수 있다. 그러므로 14:21에서 "고기도 먹지 아니하고 포도주도 마시지 아니하고 무엇이든지 네 형제가 거리끼게 하는 일을 아니함이 아름다우니라"라고 말한다. 먹을 수도 있고 마실 수도 있지만 내 행동 때문에 형제가 거리끼게 된다면 형제를 위해 내 자유를 쓰지 않는 것이 진정한 형제 사랑이다.

나에게 자유가 있지만 형제에게 장애물이 되고 거칠 것이 된다면 나의 자유를 형제를 위해 포기할 수 있는 것이 성도들이 나누어야 할 사랑이므로 로마 교회는 그렇게 해야 한다고 바울은 가르친다. 14:18은 "이와 같이ἐν τούτῳ 그리스도를 섬기는 자는 하나님을 기쁘시게 하며 사람에게도 칭찬을 받느니라"라고 말한다.[23] 그리스도께서 대신 죽으신 형제를 음식으로 망하게 하지 않기 위해서 로마의 성도들 가운데 강한 자가 고기 먹을 자신의 자유와 믿음을 제한할 때 하나님께 기쁨이 되고 사람에게도 칭찬을 받게 된다는 것이다. 다문화 상황에서 옳은 것을 주장하고 실천할 때도 항상 형제에 대한 사랑과 배려가 있어야 한다. 바울이 14:19에서 말하듯 우리는 화평의 일과 서로 덕을 세우는 일

---

23 개역개정 한글성경에 "이로써 그리스도를 섬기는 자는…"이라는 표현에서 '이로써'는 ἐν τούτῳ를 번역한 것인데 '이와 같이, 이런 방식으로(in this way)'의 의미로 보아야 한다. 헐트그랜은 RSV와 NRSV가 ἐν τούτῳ를 thus로 번역한 것은 본 구절의 중요성을 거의 상실하게 만드는 것이라고 지적하며 NIV와 NET가 in this way로 번역한 것을 지지한다. 바울은 자신이 앞 구절들에서 언급한 방식을 ἐν τούτῳ를 통해 가리키고 있다. Arland J. Hultgren, *Paul's Letter to the Romans* (Grand Rapids: Eedrmans, 2011), 520

을 힘쓰는 자가 되어야 하기 때문이다.

자기보다 이웃을 기쁘게 하라

바울은 로마서 15:1에서 믿음이 강한 자에게 약한 자의 약점을 담당하고 자기를 기쁘게 하지 말라고 말한다. 15:2에서는 우리 각 사람이 이웃을 기쁘게 해야 할 것을 가르친다. 강한 자와 약한 자 사이의 문제를 해결하기 위해서는 나보다 다른 사람을 위하는 정신, 자기를 기쁘게 하지 말고 이웃을 기쁘게 하려는 자세가 필요하다. 15:2은 이웃을 기쁘게 하되 선을 이루고 덕을 세우도록 하라고 권면한다. 이웃을 기쁘게 하는 목적은 선을 이루고 덕을 세우기 위함이다. 선은 유익을 끼치는 것을 뜻하고, 덕을 세운다는 것은 그 사람을 온전하게 세워 주는 것을 의미한다. 바울이 말하는 기쁘게 한다는 것은 사람들의 비위를 맞추어서 일시적으로 즐겁게 해주는 것이 아니다. 이웃의 약점과 연약함을 보며 기뻐하지 말고 분별력 있는 배려와 도움을 통해 유익을 끼치고 이웃을 온전하게 세워 줌으로써 그를 기쁘게 하라는 메시지이다.

선을 이루고 덕을 세우도록 이웃을 기쁘게 하는 한 가지 방법은 이웃의 약점을 강한 자가 담당해 주는 것이다. 바울은 15:1에서 강한 자가 약한 자의 약점을 담당할 의무가 있음을 밝힌다 'Οφείλομεν δὲ ἡμεῖς οἱ δυνατοὶ τὰ ἀσθενήματα τῶν ἀδυνάτων βαστάζειν. 갈라디아서 6:2에서 바울은 "너희가 짐을 서로 지라 Ἀλλήλων τὰ βάρη βαστάζετε 그리하여 그리스도의 법을 성취하라"고 권면한다. 약한 점은 서로 보완해 주고 도와주고 짐을 져 주어서 서로 자라도록 해야 한다. 로마서 15:1에서 사용된 (약점을) '담당하라'는 말과 갈라디아서 6:2에 사용된 (짐을) '지라'는 말은 동일한 단어 바스타조βαστάζω가 사용되고 있다. 약점을 담당/짊어짐으로써 이웃을 기쁘게 하는 것을 통해 선을 이루고 덕을 세우는 성도의 사랑이 로마 교회 안에 있어야 한다.

다문화 사회에서 어느덧 이웃으로 다가온 이주민들을 대할 때 그들의 연약함과 부족함, 다름(언어, 인종, 피부색 등)을 보며 비웃거나 놀림거리로 삼지 않아야 한다. 이웃을 기쁘게 하고 선을 이루고 덕을 세우도록 약점을 담당해야 한다.

그리스도를 본받음

강한 자와 약한 자 사이의 갈등을 해결하기 위해 바울이 주는 권면에 그리스도를 본받음이라는 모티프를 사용하고 있는 것도 주목할 부분이다. 예수님이 모범을 보여주셨으니 로마의 성도들은 그 본을 따르라는 것이다.[24] 이웃을 기쁘게 하는 모범을 예수님이 보여주셨다. 로마서 15:3에서 바울은 "그리스도께서도 자기를 기쁘게 하지 아니하셨"음을 언급한다. 예수님은 하늘 영광을 버리고 인류에게 기쁨을 주기 위해 섬기러 다문화 세상에 오셨다. 친히 비방을 받으시고 십자가에 달려 죽으셨다. 그러므

---

24 최갑종은 로마서 15:1-13의 권면이 기독론에 기반을 두고 있다는 점을 옳게 지적하며 바울이 그의 윤리를 기독론에 근거하고 있는 또 다른 예로서 갈라디아서와 에베소서를 제시한다. 최갑종, 《로마서 듣기》(서울: 대서, 2009), 506.

로 그리스도 예수는 로마 성도의 모범이 되신다.

15:5에서도 "이제 인내와 위로의 하나님이 너희로 그리스도 예수를 본받아"라고 말하여 그리스도를 모델로 제시한다. 그리스도께서 보이신 모범은 그리스도께서 우리를 받아 하나님께 영광을 돌리신 것이다. 따라서 바울은 15:7에서 "그리스도께서 우리를 받아 하나님께 영광을 돌리심과 같이 너희도 서로 받으라"고 촉구한다.

바울은 궁극적으로 로마 교회의 강한 자와 약한 자의 관계가 하나님께 영광을 돌리는 관계가 되기를 바란다. 하나님께 영광을 돌리기 위해서는 그리스도께서 우리를 받으셨듯이 서로 받아야 한다는 것이 바울의 결론적 가르침이다. 그리스도께서 우리를 받으신 것을 생각한다면 다문화 상황에서 나와 다른 사람들을 우리도 받을 수 있게 될 것이다. 이것이 그리스도를 본받는 삶이다.

다문화 상황에서 불신자와의 관계

로마서 14:1-15:13은 유대인 그리스도인과 이방인 그리스도인으로 구성된 로마 교회의 특수한 상황 속에 나타난 문제를 다루는 것이므로 성도가 불신자를 어떻게 대할 것인가에 대해서는 언급하지 않는다. 그러나 로마서 전체의 가르침에 비추어 본문을 고려해 보면 다문화 상황에서 성도가 불신자에게 복음을 전할 때 적용할 수 있는 바울의 원리를 도출해 낼 수는 있을 것이다. 첫째는 복음의 진리에 대해서는 타협함이 없어야 한다는 원칙이다. 이주민들의 토착 신앙이나 종교에도 구원이 있는 것처럼 복음을 다문화 상황에 적응하기 위해 왜곡해서는 안 된다.[25] 예수 그리스도를 유일하신 구원자로 전하되 이주민들을 향해 인격적이며 문화소통적인 방식으로 전하여 그들을 구원의 길로 초대해야 한다.[26]

둘째는 복음의 진리에 관한 문제가 아니라면 문화 다양성을 수용할 수 있어야 한다는 원칙이다. 그리스도인은 다문화 민감성과 수용성을 가지고 불신자들에게 다가가야 하며 그들의 다양한 문화가 복음을 받아들이는 데 장애물이 될 수 없음을 인식해야 한다. 이주민들의 문화적 다양성에 대한 수용적 자세를 가지고 그들에게 복음을 전해야 한다.

약한 자의 정체성

로마서 14:1-15:13에서 바울은 믿음이 강한 자 편에 서 있다. 15:1에서 "믿음이 강한 우리"라고 말하여 바울도 강한 자에 속함을 나타낸다. 14:14에서는 "내가 주 예수 안에서 알고 확신하노니 무엇이든지 스스로 속된 것은 없으되"라고 하여 무슨 고기든 먹을 수 있다는 강한 자의 견해를 지지한다. 믿음이 강한 자가 믿음이 약한 자의 약점을 담당해야 한다(15:1)고 권면하는 것

---

25 정경호는 복음이 다문화 사회와 혼합되지 않는 절대성과 유일성을 가지고 있음을 주장한다. 그는 로잔언약, 마닐라선언문, 케이프타운헌신 등 일련의 복음주의 운동이 다문화 상황에서 다원주의와 혼합주의를 부정하고 구원에 관한 예수의 유일성을 확립했음을 소개하고 있다. 정경호, "변화하는 다문화 사회에서 한국 교회 선교의 전략과 과제," 〈성경과 신학〉 81(2017): 232-34.

26 오현선, "다문화 사회와 개신교의 종교교육," 《다문화 사회와 해석학》, 157.

을 보면 믿음이 약한 자는 약점을 가진 자이다. 그러므로 바울은 유대 배경을 가진 로마의 약한 자보다는 강한 자의 신학이 옳다는 것을 인정한다. 신약에 와서는 구약의 안식일이나 절기, 음식법이 그리스도인을 구속하지 않는다. 바울이 로마서 14:14에서 "내가 주 안에서 알고 확신하노니 무엇이든지 스스로 속된 것이 없으되"라고 말한 것은 마태복음 15:11이나 마가복음 7:15-16에 기록된 음식에 대한 예수님의 가르침을 그가 알고 확신하고 있다는 것을 나타내는 듯하다.

바울은 이처럼 강한 자의 견해를 지지하는 신학을 갖고 있으면서도 약한 자를 비판하지 말라고 권면한다(14:1). 다수인 강한 자가 고기를 먹지 않는 약한 자를 업신여기지 말라고 한다(14:3). 약한 자를 강압적으로 바꾸려고 하지 않는다. 약한 자를 유대인의 정체성을 지키려는 자들이다. 이방 그리스도인은 유대 그리스도인에게 이방 그리스도인과 같은 정체성을 갖도록 강제하거나 억압할 수 없다. 로마서는 기존의 정체성을 유지하면서 그리스도인이라는 새로운 정체성 아래 통합될 수 있도록 하고 있다.

다문화 교육에서도 일방적인 동화(assimilation)가 아니라 상호의존(interdependence)의 관계로 나아가는 것이 바람직하다. 사회통합 대상과 주체로서의 이주여성을 연구하면서 박홍순은 "서로 다른 문화·언어·인종·전통·관습을 가지고 살았던 한국 사회의 구성원과 이주여성은 각각의 정체성을 유지하는 동시에 서로에게 영향을 주는 '상호의존의 존재'"라고 진단하고 있다.[27]

주를 위한 문화

그리스도인은 모든 문화를 주를 위한 문화로 만들어 가야 한다. 음식과 날에 대한 생각은 다르지만 강한 자와 약한 자는 먹거나 먹지 않는 이유, 또는 특정한 날을 중히 여기는 이유가 모두 주를 위한 것이었다. 로마서 14:6은 이 점을 드러낸다. "날을 중히 여기는 자도 주를 위하여 중히 여기고 먹는 자도 주를 위하여 먹으니 이는 하나님께 감사함이요 먹지 않는 자도 주를 위하여 먹지 아니하며 하나님께 감사하느니라."[28] 문화는 다르지만 각각의 문화를 유지하는 이유는 그것이 주님을 섬기기에 더 좋은 방법이기 때문이다.

다양한 문화를 통해 모든 사람은 주를 더 잘 섬기기 위해 노력해야 한다. 모든 그리스도인은 각각 그들의 삶의 방식을 선택할 때 그렇게 해야 한다. 14:8-9은 이러한 원리를 삶과 죽음을 언급하며 한층 더 강화한다. "우리 중에 누구든지 자기를 위하여 사는 자가 없고 자기를 위하여 죽는 자도 없도다 우리가 살아도 주를 위하여 살고 죽어도 주를 위하여 죽나니 그러므로 사나 죽으나 우리가 주의 것이로다." 다문화 상황에서 나타나는 다름과 차이는 이기적인 목적을 이루기 위한 방편이 아니라 그리스도의 주되심을 드러내고 하나님께 영광을 돌리는 다양한 표현이 되어야 한다. 그럴 때 우리 모두 그리스도 안에서 하나됨을 이룰 수

---

27 박홍순, "이주여성의 현존과 대안적 성서해석," 126.

28 주를 섬기기 위한 의도와 동기가 중요함을 크랜필드 역시 지적하고 있다. C.E.B. 크랜필드, 《C.E.B. 크랜필드의 로마서 주석》(서울: 로고스, 2003), 518.

있을 것이다. 문화적 다양성 속에서 그리스도의 주되심을 인정하고 주를 위해 살고 주를 위해 죽는 자들이 되도록 교회는 모든 사람을 포용하고 가르쳐야 한다. 죽은 자와 산 자의 주가 되시려고 그리스도께서는 죽었다가 다시 살아나셨기 때문이다(14:9).

* * *

한국 사회와 한국 교회에 이주민의 수가 늘어가고 있다. 이주민의 수가 늘어나면서 교회 안에도 다문화 가정이 늘어나고 있다. 다문화 상황에서 복음을 전하고 사회와 교회의 하나됨을 이루어야 할 한국 교회는 성경적 다문화 인식을 가져야 한다. 이 장에서는 로마서 14:1-15:13을 중심으로 이에 대해 바울이 주는 교훈을 찾아보려고 시도하였다. 한국 교회는 다문화 담론을 진행하는 과정에서 복음의 본질을 훼손해서는 안 된다. 복음의 본질에 관한 것과 아닌 것을 분별하고 복음의 본질에 관한 것에는 타협이 없어야 하지만 문화적 차이에 관한 것에는 유연함을 가져야 한다. 교회가 다문화 수용성을 가질 때 이주민들에게 효과적으로 복음을 전하고 교회 안에서 다양한 사람들의 통합과 공존을 이루게 될 것이다. 다른 문화적 배경을 가진 사람들이 서로를 받아들이고 용납할 수 있어야 한다. 그리스도께서도 우리를 받으셨기 때문이다.

한국 교회는 그리스도를 본받아 자기를 기쁘게 하기보다 이웃을 기쁘게 하는 정신으로 이주민과 약한 자를 섬겨야 한다.

옳고 선한 일을 행할 때도 문화적 감수성을 가지고 이웃이 근심하거나 고통을 겪지 않도록 사랑으로 행해야 한다. 바울은 다문화 상황에서 아디아포라 문제에 대해서는 자율적 결정을 존중한다. 그러나 결정과 행동에 있어 매우 중요한 기준을 제시한다. 모든 것이 주를 위한 것이어야 한다는 점이다. 다양한 문화는 모두 주님을 위한 문화이어야 하고 모든 사람은 다양한 문화를 통해 주님을 섬겨야 한다. 모든 사람은 다양한 문화를 존중하며 그 안에서 서로를 받음으로 하나님께 영광을 돌려야 한다.

Q
10

Q 10 로마서는 기도에 대해 무엇을 말하는가?

우리의 기도는 성경에 뿌리를 두어야 한다.[1] 성경의 기도는 그리스도인의 기도에 대한 이해와 자세를 이끄는 모범이 된다. 이번 장에서는 로마서에서 기도와 관련된 내용을 고찰하고 그 의미를 숙고해 보려 한다. 바울은 기도의 사람이라고 해도 과언이 아닐 만큼 기도에 대해 많이 언급하고 스스로 기도하는 삶을 보여 준다. 로마서는 바울이 세우지 않은 교회에 보내는 서신으로서 자신과 직접적 관련이 없는 성도들을 위해서도 기도하는 바울의 모습이 나타나는 등 바울의 기도 생활과 기도관에 대한 통찰력을 제공한다.[2] 바울의 대표적 서신인 로마서에서 우리는 기도에

1 라영환은 관상기도가 성경이 아닌 플라톤과 플로티누스의 철학에 사상적 기반을 두고 있다고 밝히며 성경에 뿌리를 둔 기도의 중요성을 강조한 바 있다. 라영환, "개혁신학적 입장에서 바라본 관상기도," 〈개혁논총〉 21(2012): 9-44.

2 로마서에 대한 개론적 내용은 다음 책을 참고하라. 안드레아스 J. 쾨스텐버거 외, 《신약개론: 요람, 십자가, 왕관》(서울: 기독교문서선교회, 2013), 614-32.

대해 무엇을 배울 수 있을까?

로마서에는 다양한 형태의 기도에 관한 언급이 나타난다. 피터슨은 이를 잘 요약하고 있다. 서두와 결말에 있는 축복(Blessings, 1:7, 16:20), 감사 보고(Thanksgiving Report, 1:8), 정기적인 청원 기도(Regular Petition, 1:9-10), 송영(Doxologies, 1:25, 9:5, 11:33-6, 16:27)과 감사(Thanksgiving, 6:17-18, 7:25), 기도와 성령에 대한 특별한 가르침(8:15-16, 26-27), 기도에 대한 교훈(12:12, 14, 15:30-32)과 간접적인 기도인 기원 기도(Wish Prayers, 15:5-6, 13, 33) 등이다.[3]

로마서의 처음과 끝에 나타나는 기도

로마서에는 처음에도 기도가 등장하고 결말에도 기도가 등장한다. 1:1-7은 서두에 해당하는데 수신자와 발신자를 밝히고 은혜와 평강의 인사를 전한다. 1:7에 있는 "하나님 우리 아버지와 주 예수 그리스도로부터 은혜와 평강이 있기를 원하노라"라는 기원은 바울 당시 편지의 전형적 양식을 사용한 바울의 기원 기도이다.[4] 그 후 바울은 바로 그의 서신에 특징적으로 나타나는 감사와 기도 부분으로 전환한다.

---

3 David G. Peterson, "Prayer in Paul's Writings," in D. A. Carson (ed.), *Teach Us to Pray: Prayer in the Bible and the World* (Eugene: Wipf and Stock, 1990), 84.

4 David G. Peterson, "Prayer in Paul's Writings," 85. 당시 편지의 전형적 양식을 사용하지만, 바울은 내용을 기독교적으로 바꾼다.

1:8에 감사가 나타난다.[5] 감사는 그 자체로 기도이며 뒤를 잇는 기도 단락과 연결되고 있다. 바울은 먼저 하나님께 감사한다. 하나님이 바울의 감사의 대상이다. 바울의 감사의 이유는 로마 성도들의 믿음이 온 세상에 전파되었다는 것이다.

1:9-10은 감사에 이어 바울이 로마 성도들을 위해 기도하고 있음을 밝히며 그의 기도 내용을 소개하는 부분이다. 바울이 이처럼 로마 성도들의 믿음에 대해 하나님께 감사하고 그들을 위해 기도하고 있다는 사실을 밝히는 것은 서신의 수사적 측면에서도 의미가 있다. 로마 교회는 바울이 세우지 않았고 방문하지 않은 교회이다. 편지의 초두에서 바울이 로마 성도로 인해 감사하고 그들을 위해 기도하고 있다는 것을 밝히는 것은 그들과 우호적인 관계를 형성하여 로마 성도들이 서신의 내용을 잘 받아들이도록 하는 데 기여한다.[6] 이처럼 서신의 서두에서 바울은 기도를 언급하며 로마서를 시작한다.

로마서의 마지막 부분에서도 기도에 대한 바울의 언급을 볼 수 있다. 15:30에서 "너희 기도에 나와 힘을 같이하여 나를 위하여 하나님께 빌어"라고 말하며 자신을 위한 기도를 하나님께 드려 달라고 청한다. 구체적인 기도의 내용도 밝힌다(15:31-32). 이어 마지막 장인 16장에 바울의 기도가 등장한다. 16:20("우리

5 바울의 서신에는 일반적으로 인사말에 이어 감사 부분이 나타난다. 고전 1:4, 빌 1:3, 골 1:3, 살전 1:2, 살후 1:3, 몬 4에서 볼 수 있다. 이것은 다른 헬라의 서신에도 나타난다.

6 바울은 자신이 세우지 않은 교회에 편지하면서 편지의 서두에서부터 로마 성도들과의 관계를 잘 맺는 것에 세심한 주의를 기울인다. 이 점에 대해서는 본서의 "Q3. 로마서 서두의 특징과 기능은 무엇인가?: 로마서 1:1-7"을 참고하라.

주 예수의 은혜가 너희에게 있을지어다")은 1:7과 대응하는 축원 기도이다. 16장에서 바울은 로마에 있는 여러 사람의 이름을 언급하며 문안 인사를 전한 후 16:25-27에서 송축 또는 축원 기도를 함으로써 로마서를 마친다.[7]

그러므로 바울은 로마서의 시작 부분에서 축원 기도와 로마의 성도들을 위해 기도하고 있음을 알리는 것으로 시작해서 마지막 부분에서 로마 성도들에게 자신의 사역과 미래의 계획에 관해 기도해 달라고 부탁하며 축원 기도와 영광송으로 로마서를 마치고 있다. 바울은 자신과 로마 교회가 서로 기도로 교제하기를 바란다. 이처럼 바울이 로마서의 앞부분과 끝부분에서 기도를 언급하고 있는 것은 바울에게 기도가 얼마나 중요했는지를 가늠하게 하며 초기 그리스도인의 삶의 중심에 기도가 있었음을 짐작하게 한다.[8]

항상 쉬지 않는 진실한 기도

이미 위에서 언급한 대로 로마 교회는 바울이 세우지 않았으며

---

7 바울 서신의 축원 문구에 대해서는 다음을 참고하라. 차정식, "바울 서신의 축원 문구와 기도 신학," 〈신약논단〉 9(2002): 443-74.

8 데살로니가전서의 경우에도 바울은 1:2에서 감사와 기도로 서신을 시작하고 5:25에서 기도를 부탁하는 것으로 서신을 마무리한다. 바울의 다른 서신에도 시작 부분에 감사와 기도가 등장하고 결말에 송영, 축원 기도가 나타나기 때문에 로마서의 처음과 마지막 부분에 기도가 등장한다는 것을 로마서만의 특징이라고 볼 수는 없다. 그러나 로마서의 이러한 모습은 바울에게 있어 기도가 차지하는 중요성을 가늠하게 하는 요소임은 분명하다.

방문하지도 않은 교회이다. 로마 교회는 바울과 직접적인 연관이 없다. 바울은 그런 로마에 있는 성도들을 위해서도 기도한다. 바울의 기도 대상이 관계적 측면에서나 지리적 측면에서 매우 광범위하다는 것을 알 수 있다. 1:9에서 바울은 로마의 성도들을 그의 기도 가운데 쉬지 않고 언급한다고 말한다.

로마 성도들을 위한 바울의 기도는 '항상 쉬지 않고 ἀδιαλείπτως' 드리는 기도이다. 바울의 열심 있고 지속적인 기도의 모습을 짐작하게 한다. 바울은 자신이 이와 같이 로마 교회를 위해 간절히 기도한다고 말하면서 하나님을 증인으로 세운다. 그가 기도한다는 말이 거짓이 아님을 강하게 표현하기 위해 '하나님이 나의 증인'이 되신다고 말한다.[9] 바울은 기도한다고 하면서도 실제로는 기도하지 않는 사람이 아니다. 기도에 관해서는 '하나님이 나의 증인'이라고 하나님 앞에서 떳떳이 말할 수 있는 진실함이 있다. 바울의 기도는 정직한 기도였다.

'하나님이 나의 증인'이라는 말에는 하나님이 바울의 기도를 들으시고 기도의 내용을 아신다는 의미가 담겨 있다. 하나님은 바울의 모든 기도를 보고 듣고 계신다. '항상 쉬지 않고' 하나님은 기도의 증인으로 기도하는 사람과 함께하신다. 그러므로 바울은 항상 쉬지 않는 그의 기도를 통해 하나님을 만나고 있는 것이다.

---

9 헐트그렌에 의하면 하나님이 증인이라고 말하는 것은 맹세하는 것과 같은 것이다. 바울이 하나님을 증인으로 언급하는 것은 고후 1:23, 빌 1: 8, 살전 2:5에서도 볼 수 있다. Arland J. Hultgren, *Paul's Letter to the Romans* (Grand Rapids: Eerdmans, 2011), 63.

로마 방문을 위한 기도

바울은 로마 교회 방문을 위해 기도한다. 그가 로마에 가려는 열망을 나타내는 표현들이 1:10-15에 나타난다.

> 10절 어떻게 하든지 이제 하나님의 뜻 안에서 너희에게로 나아갈 좋은 길 얻기를 구하노라.
>
> 11절 내가 너희 보기를 간절히 원하는 것은.
>
> 13a절 형제들아 내가 여러 번 너희에게 가고자 한 것을 너희가 모르기를 원하지 아니하노니.
>
> 13c절 지금까지 길이 막혔도다.

편지 서두에서 바울은 자신이 로마에 방문하기를 간절히 원한다는 사실을 분명히 밝힌다. 그는 실제로 여러 번 가고자 했지만 길이 막혔다. 바울은 이제도 이 간절한 소망을 하나님께 아뢴다. "너희에게 나아갈 좋은 길 얻기를 구하노라"(1:10). 이것은 바울이 로마 성도를 생각하며 항상 쉬지 않고 기도하는 기도의 내용이다. 바울은 자신이 간절히 원하는 것을 하나님께 구하고 있는데, 그것은 로마에 가는 것이다. 바울의 기도는 소원을 하나님께 아뢰는 기도이다.

하나님의 뜻에 순종하는 기도

소원을 아뢰는 바울의 기도에서 주목해 볼 것은 "하나님의 뜻 안에서ἐν τῷ θελήματι τοῦ θεοῦ"(1:10)라는 그의 제한적 표현이다. 바울은 복음을 전하기 위해 열심히 준비하고 그가 계획한 곳에 가서 복음을 전하기 위해 최선을 다하지만 궁극적으로 그 걸음을 인도하시는 분은 하나님이라는 사실을 너무나 잘 알고 있다. 그래서 바울은 로마로 갈 것을 계획하고 간절히 원하면서도 "이제 하나님의 뜻 안에서 너희에게로 나아갈 좋은 길 얻기를 구하노라"(롬 1:10)라고 말한다. 바울의 기도는 '하나님의 뜻 안에서' 자신의 소원이 응답받기를 바라는 제한적 특성을 가지고 있다.

바울은 전도여행을 할 때 그의 계획과 달리 하나님의 뜻이 온전히 성취되는 것을 보아 왔다. 사도행전 16장의 기록에 의하면 바울은 아시아에서 복음을 전하려는 계획을 가지고 있었지만, 성령이 아시아에서 말씀을 전하지 못하게 했다. 또다시 비두니아로 가고자 애를 썼지만, 예수의 영은 허락하지 않았다. 마침내 하나님이 환상을 통해 바울을 유럽으로 인도했다. 마케도니아 사람이 밤에 환상 가운데 "마게도냐로 건너와서 우리를 도우라"고 바울을 불렀다. 이것이 하나님의 뜻임을 확신한 바울은 방향을 바꾸어서 마케도니아로 떠나기를 힘썼다.

계획을 세우고 그 계획을 이루기 위해 최선을 다해 노력했던 바울은 하나님이 그 계획을 수정하시고 다른 길로 인도하시는 것을 경험했다. 하나님의 뜻이 자신의 계획과 다르다는 것을 깨닫고 나면 바울은 자신의 계획을 내려놓고 하나님의 뜻을 이루려고 최선을 다했다. 사도행전 16:10에 기록된 "우리가 곧 마게도냐로 떠나기를 힘쓰니"라는 말씀은 자신의 계획을 버리고 하나님의 뜻을 이루려는 바울 일행의 모습을 단적으로 보여 준다. 사도행전은 '성령 행전'이라는 별명을 가지고 있다. 사도들이 행동하고 사도들이 일하는 것처럼 보이지만 실상은 성령이 그들을 통해 일하시고 역사하신 기록이라는 것이다. 사도들이 복음 사역의 주인공 같아 보이지만 사실은 하나님이 자신의 구원 계획을 사도들을 통해 성취해 가시는 것이다. 바울은 아시아로 가려고 애를 썼지만 그의 발걸음을 유럽으로 인도하시는 하나님의 주권적 인도하심을 체험했고 하나님의 주권에 순종했던 경험이 있다.[10]

그런 체험을 했던 바울은 로마로 가기를 간절히 원하며 그것을 이루기 위해 기도하면서도 자신의 계획과 열망을 내려놓고 하나님의 뜻에 순종하려 한다. "하나님의 뜻 안에서 너희에게로 나아갈 좋은 길 얻기를 구하노라"(1:10)라는 바울의 기도는 그러므로 하나님의 전적인 주권을 인정하는 기도이며 하나님의 뜻을 찾아가는 과정이라고 볼 수 있다.

이와 같은 바울의 기도는 종의 특징을 잘 나타내는 기도이다. 로마서 1:1에서 바울은 자신을 소개할 때 세 가지 타이틀(칭호)을 사용하는데, 그 가운데 하나가 '예수 그리스도의 종'δοῦλος

---

10 사도행전에 나타난 하나님의 주권과 인간의 순종에 대해서는 다음 논문을 참고하라. 김현광, "사도행전에 나타난 하나님의 주권과 인간의 순종," 〈한국개혁신학〉 37(2013): 152-84.

Χριστοῦ Ἰησοῦ이다. 종은 자기가 원하는 것이 있더라도 주인의 뜻에 전적으로 복종한다. 주인의 뜻이 무엇인지를 살펴 그 뜻을 이루어 드리는 것이 종의 자세이다. 바울은 종으로서 하나님의 뜻이면 로마에 가고, 하나님의 뜻이 아니면 멈춰 서리라는 '종의 기도'를 실천하고 있다.

바울의 기도는 자기 뜻을 관철하기 위한 수단이 아니라 하나님의 뜻에 순종하려는 적극적인 노력이다. 바울은 로마에 가기를 염원하지만 '하나님의 뜻 안에서' 나아갈 좋은 길 얻기를 구한다고 말한다. 로마서 15:32에서도 바울은 '하나님의 뜻 θελήματος θεοῦ'을 언급한다: "나로 하나님의 뜻을 따라 기쁨으로 너희에게 나아가 너희와 함께 편히 쉬게 하라."

따라서 기도의 사람 바울은 하나님의 뜻을 알기를 원했다. 12:1에서도 "하나님의 선하시고 기뻐하시고 온전하신 뜻이 무엇인지 분별하도록 하라"고 권고한다. 바울은 그 뜻을 알게 되면 그 뜻에 전심으로 순종했다. 순종하기 위해 하나님의 뜻을 찾았다. 그러므로 로마서에 나타나는 바울의 기도는 하나님의 뜻을 찾고 그 뜻을 이루는 수단이라고 볼 수 있다.

아들의 기도

그리스도인은 하나님의 영으로 인도함을 받는 자이며 하나님의 아들이다. 로마서 8:14은 "하나님의 영으로 인도함을 받는 사람은 곧 하나님의 아들이라"고 말한다. 8:15은 너희가 양자의 영을 받았다고 가르친다. 양자의 영을 받았다고 할 때 '받았다ἐλάβετε'는 것은 회심할 때 성령을 받은 것을 의미한다.[11] 예수 그리스도를 믿는 자는 성령을 받은 자이다. 갈라디아서 3:2은 "너희가 성령을 받은 것이 율법의 행위로냐 혹은 듣고 믿음으로냐"라고 질문하며 믿는 자에게 임한 성령을 상기시킨다. 갈라디아서 4:6도 성령과 하나님의 아들됨을 연결시킨다. "하나님이 그 아들의 영을 우리 마음 가운데 보내사 아빠 아버지αββα ὁ πατήρ라 부르게" 하셨다는 것이다(갈 4:6).[12] 성령을 우리 마음 가운데 보내시는 분은 하나님이시다. 로마서 8:15은 그리스도인이 양자의 영을 받았으므로 하나님을 아빠 아버지αββα ὁ πατήρ라고 부르짖을 수 있음을 말하고 있다.[13]

하나님을 아빠 아버지라고 부르짖는 자는 다시 무서워하는 종의 영을 받지 않았다(8:15). 종됨은 옛 시대에 속함을 상징하며 죄의 종됨을 의미한다. 죄는 두려움을 가져오는데, 여기에서의 두려움은 죄의 결과인 종말론적 형벌을 가리킨다.[14]

그리스도인은 이러한 두려움을 벗어나 하나님과 화목하게

---

11 Schreiner, *Romans* (Grand Rapids: Baker, 2018), 417.

12 갈라디아서 4:6은 마치 믿는 자들이 먼저 하나님의 아들이 되고 이후에 하나님이 성령을 보내시는 것처럼 보인다. 슈라이너는 바울이 여기에서 말하는 것으로부터 시간적 순서를 추론하는 것은 잘못이라고 지적하며 롱게네커를 인용한다. 롱게네커는 아들됨과 성령받음은 바울에게 있어 동시에 일어나기 때문에 순서에 대한 논의를 하는 것은 초점에서 빗나간 것이라고 본다. Schreiner, *Galatians* (Grand Rapids: Zondervan, 2010), 272; Richard N. Longenecker, *Galatians* (Dallas: Word Books, 1990), 173.

13 신약성경에 αββα ὁ πατήρ가 세 번 사용되었는데 로마서 8:15 외에 마가복음 14:36과 갈라디아서 4:6에서 발견할 수 있다.

14 Schreiner, *Romans*, 418.

된다. 로마서 5장은 믿음으로 의롭다 함을 얻은 자가 누리는 축복에 대해 기록할 때 하나님과의 화평을 언급한다. "우리 주 예수 그리스도로 말미암아 하나님과 화평을 누리자"(5:1). 하나님을 영광 받으실 창조주로 인정하지 않고 우상을 섬기는 자에게는 하나님의 진노가 있다(롬 1:18, 2:5). 그러나 이제 그리스도 예수 안에 있는 자에게는 하나님의 진노가 해소되며 결코 정죄함이 없다. 로마서 5:9은 예수 그리스도의 피가 우리를 의롭게 하고 진노하심에서 구원한다고 증거하며 3:25은 하나님이 믿음으로 말미암는 화목제물로 예수님을 세우셨다고 말한다.[15]

하나님을 아빠 아버지라고 부르짖는 것은 두려움 없이 하나님 앞에 나아가 기도할 수 있음을 암시한다. 히브리서 4:16은 "그러므로 우리가 긍휼하심을 받고 때를 따라 돕는 은혜를 얻기 위하여 은혜의 보좌 앞에 담대히 나아갈 것이니라"라고 기록한다. 로마서 8:15에 보면 양자의 영을 받은 그리스도인은 하나님을 "아빠 아버지라 부르짖느니라"고 했는데 부르짖느니라로 번역된 '크라조멘κράζομεν'은 "신자들이 자신들의 양자적 지위를 인정하는 기도"라고 슈라이너는 설명한다.[16]

슈라이너는 아람어를 헬라어로 음역한 '아바αββα'는 초기 헬라파 그리스도인이 사용한 것으로서 예수님 자신에게서 비롯되었을 것이라고 추정한다.[17] 예수님은 기도할 때 하나님을 '아바

15 헨드릭슨도 로마서 3:25a은 진노를 제거하는 예수 그리스도의 희생을 가리킨다고 주석한다. William Hendriksen, *Romans* (Grand Rapids: Baker Academic, 1980), 132.

16 슈라이너, 《로마서》, 511.

17 슈라이너, 《로마서》, 511-12. 박창건은 "초기 기독교 공동체의 기도는 예수의 기도를 통해서

아버지αββα ὁ πατήρ'라고 부른다.[18] 마가복음 14:36에 의하면 겟세마네 동산에서 예수님은 "아빠 아버지여 아버지께는 모든 것이 가능하오니 이 잔을 내게서 옮기시옵소서 그러나 나의 원대로 마옵시고 아버지의 원대로 하옵소서"라고 기도했다.[19]

아빠 아버지라고 부르짖는 것은 그리스도인의 양자된 신분을 확증할 뿐 아니라 하나님을 아빠 아버지라고 부르며 기도한 예수님의 기도를 연상시킨다. 더글라스 무는 "아람어의 아바αββα는 예수께서 그의 아버지에게 말할 때 직접 사용하신 용어였으며, 그것이 헬라어 마가복음(14:36)과 헬라어를 사용하는 바울 교회들에게 보존되고 있다는 것은 그것이 독특하고 의미심장한 것으로 기억되고 마음에 새겨졌다는 사실을 증명한다"고 주장한다.[20] 예수님은 주기도문을 가르칠 때 하나님을 아버지라고 부르며 기도하게 했다(마 6:9). 바울이 로마서에서 '아바 아버지αββα ὁ πατήρ'를 사용한 것은 크럼프Crump가 주장하듯 바울을 포함한 초기 그리스도인의 모임에 예수 그리스도께서 보여주신 기도의 모범이 여전히 영향을 미치고 있었음을 증언한다.[21]

형성되었다고 할 수 있다"라고 말한다. 박창건, "바울의 기도연구," 〈신학과 세계〉 26(1993): 123.

18 초기 유대 문헌에서 기도 중에 하나님을 '아바'라고 부르며 기도한 예를 찾아볼 수 없다는 것을 지적하며 이형일은 이런 점에서 예수님이 하나님을 '아바'라고 부르며 기도한 것은 특별하다고 설명한다. 이형일, "예수의 '아바' 사용과 그의 하나님 아들 자의식에 관한 연구,"〈신약연구〉 13(2014): 685, 687.

19 바울은 로마서 8:15과 갈라디아서 4:6에서 예수님처럼 하나님을 "아빠 아버지"라고 부른다.

20 더글라스 J. 무, 《로마서》(서울: 솔로몬, 2012), 688.

21 David Crump, *Knocking on Heaven's Door: A New Testament Theology of Petitionary Prayer* (Grand Rapids: Baker, 2006), 204-205.

성령 받은 그리스도인은 하나님을 아버지라고 부르며 예수님처럼 기도할 수 있다. 예수님은 제자들에게 기도를 가르치면서 하나님을 "아버지여"라고 부르며 아들로서 기도하게 하셨다. 기도는 아버지이신 하나님께 아들 된 우리가 아들의 신분으로 구하는 것이다.[22] 아들로서 구하는 기도의 효력에 대해서 예수님은 이렇게 말씀하신다. "너희 중에 누가 아들이 떡을 달라 하는데 돌을 주며 생선을 달라 하는데 뱀을 줄 사람이 있겠느냐 너희가 악한 자라도 좋은 것으로 자식에게 줄 줄 알거든 하물며 하늘에 계신 너희 아버지께서 구하는 자에게 좋은 것으로 주시지 않겠느냐"(마 7:9-11). 로마서 8:32은 "어찌 그 아들과 함께 모든 것을 우리에게 주시지 아니하겠느냐"고 반문한다.[23]

예수를 믿고 하나님의 자녀가 된 자는 하나님을 아빠 아버지라 부르며 기도할 수 있다. 하나님을 아버지라고 부르는 하나님의 자녀가 된 것은 영광스러운 일이다. 강태국은 "이 하나님의 영이 우리의 마음 가운데 역사하셔서 우리에게 아들로서의 마음을 일으키고 우리로 하여금 하나님을 아바 아버지라고 부르게 하셨다. 즉 성령을 받은 자의 마음속에는 하나님의 아들로서의 실감이 넘치게 된다. 기독자가 하나님의 양자가 되었다는 이

22 예레미아스에 의하면 '아바'(αββα)는 어린아이가 아버지를 부를 때에만 사용되는 언어가 아니라 성인이 아버지를 부를 때에도 사용하는 언어였다. J. Jeremias, *New Testament Theology* (London: SCM, 1971), 67; 예수의 '아바' 사용에 대해서는 다음을 참고하라. 이형일, "예수의 '아바' 사용과 그의 하나님 아들 자의식에 관한 연구," 〈신약 연구〉 13(2014): 671-93.

23 이런 관점에서 김정복은 기도는 권리 주장이라고 말하며 "하나님의 자녀된 성도들이 자식된 권리를 아버지 되시는 하나님께 요청하는 주장이다"라고 기도를 설명한다. 김정복, 《성경적 기도》(서울: 생명의 말씀사, 1993), 52.

사실은 기독자에게 주어진 무상의 영광이다"라고 했다.[24] 기도는 그러므로 특권이며 영광이다. 로마서에 나타난 기도는 하나님과의 친밀한 관계의 확인이며 아들된 자가 아빠 아버지인 하나님과 아들의 신분으로 대화하는 것이다.

성령의 기도(8:26-27)

미래에 대한 소망을 품고 인내(8:23-25)하도록 신자를 돕는 사역을 성령이 하신다. 성령이 어떻게 도우시는가? 신자를 위해 친히 간구하신다. 성령의 간구는 인간의 연약함 때문에 필요하다. 기도에 있어서 인간은 연약하다. 마땅히 기도해야 할 것이 무엇인지 알지 못하며 늘 하나님의 뜻대로 구하지 못할 수도 있기 때문이다.[25] 이러한 인간의 연약함이 기도하지 않을 이유가 될 수는 없다.[26] 바울은 인간의 연약함을 돕는 성령의 기도가 있음을 상기한다.

우리는 마땅히 기도할 바를 알지 못하지만, 성령이 말할 수 없는 탄식으로 우리를 위해 기도하신다ὑπερεντυγχάνει(8:26). 성령

---

24 강태국,《매일의 묵상: 성서 강해》6권(서울: 성서교재간행사, 1981), 95.

25 '우리의 연약함'(8:26)은 어떻게 기도해야 할지 기도의 방식에 관한 것이라기보다는 기도의 내용과 관련된 것이라고 보는 것이 학자들 대부분의 견해이다. 슈라이너,《로마서》, 531을 참고하라.

26 '나는 너무 바빠 기도하지 못합니다' '나는 기도할 필요를 느끼지 못합니다' 등 기도하지 않는 것에 대한 다양한 핑계(Excuses for Not Praying)가 있을 수 있다. 이러한 핑계에 대한 성경적 대답은 카슨의 다음 책을 참고하라. D. A. Carson, *A Call to Spiritual Reformation: Priorities from Paul and His Prayers* (Grand Rapids: Baker, 1992), 111-122.

의 말할 수 없는ἀλαλήτοις 탄식은 무언의 탄식을 의미하며, 은사의 하나인 방언을 뜻하지는 않는다.[27] 방언은 이해할 수는 없어도 말로 나타나기 때문이다.[28] 그러므로 성령이 말할 수 없는 탄식으로 간구한다는 것은 성도가 방언으로 기도하는 것을 의미한다기보다는 성령께서 행하는 중보 기도를 가리킨다고 보는 것이 합당하다.[29] 게다가 26절에서 바울은 성령의 간구를 방언을 말하는 사람들에게만 제한하지 않고 모든 그리스도인에게 일반적으로 적용하는 것처럼 보인다. 성령의 기도는 하나님의 뜻과 일치한다. 우리는 우리의 욕심을 따라 기도하기도 하고 의미를 알지 못하고 기도할 수 있다. 그러나 성령은 하나님의 뜻대로 성도를 위해 간구하신다(8:27). 성령이 하나님의 뜻대로 간구하신다는 것은 우리의 기도가 하나님의 뜻에 맞추어져야 한다는 사실을 상기시킨다. 바울은 위에서 살펴보았듯이 로마에 가려는 그의 계획이 하나님의 뜻 안에서 이루어지기를 기도했다.

바울은 8:27에서 마음을 살피시는 하나님이 성령의 생각을 아신다고 말한다. 성령은 하나님의 뜻을 아시고 하나님은 성령의 생각을 아신다. 고린도전서 2:11은 '하나님의 일도 하나님의 영 외에는 아무도 알지 못한다'고 말하여 성령은 하나님의 뜻을 아시고 하나님의 뜻대로 간구하시는 분임을 증언한다. 하나님은

---

27 케제만은 이것을 방언으로 해석한다. Käsemann, *Commentary on Romans* (Grand Rapids: Eerdmans, 1980), 240-41.

28 더글라스 무, 《로마서》, 717.

29 피조물이 탄식한다는 말처럼(8:22) 성령이 탄식한다는 것도 문자적인 의미로 받아들일 수 없는 은유적 표현이다.

마음을 살피시는 분이라는 묘사는 그리스도인이 묵상으로 기도할 수 있음을 암시한다. 마음과 생각으로 기도해도 하나님은 아신다. 성령의 생각을 아시는 하나님은 그리스도인이 묵상으로 하는 마음의 기도도 이해할 수 있다. 이러한 해석은 구약의 말씀과도 맞는다. 시편 19:14는 "나의 반석이시요 나의 구속자이신 여호와여 내 입의 말과 마음의 묵상이 주님 앞에 열납되기를 원하나이다"라고 기도한다. 마음의 묵상이 기도가 될 수 있다면 마음속에 어떠한 생각을 담는가는 중요한 문제가 된다. 로마서에 의하면 기도를 들으시는 하나님은 마음을 살피시는 분이다.

성령이 우리를 위해 간구하신다는 것은 큰 위로와 격려가 되는 말씀이다. 신자를 위한 성령의 돕는 사역에 힘입어 신자는 담대히 기도의 자리로 나아갈 수 있고 성령과 더불어 기도할 수 있다.

예수님의 기도(8:34)

로마서 8:34에서 바울은 예수님의 기도에 대해 언급한다. "누가 정죄하리요 죽으실 뿐 아니라 다시 살아나신 이는 그리스도 예수시니 그는 하나님 우편에 계신 자요 우리를 위하여 간구하시는 자시니라." 바울은 여기에서 신자가 결코 정죄 받지 않을 것이라는 확신의 이유로서 예수 그리스도를 제시한다. 예수님이 우리를 대신하여 십자가에서 죽으시고 부활하셨고 하나님 우편에서 우리를 위해 간구하신다는 것이다.[30] 그의 간구는 변호를 포함한다. 그러므로 신자는 결코 정죄함이 없다. 죽으시고 부활하신 것으로 예수님의 사역은 끝나지 않았다. 지금도 하나님 우편에서 우리를 위하여 간구하신다. 이 모든 것이 그리스도의 사랑이며 이 사랑에서 우리를 끊을 것은 아무것도 없다. 로마서 8:35은 그리스도의 죽으심, 부활, 간구하심을 언급한 후 '그리스도의 사랑에서 누가 우리를 끊으리요'라고 외친다.

간구하심으로 표현된 그리스도의 사랑에서 끊을 것이 아무것도 없다면 이것은 우리를 위한 그리스도의 간구를 중단시킬 것은 아무것도 없다는 의미가 될 수 있다. "환난이나 곤고나 박해나 기근이나 적신이나 위험이나 칼이 우리를 그리스도의 사랑에서 끊을 수 없다"고 로마서 8:35은 선포한다. 이 모든 상황에서 그리스도는 우리를 위해 간구하신다. 그 결과에 대해 로마서 8:37은 "이 모든 일에 우리를 사랑하시는 이로 말미암아 우리가 넉넉히" 이긴다고 말한다. 바울은 우리를 위해 그리스도께서 하나님 우편에서 간구하시는 것을 그리스도의 사랑의 한 가지 모습으로 보여주며, 그런 사랑이 있기 때문에 우리는 모든 상황 즉 환난이나 곤고나 박해나 기근이나 적신이나 위험이나 칼조차도 넉넉히 이긴다고 선포한다.

예수 그리스도의 사랑에서 끊을 수 없다고 말한 바울은 더 나아가 8:39에서 예수 안에 나타난 그 사랑이 궁극적으로는 하

30 예수 그리스도께서 우리를 위해 간구하신다는 것은 히브리서 7:25, 요한일서 2:1에도 나타난다.

나님의 사랑이라고 밝힌다. 그리스도의 죽으심과 부활은 자기 아들을 아끼지 아니하시고 우리를 위하여 내주신 하나님의 사랑을 증언한다(8:32a). "그 아들과 함께 모든 것을 우리에게 주시지 아니하겠느냐"(8:32b)는 말씀에 비추어 볼 때 예수 그리스도의 간구하심에 나타난 하나님의 사랑은 하나님의 응답이라는 사랑을 전제하고 있음을 암시한다. 응답하시는 하나님의 사랑이 없다면 그리스도의 간구하심이라는 사랑은 효력이 없을 것이기 때문이다.

이스라엘의 구원을 위한 기도

로마서 9:3에서 바울은 자신이 원하는ηὐχόμην 바가 있다고 말한다. 10:1에서도 원하는 것εὐδοκία에 대해 언급한다. 10:1에서는 원하는 것과 기도하는 것δέησις이 일치하고 있다. 원하는 것을 기도로 연결하고 있음을 알 수 있다("원하는 바와 하나님께 구하는 바"). 기도의 대상은 10:1에서 역시 하나님으로 제시되고 있다. 바울은 하나님께 자신이 원하는 것을 기도로 아뢰고 있다.

10:1의 기도는 자신을 위한 기도가 아니라 이스라엘을 위한 중재 기도이다. 10:1은 9:3에서처럼 이스라엘의 구원에 대한 바울의 간절한 기도이다. "형제들아 내 마음에 원하는 바와 하나님께 구하는 바는 이스라엘을 위함이니 곧 그들로 구원을 받게 함이라"

이스라엘이 구원에 이르지 못한 이유는 믿음을 의지하지 않고 행위를 의지했기 때문이다(9:32). 그들은 또한 올바른 지식을 따르지 않는 열심을 가졌다(10:2). 이스라엘은 하나님께 열심은 있었다. 나름대로 열심을 가지고 율법을 지키려고 했다. 그러나 하나님의 원대한 구원 계획을 알지 못했다. 하나님은 예수 그리스도를 보내시고 그를 믿음으로 구원에 이르게 하려 하셨다. 예수 그리스도를 믿음으로 말미암는 구원 계획을 알지 못한 채 이스라엘은 율법을 지키는 행위로 구원에 이르려 했다는 것이 바울의 지적이다. 바울은 분명하게 이스라엘이 행위에 의지함으로 구원에 이르지 못했다고 말한다. 9:32은 "이는 그들이 믿음을 의지하지 않고 행위를 의지함이라 부딪칠 돌에 부딪쳤느니라"라고 기록하고 있다. 여기서 '돌'은 그리스도를 가리킨다.[31] 믿지 않는 이스라엘에게 그리스도는 부딪치는 돌이 되고 말았다.

바울은 이스라엘이 믿음으로 구원받기를 바란다. 구원은 하나님의 주권에 달려 있다. 바울은 로마서 9장에서 이미 하나님은 긍휼히 여길 자를 긍휼히 여기고 불쌍히 여길 자를 불쌍히 여기는 주권자라는 것을 진술했다. 하나님은 토기장이처럼 자신의 주권적 자유를 가지고 진노의 그릇과 긍휼의 그릇을 빚으신다. 그러므로 바울은 구원자이신 하나님께 이스라엘의 구원을 위해 기도한다. 자기 민족 이스라엘의 구원을 위한 바울의 기도는 "나의 형제 곧 골육의 친척을 위하여 내 자신이 저주를 받아

31 무, 《로마서》, 852.

그리스도에게서 끊어질지라도 원하는 바로라"라고 말할 정도로 간절한 기도였다. 자기 민족을 향한 구원의 소망이 그의 기도에 담겨 있다.

항상 힘쓰는 기도

로마서 12:12은 기도를 포함한 세 가지 권면을 준다. 첫째, 소망 중에 즐거워하라. 둘째, 환난 중에 참으라. 셋째, 기도에 항상 힘쓰라τῇ προσευχῇ προσκαρτεροῦντες는 것이다. 세 가지 교훈을 말하지만, 소망과 인내와 기도는 서로 연관되어 있다. '환난 중에 참으라'는 권면은 '소망 중에 즐거워하라'는 말과 통한다. 하나님이 주시는 소망을 가질 때 즐거워할 수 있고 소망이 있을 때 환난 중에도 참고 인내할 수 있다. 이 소망을 가지기 위해 항상 기도하는 가운데 하나님을 바라보게 된다. 더글라스 무는 "우리는 계속 즐거워하며 고난들을 '참고 견딜' 수 있는 우리의 능력이 '기도에 항상 힘쓰라'는 바울의 도전을 우리가 경청하는 정도에 달려 있음을 깨닫게 된다"라고 주석한다.[32]

여기에서의 기도는 이웃 사랑의 한 측면으로서의 기도이다. 강태국은 "12:9-13은 기독자의 애린 문제 즉 이웃 사랑에 관한 것을 논하였다"라고 보았다.[33] 강태국은 10-13절이 기독 동

32 무, 《로마서》, 1045-46.

33 강태국, 《매일의 묵상: 성서 강해》 6권, 150; 더글라스 무에 의하면 12:9-21은 사랑의 다양

지애의 실천적 조건을 열한 가지 방면에서 제시하고 있는 것이라고 설명한다. 기도는 이웃 사랑의 한 측면이다. 기도에 항상 힘쓰라는 12:12을 해설하면서 강태국은 "기도는 성도의 영적 생명의 호흡이다"라고 말하여 항상 기도에 힘써야 할 것을 강조한다. 로마서는 이웃 사랑의 한 측면으로서 항상 기도에 힘써야 할 것을 가르친다.

축복의 기도

이웃 사랑의 한 측면으로서의 기도는 로마서 12:14에서 더욱 극대화된다. 로마서 12:14은 "너희를 박해하는 자를 축복하라 축복하고 저주하지 말라"라고 명령한다. 이것은 예수님의 삶과 기도에 대한 가르침을 반향한다. 마태복음 5:44에 의하면 예수님은 "너희 원수를 사랑하며 너희를 박해하는 자를 위하여 기도하라"고 가르쳤다. 누가복음 6:27-28은 "너희 원수를 사랑하며 너희를 미워하는 자를 선대하며 너희를 저주하는 자를 위하여 축복하며 너희를 모욕하는 자를 위하여 기도하라"는 예수님의 가르침을 기록한다. 로마서 12:14과 마태복음 5:44, 누가복음 6:28을 비교해 볼 때 바울은 박해하는 자에 대한 축복의 기도를 로마의 성도들에게 요청하고 있는 듯하다. 크럼프는 "그리스도인의 기

한 표현이며 9a절이 표제 또는 제목의 기능을 한다. 더글라스 J. 무,《로마서의 신학적 강해》(경기: 크리스찬출판사, 2007), 303-304.

도는 원수에 대한 사랑에 이끌림을 받아야 한다"고 말한다.[34] 원수에 대한 사랑이 원수를 위한 기도의 동기가 되어야 한다는 것은 예수님의 놀라운 가르침이다.

원수를 위해 기도하고 축복하는 것은 어려운 일이다. 강태국은 "참된 기독자는 매일매일 주어진 그 십자가를 지고 예수의 뒤를 따라 갈보리 언덕을 향하여 걸어가는 자"라고 말한 후 "물론 우리에게 주어진 십자가가 많으나 그중에도 자기를 박해하고 핍박하는 원수를 위하여 축복하고 기도하는 그 십자가는 가장 지기 어려운 것일 것이다"라고 평가한다.[35]

하나됨을 위한 기도

로마서 15:5-6에서 바울은 로마 교회의 하나됨을 위해 기도한다. 14:1부터 바울은 로마 교회 내에 있는 연약한 자와 강한 자가 서로를 업신여기거나 비판하지 말고 서로 받으라고 권면한다. 이러한 권면은 15:5-6에서 바울의 기도로 이어진다. 이 부분은 하나님께 드리는 바울의 기도이지만 로마 성도에 대한 권면의 역할도 한다.[36] 바울의 기도가 권면의 수단이 되고 있다.

바울은 서로 뜻이 같게 되기를 기도한다. 강한 자와 연약한

34 Crump, *Knocking on Heaven's Door*, 218

35 강태국, 《매일의 묵상: 성서 강해》 6권, 151.

36 Grant R. Osborne, *Romans* (Downers Grove: InterVarsity Press, 2004), 378.

자가 하나 되어 화목하기를 위한 기도이다. 그러나 바울이 바라는 것은 그들이 음식이나 날짜 문제에 있어서 의견 차이가 없이 오직 같은 견해를 갖는 것은 아닌 듯하다. 이미 14-15장에서 바울은 강한 자와 연약한 자의 견해에 대해 서로 비판하거나 판단하지 말고 서로를 인정하라고 권면했기 때문이다. 주를 위하며, 궁극적으로 하나님께 영광을 돌리려는 같은 뜻을 품으라는 의미로 볼 수 있다. 14:6에서 "날을 중히 여기는 자도 주를 위하여 중히 여기고 먹는 자도 주를 위하여 먹으니 이는 하나님께 감사함이요 먹지 않는 자도 주를 위하여 먹지 아니하며 하나님께 감사하느니라"라고 말했고 15:6에서도 한마음과 한 입으로 하나님께 영광을 돌리게 되기를 기도하고 있기 때문이다. 바울의 기도는 로마 교회가 예수 그리스도를 본받는 교회로 더욱 성장하고 같은 뜻을 품고 하나님께 영광을 돌리기 위한 것이다. '한마음과 한 입'으로 영광을 돌리게 되기를 바라는 기도는 내면적 일치와 외면적 일치를 구하는 기도이다.[37]

기도 요청

로마서 15:30-32에서 바울은 로마의 성도들에게 기도를 부탁한다. 바울은 두 가지를 근거로 기도를 요청한다. 첫째는 예수 그

---

37 이한수, 《복음은 구원을 주시는 하나님의 능력》(서울: 이레서원, 2008), 1429.

리스도이고 둘째는 성령의 사랑ἀγάπης τοῦ πνεύματος이다. 예수 그리스도를 언급한 것은 바울이 로마서에서 예수 그리스도에 대해 말한 모든 것, 특히 그의 구원 사역을 연상시키며 성령의 사랑이란 말은 성령으로부터 기원한 사랑을 뜻한다.[38] 예수 그리스도를 믿고 구원받은 자로서 로마의 성도들은 성령이 주시는 서로에 대한 사랑을 근거로 기도해야 한다. 오스카 쿨만은 성령의 사랑이 기도와 관련하여 언급되고 있음을 주목하며 모든 중재 기도는 성령을 통해 주어진 사랑을 전제로 한다고 지적한다.[39] 타인을 위한 기도는 성령을 통해 주어진 고귀한 사랑의 표현이라고 볼 수 있다.

바울과 로마의 성도들은 그리스도 안에서 하나이기 때문에 바울은 예수 그리스도에 근거하여 기도를 요청한다. 기도는 그 자체가 사랑의 표현이며 사랑 때문에 가능한 일이다. 바울은 성령이 부어주시는 사랑에 근거해서 로마 성도들이 자신을 위해 기도해주기를 바라고 있다(15:30). '나와 힘을 같이 하여'(15:30)로 번역된 쉰아고니사스따이συναγωνίσασθαί는 함께 애써 수고하는 것을 뜻한다. 슈라이너는 이 단어가 야곱이 벧엘에서 하나님과 씨름한 것과 같은 씨름의 이미지를 가지며 에너지와 열심이 요구되는 일을 가리킨다고 주석한다.[40] 바울에게 있어 기도는 애써 수고하는 것, 씨름하는 이미지인데 이처럼 열심을 가지고 힘

38 슈라이너, 《로마서》, 917.

39 Oscar Cullmann, *Prayer in the New Testament* (Minneapolis: Fortress, 1994), 72.

40 Schreiner, *Romans*, 755. Murray 역시 같은 견해를 밝힌다. John Murray, *The Epistle to the Romans* (II) (Grand Rapids: Eerdmans, 1965), 222.

을 쓰며 기도하게 되는 근거는 기도의 대상에 대한 성령의 사랑에 있다.

바울이 요청한 기도의 제목은 첫째, 유대에서 순종하지 않는 자들로부터 건짐을 받는 것이다(15:31). 유대에 있는 불신 유대인은 바울에 대한 적대감을 가지고 있었다. 바울은 그의 생명의 안전을 위해 기도를 요청했다. 사도행전에 의하면 바울은 예루살렘에 도착한 후 많은 위험을 당하고 체포되며 체포된 후에도 목숨의 위협을 받는다. 사도행전 23장에는 바울을 죽이려고 맹세한 유대인 사십여 명의 음모가 기록되어 있다. 로마 성도들의 기도가 바울을 위기에서 구원하고 사명을 이어갈 수 있는 힘을 주었을 것이 틀림없다. 그러나 바울의 기도가 그 자신이 원하는 대로 모두 응답받은 것은 아니었다. 사도행전에서 볼 수 있는 것처럼 바울은 결국 예루살렘에서 체포되었고 그가 뜻하지 않았던 방식으로 로마에 가게 된다.

바울이 요청한 둘째 기도의 제목은 예루살렘의 성도들을 위한 연보가 받아들여지도록 기도하라는 것이다. 셋째 기도의 제목은 첫째와 둘째 기도 제목의 응답과 관련되어 있다. 그런 기도 제목이 응답받아 기쁨으로 로마 성도들에게 나아가 그들과 함께 편히 쉬도록 기도하라는 것이다. 바울은 여기에서도 하나님의 뜻을 앞세운다. 하나님의 뜻에 따라 로마에 갈 수 있기를 기도하라고 요청한다("하나님의 뜻을 따라 기쁨으로 너희에게 나아가…" 15:32). 바울의 기도는 하나님의 뜻에 따라 응답받았고 궁극적으로 하나님의 목적을 이루게 되었다. 또한 바울의 기도 요청은 오늘날 그리스도인이 사역자들과 그들의 사역을 위해 기도해야 할 필요성이 있음을 일깨운다.

하나님의 영광을 위한 기도

로마서의 기도 모티프를 살펴보면서 마지막으로 주목할 것은 바울이 하나님의 영광을 위해 기도한다는 것이다. 11:36에서 바울은 "이는 만물이 주에게서 나오고 주로 말미암고 주에게로 돌아감이라 그에게 영광이 세세에 있을지어다 아멘"이라고 말하고 16:27에서 "지혜로우신 하나님께 예수 그리스도로 말미암아 영광이 세세 무궁하도록 있을지어다 아멘"이라고 기도한다. 이런 축원 기도는 하나님을 영광의 대상으로 보며 찬송하는 송영의 형태를 띠고 있다.[41] 바울은 복음과 믿음으로 인해 하나님께 영광을 돌리며 하나님이 영광 받으시기를 기도한다. 영광을 위한 기도는 바울의 삶의 목적이 하나님께 영광 돌리는 것임을 드러낸다.

* * *

41 기도의 내용은 기도의 대상인 하나님의 속성과 특징을 드러낸다. 바울이 하나님의 영광을 위해 기도한 것은 하나님이 영광 받으실 존재임을 나타내는 것처럼 말이다. 하나님의 속성과 특징은 그에 합당한 인간의 기도라는 반응을 요구하고 또한 가능하게 한다. 이와 관련된 연구는 다음을 참고하라. Samuel E. Balentine, *Prayer in the Hebrew Bible: The Drama of Divine-Human Dialogue* (Minneapolis: Fortress, 1993).

로마서에서 기도와 관련하여 언급하는 몇 가지 본문을 살펴보았다. 바울은 로마에 가려는 간절한 염원을 가지고 하나님께 기도한다. 그러나 그 기도가 하나님의 뜻 안에서 이루어지기를 바란다. 기도는 하나님의 뜻을 찾는 과정이다. 바울은 자신을 위해서뿐 아니라 로마의 성도를 위해서도 쉬지 않고 기도하며 동족 이스라엘의 구원을 위해서도 간절히 기도한다. 바울의 기도 대상은 매우 넓다. 민족을 가슴에 품은 바울의 기도, 직접 만나 본 적이 없는 이방인까지도 포함하는 바울의 기도는 우리에게도 도전을 준다.

로마서에서 기도의 대상이며 기도의 증인은 하나님이다. 바울은 하나님께 기도하고 있고 자신의 기도가 진실함을 하나님을 증인으로 언급하며 강조한다. 하나님은 마음을 살피시는 분으로서 바울의 기도를 보고 아시는 분이다. 로마서는 그리스도인이 하나님의 자녀임을 증거하며 이제는 하나님을 아빠 아버지로 부르는 아들의 기도가 가능함을 보여 준다. 성령이 하나님의 자녀를 돕는 방법 가운데 하나가 기도이다. 성령이 간구하심으로 돕는다는 사실은 기도의 자리로 나아가는 그리스도인에게 큰 격려가 된다. 성령뿐 아니라 부활하신 예수님도 하나님 우편에서 성도들을 위해 간구하신다. 성도들을 위한 그리스도의 기도는 지금도 계속되고 있다.

기도는 환난 중에 인내할 수 있는 힘을 공급한다. 그리스도인의 중재 기도는 성령이 주시는 사랑에 근거한다. 심지어 박해하며 모욕하는 자를 위해서도 기도하라는 예수님의 가르침이 로마서에도 나타난다. 로마서에서 기도는 문제를 해결하기 위한 수단이 되기도 한다. 로마서의 기도는 성도들에게 간접적으로 교훈을 주는 기능도 한다. 바울은 로마서를 마치면서 성도들에게 기도를 요청한다. 복음 사역자를 위한 기도가 필요함을 로마서는 보여 준다. 로마서의 첫 부분에서 기도에 대해 언급한 바울은 마지막 부분에서도 기도를 요청하고 문안 인사를 전하며 로마서를 맺는다. 위대한 사도인 바울의 기도와 로마서에 나타난 기도에 대한 가르침은 오늘 우리에게도 실천적 도전을 주고 있다.

에필로그

필자가 좋아하는 신약학자 토마스 슈라이너는 로마서에 대해 이렇게 말한 적이 있다. "바울의 서신, 로마서는 그 웅장함과 아름다움이 마치 에베레스트산과 같다Paul's letter to the Romans is like Mount Everest in its grandeur and beauty". 에베레스트산은 해발 8,847미터로 지구에서 가장 높은 산이다. 웅장하고 아름다운 산이지만, 그 산을 정복한다는 것은 쉽지 않은 일이다.

로마서에 대한 수없이 많은 연구서와 학자들이 있음에도 로마서에 대해 일치된 의견에 도달하지 못한 부분들이 남아 있다. 우리가 주장하는 어떤 견해들은 지속적으로 논쟁되어야 하고 더 깊이 연구되어야 한다. 다음 세대들에 의해 의심되어야 하고, 마침내 더욱 견고한 논리들로 무장되어야 한다. 진리에 다가가기 위해서는 자신의 주장과 견해에 대해 끊임없이 의심하는 열린 자세가 필요하다.

본서에서 다룬 로마서 7:14-25에서 바울이 언급하는 '나'의 정체성에 관한 부분도 많은 논쟁이 있었던 부분이다. 슈라이너 교수는 로마서 주석 초판(1998)에서 '나'를 그리스도인으로 특정하지 않았다. 2018년 그의 로마서 주석 개정판BECNT에서는 '나'를 그리스도인 바울로 보았다. 7:14-25을 그리스도인이 성화 과정에서 겪는 경험으로 해석한 것이다. 이는 필자와 동일한 견해이다.

필자는 박사 논문 구두 심사에서 슈라이너 교수의 견해와 달리 로마서 3:19에서 바울이 암시하는 율법 아래 있는 자는 이방인을 포함한다는 견해를 개진했다. 그때 슈라이너 교수는 자신의 견해를 다시 고려해 보겠다고 반응했으나 그의 로마서 주석 개정판에서 이전 견해를 견지하고 있다. 슈라이너 교수의 갈라디아서 수업에서 필자는 갈라디아서의 수신지를 남갈라디아 지역으로 주장하며 논문을 발표했으나 그는 북갈라디아설을 따랐다. 그러나 이후 출판된 그의 갈라디아서 주석ZECNT(2010)에서 그는 남갈라디아 지역을 수신지로 그의 견해를 바꾸었다.

슈라이너 교수를 통해 배운 소중한 것 중 하나는 학자로서의 겸손함이다. "내가 어쩌면 틀릴지도 모른다." 논쟁적 이슈를 다룰 때 슈라이너 교수가 자주 하는 말이다. 자신의 학문적 견해를 조심스럽게, 그러나 치밀한 논증을 통해 제시하는 우리 시대 최고의 바울 학자의 모습을 보는 것은 참으로 감사한 일이다.

이 책에서 제시한 해석적 견해 중에는 계속되는 연구를 통해 슈라이너 교수처럼 필자도 견해를 강화하거나 바꾸게 될 부분이 있을지도 모른다. 그러나 이 책의 일부분에 대해 나와 다른 견해를 가진 분들에게도 현재로서는 이 책이 '스파링 파트너'로서의 역할을 할 수 있다면, 그래서 로마서에 대한 이해를 깊게 하고 새로운 연구를 시작하는 데 도전을 줄 수 있다면 참으로 감사한 일일 것이다.

필자는 로마서를 앞서 연구한 많은 연구자들의 도움을 받았다. 마찬가지로 이 작은 책이 로마서를 사랑하고 그 복음을 가슴 속에 품고자 하는 많은 연구자들과 그리스도인들에게 도움이 되기를 바란다.

로마서에 관한 책을 마치며 사도 바울이 로마 교회의 성도들에게 쓴 편지에서 다음과 같은 고백(롬 11:36)을 함께 나누고 싶다.

> 이는 만물이 주에게서 나오고 주로 말미암고 주에게로 돌아감이라 그에게 영광이 세세에 있을지어다. 아멘.

참고문헌

Q01. 칼뱅은 로마서를 어떻게 해석하는가?

강태국. 《신약 단권 주석》. 서울: 혜문사, 1965.

신복윤. 《칼뱅의 하나님 중심의 신학》. 서울: 합동신학대학원 출판부, 2005.

안명준. "존 칼뱅의 신학원리로서 성경(Scriptura)의 사용: 기독교 강요를 중심으로", 《칼뱅신학과 한국신학》. 서울: 도서출판 기쁜날, 2009: 255-286.

정성구. 《칼뱅주의 연구》. 서울: 한국칼뱅주의연구원, 1994.

한국성서대학교(발행) 《코코스》. vol. 88, 6월호, 2009.

Bruce, F. F. *Romans: An Introduction and Commentary*, 2nd ed. The Tyndale New Testament Commentaries. Downers Grove, IL: IVP Academic, 1985.

Calvin, John. *The Epistle of Paul the Apostle to the Romans and to the Thessalonians.* Calvin's New Testament Commentaries. Edited by David W. Torrance and Thomas F. Torrance. Translated by Ross MacKenzi. Grand Rapids: Eerdmans, 1960.

———. *Institutes of the Christian Religion* 1. Edited by John T. McNeil. Translated by Ford Lewis Battles. Louisville: Westminster

John Knox Press, 1960.

Carson, D. A. *New Testament Commentary Survey.* Grand Rapids: Baker, 2007.

Cranfield, C. E. B. *A Critical and Exegetical Commentary on the Epistle to the Romans, vol.1: Introduction and Commentary on Romans 1-8.* International Critical Commentary. Edinburgh: T & T Clark, 1975.

Dunn, James D. G. *Romans 1-8*. Word Biblical Commentary, vol. 38A. Dallas: Word Books, 1988.

Fitzmyer, Joseph. *Romans*. The Anchor Bible, vol. 33. New York: Doubleday, 1993.

Gamble, Richard C. "Brevitas et facilitas: Toward an Understanding of Calvin's Hermeneutic," *Westminster Theological Journal* 47(1985): 1-17.

———. "Exposition and Method in Calvin," *Westminster Theological Journal* 49(1987): 153-65.

Gathercole, Simon J. "A Law unto Themselves: The Gentiles in Romans 2:14-15 Revisited," *Journal for the Study of the New Testament* 85(2002): 27-49.

George, Timothy. *Galatians*. The New American Commentary, vol. 30. Nashville: B & H, 1995.

Godsey, John D. "The Interpretation of Romans in the History of the Christian Faith," *Interpretation* 34(1980): 3-16.

Kraus, Hans-Joachim. "Calvin's Exegetical Principles," *Interpretation* 31(1977): 8-18.

Luther, Martin. *Commentary on Romans.* Translated by J. Theodore Mueller. Grand Rapids: Zondervan, 1954.

Moo, Douglas J. *The Letter to the Romans*. The New International

Commentary on the New Testament. Grand Rapids: Eerdmans, 2018.

Puckett, David L. *John Calvin's Exegesis of the Old Testament*. Louisville: Westminster John Knox Press, 1995.

Santmire, H. Paul. "Justification in Calvin's 1540 Romans Commentary," *Church History* 33(1964): 294-313.

Schreiner, Thomas R. *Romans*, Baker Exegetical Commentary on the New Testament. Grand Rapids: Baker, 2018.

Seifrid, Mark A. *Christ, Our Righteousness: Paul's Theology of Justification*. Downers Grove: InterVarsity, 2000.

Wright, N. T. "Romans" in *The New Interpreter's Bible*, vol. 10. Nashville: Abingdon, 2002.

——. *Justification: God's Plan and Paul's Vision*. London: SPCK, 2009.

Q02. 로마서 서두의 특징과 기능은 무엇인가?: 로마서 1:1-7

Bruce, F. F. *Romans*. Tyndale New Testament Commentary. Downers Grove: IVP Academic, 1985.

Carson, D. A. & Douglas J. Moo. *An Introduction to the New Testament*, Second Edition. Grand Rapids: Zondervan, 2005.

Dunn, James D. G. *Romans 1-8*. Word Biblical Commentary, vol. 38A. Dallas: Word Books, 1988.

Fitzmyer, Joseph A. *Romans*. AB, vol. 33. New York: Doubleday, 1993.

Green, Gene L. *The Letters to the Thessalonians*. The Pillar New Testament Commentary. Grand Rapids: Eerdmans, 2002.

Jewett, Robert. *Romans*. Hermeneia. Minneapolis: Fortress, 2007.

Kim, Hyun-Gwang. "Imitating Christ: An Exegetical Study of

Philippians 2:5-11," *Adorare Mente* 1(2008): 2-13.

Moo, Douglas J. *The Letter to the Romans*. New International Commentary on the New Testament. Grand Rapids: Eerdmans, 2018.

———. *Encountering the Book of Romans: A Theological Exposition*. 《로마서의 신학적 강해》. 이경석 역. 서울: 크리스찬출판사, 2007.

Morris, Leon. *The Epistle to the Romans*. Pillar New Testament Commentary. Grand Rapids: Eerdmans, 1988.

Schreiner, Thomas R. *Romans*. Baker Exegetical Commentary on the New Testament. Grand Rapids: Baker, 2018.

Marshall, I. Howard & Mark A. Seifrid. *Acts and Romans in Commentary on the New Testament Use of the Old Testament*. 《사도행전·로마서》. 신약의 구약 사용 주석 시리즈 3. 김현광·배성진 역. 서울: CLC, 2012.

Seifrid, Mark A. "Romans" in G. K. Beale and D. A. Carson, eds., *Commentary on the New Testament Use of the Old Testament*. Grand Rapids: Baker Academic, 2007.

Weima, Jeffrey A. D. "Preaching the Gospel in Rome: A Study of the Epistolary Framework of Romans" in L. An Jervis and Peter Richardson, eds., *Gospel in Paul: Studies on Corinthians, Galatians and Romans for Richard N. Longenecker*. Sheffield: Sheffield Academic Press, 1994.

———. "The Reason for Romans: The Evidence of Its Epistolary Framework(1:1-15; 15:14-16:27)," *Review and Expositor* 100(2003): 18-21

———. *Paul the Ancient Letter Writer: An Introduction to Epistolary Analysis*. 《고대의 편지 저술가, 바울: 서신 분석을 위한 개론》. 조호형 역. 서울: 그리심, 2017.

Witherington, Ben. *Paul's Letter to the Romans: A Socio-Rhetorical Commentary*. Grand Rapids: Eerdmans, 2004.

Q03. 바울은 왜 로마에서도 복음 전하기를 원하는가?: 로마서 1:14-17

배재욱. "바울의 '하나님의 의' 개념", 《로마서 어떻게 설교할 것인가》. 서울: 두란노아카데미: 211-225.

오성종. "로마서의 저술 목적-로마서는 바울의 변증서 또는 자기 소개서?", 《신약연구》 10 (2011): 113-63.

이한수. 《복음은 구원을 주시는 하나님의 능력》. 서울: 이레서원, 2008.

존 스토트. 《로마서 강해》. BST 시리즈. 서울: 한국기독학생회출판부, 1996.

최갑종. 《로마서 듣기: 온 세상을 향한 기독교 복음의 진수》. 서울: 도서출판 대서, 2009.

Achtemeier, Paul. *Romans, Interpretation: A Bible Commentary for Teaching and Preaching*. Atlanta: John Knox Press, 1985.

Bassler, Jouette M. *Divine Inpartiality: Paul and a Theological Axiom*. SBL Dissertation Series 59. Chico: Scholars Press, 1979.

Byrne, Brendan. *Romans*. Sacra Pagina 6. Collegeville: Liturgical Press, 2007.

Dockery, David S. "Romans 1:16-17," *Review and Expositor* 86(1989): 87-91.

Fitzmyer, Joseph A. *Romans: A New Translation with Introduction and Commentary*. New York: Doubleday, 1993.

Hodge, Charles. *A Commentary on Romans*. Edinburgh: The Banner of Truth Trust, 1983.

Jewett, Robert. *Romans*. Minneapolis: Fortress, 2007.

Luther, Martin. *Commentary on Romans*. Grand Rapids: Kregel, 1976.

Moo, Douglas J. *The Epistle to the Romans*. The New International

Commentary on the New Testament. Grand Rapids: Eerdmans, 1996.

———. *The Letter to the Romans*. The New International Commentary on the New Testament. Grand Rapids: Eerdmans, 2018.

———. *Encountering the Book of Romans*. 《로마서의 신학적 강해》. 이태훈 역. 경기: 크리스챤출판사, 2007.

Morris, Leon. *The Epistle to the Romans*. Grand Rapids: Eerdmans, 1988.

Mounce, Robert H. *Romans, The New American Commentary*. Nashville: Broadman & Holman, 1995.

Osborne, Grant R. *Romans*. The IVP New Testament Commentary Series. Downers Grove: InterVarsity Press, 2004.

Schreiner, Thomas R. *Interpreting the Pauline Epistles*. Grand Rapids: Baker, 1990.

———. *Romans*. Baker Exegetical Commentary on the New Testament. Grand Rapids: Baker, 2018.

———. *Paul: Apostle of God's Glory in Christ*. Downers Grove: InterVarsity Press, 2001.

Seifird, Mark A. *Justification by Faith: The Origin and Development of a Central Pauline Theme*. Leiden: E. J. Brill, 1992.

———. *"Romans" in Commentary on the New Testament Use of the Old Testament*. Grand Rapids: Baker, 2007.

Stuhlmacher, Peter. *Paul's Letter to the Romans*. Louisville: Westminster/John Knox Press, 1994.

Weima, Jeffrey A. D. "Preaching the Gospel in Rome: A Study of the Epistolary Framework of Romans" in L. An Jervis and Peter Richardsonm eds., *Gospel in Paul: Studies on Corinthians, Galatians and Romans for Richard N. Longenecker*. Sheffield:

Sheffield Academic Press, 1994.

Witherington, Ben III & Darlene Hyatt. *Paul's Letter to the Romans: A Socio-Rhetorical Commentary*. Grand Rapids: Eerdmans, 2004.

Wright, N. T. "The Letter to the Romans: Introduction, Commentary, and Reflections" in *The New Interpreter's Bible*, vol 10. Nashville: Abingdon Press, 2002.

Q04. 로마서는 하나님의 진노에 대해 무엇을 말하는가?: 로마서 1:18-32

권연경. "하나님의 진노는 현재적인가?", 〈신약연구〉 12 (2013): 273-301.

최갑종. 《로마서 듣기: 온 세상을 향한 기독교 복음의 진수》. 서울: 대서, 2009.

Ashmon, Scott A. "The Wrath of God: A Biblical Overview," *Concordia Journal* 31(2005): 348-358.

Bauer, W., F. W. Danker., W. F. Arndt and F. W. Gingrich. *A Greek-English Lexicon of the New Testament and Other Early Christian Literature*, Frederick William Danker ed., 3rd ed., Chicago: University of Chicago Press, 2000.

Bell, Richard H. *No One Seeks for God: An Exegetical and Theological Study of Romans 1.18-3:20*. UNT 106. Tübingen: J. C. B. Mohr, 1998.

Byrne, Brendan. *Romans*. Sacra Pagina 6. Collegeville: Liturgical Press, 2007.

———. *Paul and the Economy of Salvation: Reading from the Perspective of the Last Judgment*. Grand Rapids: Baker, 2021.

Caneday, Ardel B. "Wrath and Justification: Proleptic Visitations of Last Day Judgment," Evangelical Theological Society Annual Meeting 발표원고 (Fort Worth, TX, USA, 2021년 11월): 1-5.

Cranfield, C. E. B. *A Critical and Exegetical Commentary on the*

Epistle to the Romans, Vol.1: Introduction and Commentary on Romans 1-8. International Critical Commentary. Edinburgh: T & T Clark, 1975.

Dunn, James D. G. *Romans 1-8*. Word Biblical Commentary, vol. 38A. Dallas: Word Books, 1988.

Eckstein, Hans-Joachim. "'Denn Gottes Zorn wird von Himmel her offenbar werden': Exegetische Erwägungen zu Röm 1,18," *Zeitschrift für die neutestamentliche Wissenschaft* 78 (1987): 74-89.

Fitzmyer, Joseph A. *Romans*, AB 33. New York: Doubleday, 1993.

Hays, Richard B. "Relations Natural and Unnatural: A Response to John Boswell's Exegesis of Romans 1," *Journal of Religious Ethics* 14 (1986): 184-215.

Hultgren, Aland J. *Paul's Letter to the Romans: A Commentary*. Grand Rapids: Eerdmans, 2011.

Keck, Leander E. "Romans 1:18-23," *Interpretation* 40 (1986): 402-406.

Longenecker, Richard N. *The Epistle to the Romans*. New International Greek Testament Commentary. Grand Rapids:Eerdmans, 2016.

Moo, Douglas J. *The Letter to the Romans*. New International Commentary on the New Testament. 2nd Edition. Grand Rapids: Eerdmans, 2018.

Morris, Leon. *The Epistle to the Romans*. The Pillar New Testament Commentary. Grand Rapids: Eerdmans, 1988.

Mounce, Robert H. *Romans*. The New American Commentary. Nashville: Broadman & Holman, 1995.

Schnabel, Eckhard J. *Acts*. Zondervan Exegetical Commentary on the New Testament. Grand Rapids: Zondervan, 2012.

Schreiner, Thomas R. "A New Testament Perspective on Homosexuality," *Themelios* 31 (2006): 62-75.

———. *Magnifying God in Christ: A Summary of New Testament Theology*. 《간추린 신약신학》. 김현광 역. 서울: 기독교문서선교회, 2013.

———. *Romans*. Baker Exegetical Commentary on the New Testament. 2nd Edition. Grand Rapids: Baker Academic, 2018.

Seifrid, Mark A. "Natural Revelation and the Purpose of the Law in Romans," *Tyndale Bulletin* 49 (1998): 115-129.

Thielman, Frank. *Romans*. Zondervan Exegetical Commentary on the New Testament. Grand Rapids: Zondervan, 2018.

Travis, Stephen H. "Wrath of God(NT)," *The Anchor Bible Dictionary*, vol.6. Edited by David Noel Freedman. New York: Doubleday, 1992.

Wallace, Daniel B. *Greek Grammar beyond the Basics*. Grand Rapids: Zondervan, 1996.

Wright, N. T. "Paul and the Faithfulness of God" in *Christian Origins and the Question of God*. vol. 4. Minneapolis: Fortress, 2013.

Q05. 이방인은 율법의 영역에서 제외되는가?: 로마서 3:19

김경식. "구약은 유대인이나 헬라인이나 다 죄 아래 있다고 말하는가?: 로마서 3:9-18에서 바울의 이사야 59장 해석", 〈신약논단〉 19 (2012): 937-979.

이한수. 《로마서: 바울 사도가 로마인들을 위해 쓴 복음 해설서》. 경기: 킹덤북스, 2016.

정연락. "이방인에게 주어진 율법", 〈신학지평〉 15 (2002): 195-217.

최갑종. 《로마서 듣기: 온 세상을 향한 기독교 복음의 진수》. 서울: 대서, 2009.

최종상. 《로마서: 이방인의 사도가 전한 복음》. 서울: 이레서원, 2012.

Barrett, C. K. *A Commentary on the Epistle to the Romans*. Harper's New *Testament Commentaries*. New York: Harper & Brothers, 1957.

Bell, Richard H. *No One Seeks for God: An Exegetical and Theological Study of Romans 1.18-3:20*. Wissenschaftliche Untersuchungen zum Neuen Testament 106. Tübingen: Mohr Siebeck, 1998.

Black, Matthew. *Romans*. 2nd ed. The New Century Bible Commentary. Grand Rapids: Eerdmans, 1989.

Bowsher, Herbert. "To Whom Does the Law Speak?: Romans 3:19 and the Works of the Law Debate," *Westminster Theological Journal* 68 (2006): 295-303.

Caneday, A. B. "'They Exchanged the Glory of God for the Likeness of an Image': Idolatrous Adam and Israel as Representatives in Paul's Letter to the Romans," *The Southern Baptist Journal of Theology* 11(2007): 34-45.

Coggins, R. J.·M. A. Knibb. *The First and Second Books of Esdras*. The Cambridge Bible Commentary on the New English Bible. Cambridge: Cambridge University Press, 1979.

Cranfield, C. E. B. *A Critical and Exegetical Commentary on the Epistle to the Romans, Vol.1: Introduction and Commentary on Romans 1-8*. International Critical Commentary. Edinburgh: T & T Clark, 1975.

Desjardins, Michel. "Law in 2 Baruch and 4 Ezra," *Studies in Religion* 14(1985): 25-37.

Duff, Paul Brooks. "Glory in the Ministry of Death: Gentile Condemnation and Letters of Recommendation in 2 Cor 3:6-18," *Novum Testamentum* 46(2004): 313-37.

Dunn, James D. G. *Romans 1-8*. Word Biblical Commentary, vol. 38A. Dallas, TX: Word Books, 1988.

Elliott, Neil. *The Rhetoric of Romans: Argumentative Constraint and Strategy and Paul's Dialogue with Judaism*. Journal for the Study of the New Testament Supplement Series 45. Sheffield: JSOT Press, 1990.

Fitzmyer, Joseph A. *Romans*. The Anchor Bible, vol. 33. New York: Doubleday, 1993.

Harrington, D. J. "Pseudo-Philo: A New Translation and Introduction" in *Expansions of the "Old Testament" and Legends, Wisdom, and Philosophical Literature, Prayers, Psalms, and Odes, Fragments of Lost Judeo-Hellenistic Works, vol. 2 of The Old Testament Pseudepigrapha*, ed. James H. Charlesworth. New York: Doubleday, 1985.

Harrison, Everett F. *Romans*. The Expositor's Bible Commentary, vol. 10. Grand Rapids: Zondervan, 1976.

Hultgren, Arland J. *Paul's Letter to the Romans: A Commentray*. Grand Rapids: Eerdmans, 2011.

Jewett, Robert. *Romans*. Hermeneia. Minneapolis: Fortress, 2007.

Käsemann, Ernst. *Commentary on Romans*. Edited and translated by Geoffrey W. Bromily. Grand Rapids: Eerdmans, 1980.

Keck, L. E. *Romans*. Abingdon New Testament Commentary. Nashville: Abingdon, 2005.

Kim, Hyun-Gwang. *Redeemed from the Curse: Paul's Understanding of the Law and Gentiles in the Light of Hellenistic Judaism*. PhD. diss. The Southern Baptist Theological Seminary, Louisville, Ky, USA: 2008.

Kim, Sang-Hoon. "A Pauline Chiastic Structure in Romans 3:19-31,"

〈신약연구〉 12 (2013): 54-83.

Longenecker, Richard N. *The Epistle to the Romans*. The New International Greek Testament Commentary. Grand Rapids: Eerdmans, 2016.

Martin, Brice L. *Christ and the Law in Paul*. Leiden: Brill, 1989.

Metzger, Bruce M. "The Fourth Book of Ezra: A New Translation and Introduction" in *Apocalyptic Literature and Testaments*, 517-59. Vol. 1 of *The Old Testament Pseudepigrapha*, ed. James H. Charlesworth. New York: Doubleday, 1983.

Moo, Douglas J. *The Letter to the Romans*. The New International Commentary on the New Testament. Grand Rapids: Eerdmans, 2018.

Morris, Leon. *The Epistle to the Romans*. Pillar New Testament Commentaries. Grand Rapids: Eerdmans, 1988.

Murray, John. *The Epistle to the Romans: The English Text with Introduction, Exposition, and Notes*, vol.1: Chapters 1-8. The New International Commentary on the New Testament. Grand Rapids: Eerdmans, 1959.

Myers, Jacob M. *I and II Esdras*. Anchor Bible, vol. 42. Garden City, NY: Doubleday, 1974.

Schreiner, Thomas R. *The Law and Its Fulfillment: A Pauline Theology of Law.* Grand Rapids: Baker Books, 1993.

———. "Did Paul Believe in Justification by Works?: Another Look at Romans 2," *Bulletin for Biblical Research* 3(1993): 131-158.

———. *Romans*. 1st edition. Baker Exegetical Commentary on the New Testament. Grand Rapids: Baker Academic, 1998.

———. *Romans*. 2nd edition. Baker Exegetical Commentary on the New Testament. Grand Rapids: Baker Academic, 2018.

Seifrid, Mark A. *Romans*. In Commentary on the New Testament Use of the Old Testament. Edited by G. K. Beale and D. A. Carson. Grand Rapids: Baker Academic, 2007: 607-694.

Stuhlmacher, Peter. *Paul's Letter to the Romans: A commentary*. Translated by S. J. Hafemann. Louisville: Westminster/John Knox, 1994.

Thielman, Frank. *Paul and the Law: A Contextual Approach*. Downers Grove, IL: InterVarsity, 1994.

——. *Romans*. Zondervan Exegeical Commentary on the New Testament. Grand Rapids: Zondervan, 2018.

Wright, N. T. "The Letter to the Romans: Introduction, Commentary, and Reflections" in *The New Interpreter's Bible*, vol.10. Nashville: Abingdon Press, 2002.

Q06. 그리스도와 연합한 죽음과 삶은 어떤 의미가 있는가?: 로마서 6:1-14

이상근. 《신약 주해 로마서》. 대구: 성동사, 1966.

F. F. 브루스. 《틴델주석 로마서》. 권성수 역. 서울: 예수교 문서선교회, 1980.

더글라스J. 무. 《로마서의 신학적 강해》. 서울: 크리스찬출판사, 2007.

루이스 B. 스미디즈. 《바울의 그리스도와의 연합사상》. 오광만 역. 서울: 여수룬, 1991.

존 칼뱅. 《칼뱅성경주석 7》. 존칼뱅성경주석출판위원회 편역. 서울: 성서교재간행사, 1993.

——. 《영한 기독교 강요》. 제3권. 편집부 역. 서울: 성문출판사, 1990.

C. E. B. 크랜필드. 《로마서 주석》. 이용주. 문선희 역, 서울: 로고스, 2003.

Dunn, James D. G. *Romans 1-8*. Word Biblical Commentary, vol. 38A. Dallas: Word Books, 1988.

Hendriksen, William. *Exposition of Paul's Epistle to the Romans*. Grand Rapids: Baker, 1980.

Jewett, Robert. *Romans*. Hermeneia. Minneapolis: Fortress, 2007.

Moo, Douglas J. *The Letter to the Romans*. The New International Commentary on the New Testament. Grand Rapids: Eerdmans, 2018.

Murray, John. *The Epistle to the Romans*, vol.1. Grand Rapids: Eerdmans, 1959.

Schreiner, Thomas R. *Romans*. Baker Exegetical Commentary on the New Testament. Grand Rapids: Baker, 2018.

Seifrid, Mark A. *Romans' Commentary on the New Testament Use of the Old Testament*. Edited by G. K. Beale and D. A. Carson. Grand Rapids: Baker Academic, 2007.

Q07. "오호라 나는 곤고한 사람이로다" 탄식하는 '나'는 누구인가?: 로마서 7:14-25

김길성. "로마서 7:14-25과 성화의 교리," 《신학지남》 61.1 (1994): 119-37.

"로마서 7:14-25과 성화의 교리 (II), 《신학지남》 61.2 (1994): 112-27.

문병구. "생명의 회복과 완성을 갈망하는 인간: 로마서 7장 7-25절에 대한 해석학적 연구," 《신약논단》 15.2 (2008): 407-29.

오성종. "로마서 7:14-25에서의 '나'의 해석", 《신약신학저널》 7 (2001): 368-94.

이한수. "롬 7:14-25 '계속되는 좌절'의 그리스도인 생활인가?", 《그리스도인과 성령》. 이한수·막스터너. 서울: 총신대학교출판부, 1991: 184-207.

장종현, 최갑종. "바울과 인간: 로마서 7:7-25에 관한 연구", 《사도바울: 그의 삶, 편지, 그리고 신학》. 서울: 기독교연합신문사, 2001: 426-49.

장해경. "변증법적 긴장 속에 사는 크리스천의 삶?: 로마서 7:7-25를 재고하며", 《성경과 신학》 39 (2006): 52-86.

조병수. "로마서의 여러 가지 개념 정리(롬 7장)", 《로마서 어떻게 설교할 것인가》. 서울: 두란노아카데미, 2007: 89-96.

최갑종. "롬 7, 8장에 나타난 '율법'과 '성령'의 역할: 7:7-25절의 '나'의 정체성을 중심으로", 《신약연구》 2 (2003): 86-134.

——. 《로마서 듣기: 온 세상을 향한 기독교 복음의 진수》. 서울: 대서, 2009.

한천설. "성령을 좇아 행하는 사람이 되라: 로마서 7-8장 주해와 적용", 《로마서 어떻게 설교할 것인가》. 서울: 두란노아카데미, 2007: 275-91.

Cranfield, C. E. B. *Romans 1-8*. International Critical Commentary. London: T & T Clark, 1975.

Deenick, Karl. "Who is the 'I' in Romans 7:14-25?," *The Reformed Theological Review* 69/2 (2010): 119-30.

Dunn, James D. G. *Romans 1-8*. Word Biblical Commentary, vol.38A. Dallas: Word Books, 1988.

——. *The Theology of Paul the Apostle*. Grand Rapids: Eerdmans, 1998.

Fitzmyer, Joseph A. *Romans*, The Anchor Bible, vol.33. New York: Doubleday, 1993.

Moo, Douglas J. *The Letter to the Romans*. New International Commentary on the New Testament. Grand Rapids: Eerdmans, 2018.

——. *Encountering the Book of Romans*. Grand Rapids: Baker, 2002.

Morris, Leon. *The Epistle to the Romans*. Pillar New Testament Commentary. Grand Rapids: Eerdmans, 1988.

Mounce, Robert H. *Romans*, New American Commentary, vol.27. Nashville: Broadman & Holman. 1995.

Murray, John. *The Epistle to the Romans*. vol 1: chapter 1-8. Grand Rapids: Eerdmans, 1959.

Packer, J. I. "The 'Wretched Man' Revisited: Another Look at Romans 7:14-25" in *Romans & The People of God*. Sven K. Soderlund & N. T. Wright, eds. Grand Rapids: Eerdmans, 1999: 70-81.

Schreiner, Thomas R. *Romans*. Baker Exegetical Commentary on the New Testament. Grand Rapids: Baker Academic, 2018.

Seifrid, Mark A. *Justification by Faith: The Origin and Development of a Central Pauline Theme*. Leiden: Brill, 1992.

Wallace, Daniel B. *Greek Grammar beyond the Basics*. Grand Rapids: Zondervan, 1996.

Wilder, Terry L.(ed.). *Perspectives on Our Struggle with Sin: 3 Views of Romans 7*. Nashville: B & H Academic, 2011.

Witherington, Ben. *Paul's Letter to the Romans: A Socio-Rhetorical Commentary*. Grand Rapids: Eerdmans, 2004.

Q08. '온 이스라엘 구원'을 어떻게 이해해야 할 것인가?: 로마서 11:25-27

김경식. "로마서 11:26-27의 ἕνεκεν Σιων에 관한 연구: 바울은 구약 본문을 왜곡하고 있는가?", 《신약 연구》 13 (2014): 306-34.

김태훈. "바울이 생각한 이스라엘의 회복: 로마서 11장의 관점에서", 《신약연구》 10 (2011): 571-600.

심상길. "이스라엘의 구원을 말하는 로마서 11장 25-26에 대한 연구", 《신약논단》 23 (2016): 229-64.

이장연. "로마서에 나타난 유대인과 이방인의 구원에 대한 연구: 로마서 11장 25-27절에 나타난 '온 이스라엘'의 구원 신비를 중심으로", 《신학지남》 314 (2013): 242-62.

이한수. 《로마서: 바울 사도가 로마인들을 위해 쓴 복음 해설서》. 경기: 킹덤북스, 2016.

조병수. "이스라엘을 향한 하나님의 비밀: 로마서 9-11장 주해와 적용", 《로마서 어떻게 설교할 것인가》. 두란노 HOW 주석 39. 서울: 두란노아카데미, 2007.

최갑종. 《로마서 듣기: 온 세상을 향한 기독교 복음의 진수》. 서울: 대서, 2009.

칼뱅. 《로마서·빌립보서》. 칼뱅성경주석 7. 서울: 성서교재간행사, 1993.

Berkhof, Louis. *Systematic Theology*. Grand Rapids: Eerdmans, 1994.

Byrne, Brendan. *Romans*. SP 6. Collegeville: Liturgical Press, 1996.

Calvin, J. *The Epistle of Paul the Apostle to the Romans and the Thessalonians*. Grand Rapids: Eerdmans, 1961.

Dunn, James D. G. *Romans 9-16*. WBC 38B. Dallas: Word Books, 1988.

Fitzmyer, Joseph A. *Romans*. AB. New York: Doubleday, 1993.

Hafemann, Scott. "The Salvation of Israel in Romans 11:25-32: A Response to Krister Stendahl," *Ex Auditu* 4 (1988): 38-58.

Hendriksen, William. *Romans*. NTC. Grand Rapids: Baker, 1980.

Horne, Charles M. "The Meaning of the Phrase 'And Thus All Israel Will be Saved'(Romans 11:26)," *JETS* 21 (1974): 329-34.

Hultgren, Arland J. *Paul's Letter to the Romans: A Commentary*. Grand Rapids: Eerdmans, 2011.

Hvalvik, Reidar. "A 'Sonderweg' for Israel: A Critical Examination of a Current Interpretation of Romans 11.25-27," *JSNT* 38 (1990).

Jewett, Robert. *Romans*. Hermeneia. Minneapolis: Fortress, 2007.

Kim, Dongsu. "Reading Paul's καὶ οὕτως πᾶς Ἰσραὴλ σωθήσεται (Rom. 11:26a) in the Context of Romans," *CTJ* 45 (2010): 317-34.

Longenecker, Richard N. *The Epistle to the Romans*. NIGTC. Grand Rapids: Eerdmans, 2016.

Merkle, Ben L. "Romans 11 and the Future of Ethnic Israel," *JETS* 43 (2000): 709-21.

Moo, Douglas J. *The Letter to the Romans*. NICNT. Grand Rapids:

Eerdmans, 2018.

——. *Encountering the Book of Romans.* 《로마서의 신학적 강해》. 이경석 역. 서울: 크리스챤출판사, 2007[2002].

Morris, Leon. *The Epistle to the Romans.* PNTC. Grand Rapids: Eerdmans, 1988.

Murray, John. *The Epistle to the Romans* (II). NICNT. Grand Rapids: Eerdmans, 1965.

Osborne, Grant R. *Romans.* IVPNTCS. Downers Grove: InterVarsity Press, 2004.

Pratt, Richard L. "To the Jew First: A Reformed Perspective" in *To the Jew First: The Case for Jewish Evangelism in Scripture and History*, ed. by Darrell L. Bock and Mitch Glaser. Grand Rapids: Kregel, 2008: 168-86.

Schreiner, Thomas R. *Romans.* ECNT 6. Grand Rapids: Baker, 2018.

Staples, Jason A. "What Do the Gentiles Have to Do with 'All Israel'? A Fresh Look at Romans 11:25-27," *Journal of Biblical Literature* 130(2011): 371-90.

Thielman, Frank. *Romans.* Zondervan Exegetical Commentary on the New Testament. Grand Rapids: Zondervan, 2018.

Venema, Cornelis P. "'In This Way All Israel will be Saved': A Study of Romans 11:26," *MAJT* 22 (2011): 19-40.

Witherington, Ben·Darlene Hyatt. *Paul's Letter to the Romans: A Socio-Rhetorical Commentary.* Grand Rapids: Eerdmans, 2004.

Wright, N. T. *The New Testament and the People of God. Christian Origins and the People of God*, Vol. 1. Minneapolis: Fortress, 1992.

The Letter to the Romans. NIB 10. Nashville: Abingdon Press, 2002.

Zoccali, Christopher. "'And so all Israel will be saved': Competing

Interpretations of Romans 11.26 in Pauline Scholarship," *JSNT* 30 (2008): 289-318.

Q09. 로마서는 다문화 시대의 한국 교회에 무엇을 가르치는가?: 로마서 14:1-15:13

권성수. "믿음이 연약한 자를 받는 공동체로 서라: 로마서 14-16장 주해와 적용", 《로마서 어떻게 설교할 것인가》. 서울: 두란노아카데미, 2011: 325-36.

박홍순. "이주여성의 현존과 대안적 성서해석", 《다문화 사회와 해석학》. 서울: 한들출판사, 2011: 109-45.

오현선. "다문화 사회와 개신교의 종교교육", 《다문화 사회와 해석학》. 호남신학대학교 2011년 학술발표회 논문 제14집. 서울: 한들출판사, 2011: 151-75.

이성순. "결혼이민자에 대한 사회통합교육의 실제와 과제", 〈기독교사상〉 708 (2017): 19-26.

이성희. 《한국 문화 어떻게 가르칠 것인가?: 이론과 실제》. 서울: 박이정, 2015.

이은선. "한국의 다종교, 다문화 상황 속에서 기독교 복음의 의미: 종교 편향 논란의 극복을 중심으로", 〈성경과 신학〉 59 (2011): 229-64.

이한수. 《바울 사도가 로마인들을 위해 쓴 복음 해설서: 로마서》. 서울: 킹덤북스, 2016.

장한업. 《이제는 상호 문화 교육이다: 다문화 사회의 교육적 대안》. 경기: 교육과학사, 2014.

정경호. "변화하는 다문화 사회에서 한국 교회 선교의 전략과 과세", 〈성경과 신학〉 81 (2017): 207-40.

정의철. 《다문화 커뮤니케이션》. 서울: 커뮤니케이션북스, 2013.

최갑종. 《로마서 듣기》. 서울: 대서, 2009.

최원오. "구비문학을 통한 다문화적 소통 방법의 모색", 2018 한국구비문학회 동계학술대회발표논문집: 43-54.
법무부 출입국 외국인 정책 본부(발행). 《출입국 외국인 정책 통계 월보》. 2018년 8월호.(http://www.moj.go.kr/doc_html/viewer/skin/doc.html?fn=7509b0616f5102f2800b89584ae967b6&rs=/doc_html/viewer/result/201808/)
———. "작년 국내 체류 외국인 218만 명"(http://www.edaily.co.kr/news/news_detail.asp?newsId=03122566619081000&mediaCodeNo=257&OutLnkChk=Y)
Cranfield, C.E.B. *Romans: A Shorter Commentary*. 《C.E.B. 크랜필드의 로마서 주석》. 이용주·문선화 역. 서울: 로고스, 2003.
Longenecker, Richard N. *The Epistle to the Romans*. NIGTC. Grand Rapids: Eerdmans, 2016.
Moo, Douglas J. *The Letter to the Romans*. NICNT. Grand Rapids: Eerdmans, 2018.
———. *Encountering the Book of Romans: A Theological Exposition*. 《로마서의 신학적 강해》. 경기: 크리스찬출판사, 2007.
Murray, John. *The Epistle to the Romans 1 & 2*. 《로마서 주석》. 아바서원 번역팀 역. 서울: 아바서원, 2014.
Hultgren, Arland J. *Paul's Letter to the Romans*. Grand Rapids: Eerdmans, 2011.
Schreiner, Thomas R. *Romans*. BECNT. Grand Rapids: Baker, 2018.

Q10. 로마서는 기도에 대해 무엇을 말하는가?

강태국. 《매일의 묵상: 성서 강해》 6권. 서울: 성서교재간행사, 1981.
김정복. 《성경적 기도》. 서울: 생명의 말씀사, 1993.
김현광. "사도행전에 나타난 하나님의 주권과 인간의 순종", 〈한국개혁신학〉 37 (2013): 152-84.
라영환/ "개혁신학적 입장에서 바라본 관상기도", 〈개혁논총〉 21 (2012):

9-44.

박창건. "바울의 기도연구", 〈신학과 세계〉 26 (1993): 115-143.

이은선. "은혜의 수단인 기도로서의 시편 찬송에 대한 칼뱅의 이해", 〈개혁논총〉 18 (2011): 149-180.

이한수. 《복음은 구원을 주시는 하나님의 능력》. 서울: 이레서원, 2008.

이형일. "예수의 '아바' 사용과 그의 하나님 아들 자의식에 관한 연구", 〈신약연구〉 13 (2014): 671-693.

차정식. "바울 서신의 축원 문구와 기도 신학", 〈신약논단〉 9 (2002): 443-74.

Balentine, Samuel E. *Prayer in the Hebrew Bible: The Drama of Divine-Human Dialogue*. Minneapolis: Fortress, 1993.

Carson, D. A. edited. *Teach Us to Pray: Prayer in the Bible and the World*. Eugene: Wipf and Stock, 1990.

———. *A Call to Spiritual Reformation: Priorities from Paul and His Prayers*. Grand Rapids: Baker Academic, 1992.

Crump, David. *Knocking on Heaven's Door: A New Testament Theology of Petitionary Prayer*. Grand Rapids: Baker, 2006.

Cullmann, Oscar. *Prayer in the New Testament*. Minneapolis: Fortress, 1994.

Hendriksen, William. *Romans*. Grand Rapids: Baker Academic, 1980.

Hovenden, Gerald. *Speaking in Tongues: The New Testament Evidence in Context*. London: Sheffield Academic, 2002.

Hultgren, Arland J. *Paul's Letter to the Romans*. Grand Rapids: Eerdmans, 2011.

Käsemann, Ernst. *Commentary on Romans*. Grand Rapids: Eerdmans, 1980.

Köstenberger, Andreas J. 외. *The Cradle, the Cross, and the Crown: An Introduction to the New Testament*. 《신약 개론: 요람, 십자가, 왕

관》. 김경식 외 역. 서울: 기독교문서선교회, 2013.

Longenecker, Richard N. *Galatians*. Dallas: Word Books, 1990.

Moo, Douglas J. *Encountering the Book of Romans*.《로마서의 신학적 강해》. 이경석 역. 경기: 크리스찬출판사, 2007.

———. *The Epistle to the Romans*.《로마서》. 손주철 역. 서울: 솔로몬, 2012.

Murray, John, *The Epistle to the Romans* (II). Grand Rapids: Eerdmans, 1965.

Osborne, Grant R. *Romans*. Downers Grove: InterVarsity Press, 2004.

Peterson, David G. "Prayer in Paul's Writings" in *Teach Us to Pray: Prayer in the Bible and the World*, Eugene: Wipf and Stock, 1990: 84-101.

Schreiner, Thomas R. *Romans*. Baker *Exegetical Commentary on the New Testament*. Grand Rapids: Baker, 2018.

———. *Galatians*. Grand Rapids: Zondervan, 2010.

———. *Romans*.《로마서》. 배용덕 역. 서울: 부흥과개혁사, 2013.

* 본서는 다음과 같은 학술지에 게재한 나의 이전 논문을 일반 독자들을 위해 수정·보완한 것임을 밝혀둔다.

"그리스도와 연합된 죽음과 부활: 로마서 6:1-14절에 관한 연구", 〈교회와 문화〉 23(2009): 230-48.

"로마서 서두의 특징과 기능", 〈한국개혁신학〉 27(2010): 263-88.

"칼뱅의 로마서 해석 연구", 〈개혁논총〉 13(2010): 43-66.

"'복음 전하기를 원하노라': 로마서 1:14-17의 논리적 구조와 의미", 〈신약연구〉 10(2011): 545-70.

"로마서 7:14-25과 그리스도인의 현재적 삶", 〈성경과 신학〉 61(2012): 335-64.

"로마서의 기도 모티프 연구", 〈일립 논총〉 19(2015): 11-36.

"로마서 11:25-27에 나타난 '온 이스라엘'의 구원", 〈신약 연구〉 15(2016): 760-87.

"로마서를 통해서 본 다문화와 한국 교회: 로마서 14:1-15:13을 중심으로", 〈성경과 신학〉 87(2018): 1-25

"로마서 3:19에서 이방인은 율법의 영역에서 제외되는가?", 〈신약 연구〉 20(2021): 518-47.

"로마서 1:18-32에 나타난 하나님의 진노의 성격", 〈신약 연구〉 21(2022): 37-67.

로마서에 관한 10가지 질문

김현광 지음

2022년 9월 15일 초판 1쇄 발행

펴낸이 김도완
등록번호 제2021-000048호
(2017년 2월 1일)
전화 02-929-1732
전자우편 viator@homoviator.co.kr

펴낸곳 비아토르
주소 서울시 종로구 삼일대로 428, 500-26호
(우편번호 03140)
팩스 02-928-4229

편집 김은홍
제작 제이오

디자인 임현주
인쇄 민언프린텍
제본 다온바인텍

ISBN 979-11-91851-49-6 03230